人文系
博物館展示論

青木　豊 編

雄山閣

はじめに

我が国の博物館においては、低迷する日本経済の中で、指定管理者制度の導入や団塊の世代の集団とも言える定年退職者の補充問題、更には市町村合併による混乱、私立博物館にあっては民法第34条に基づく財団法から一般社団法人・一般財団法人への移行等々で混迷を来たしているのが現状であると看取される。

しかし、この博物館界の混迷は上記の社会の変革に拠るもののみではなく、博物館法及び関係法規の不整備な点と博物館運営者の博物館学意識が脆弱である点が抜本的原因であると考えられる。

先ず第1点に関しては、社会教育法の精神に基づく社会教育機関である博物館に、費用対効果の判断基準が採り入れられる原因となっている館法第23条（入館料等）や、無資格者の博物館への配置を可能としている館法第6条の不適切さは基より、最大の点は昭和48年（1973）の文部省告示であった「公立博物館の設置及び運営に関する基準」（通称48基準）が平成15年（2003）6月に廃止され、改正された「公立博物館の設置及び運営上の望ましい基準」の内容の空洞化が直截的な原因であるといえよう。

具体的には、博物館の構成要素と一般に称される“モノ・人・場”に関する示準が「規制緩和」の号令のもとに消滅し去り、結果として博物館界は混迷期に突入したものと看取されるのである。

上記の原因の発生を許したのは、博物館学意識を有した熱心な学芸員を養成できなかった事がそもそもの原因であると考えられるのである。その理由としては、学芸員養成科目の不足があげられる。学芸員の養成科目の不足については、昭和30年より現行の改正にあたる平成8年までの40余年間、博物館学の専門科目としては「博物館学」4単位と「博物館実習」3単位であった。余りに少なく昭和26年の博物館法制定以来、今日までの59年のうち42年間を占める博物館学養成科目と単位数の不足である厳然たる事実が、現在の博物館に実相の形成であったことが窺えるのである。平成9年からは従来の「博物館学」4単位を2単位増加させて6単位とし、「博物館経営論」・「博物館資料論」・「博物館情報論」の3科目増加となり、全体で従来の5科目10

単位から8科目12単位に引き上げられたが、まだまだ不充分で博物館学の教授には程遠い改正であったことは明白であった。

例えば、博物館を特徴づける機能であり、博物館最大の機能である展示論がこの時点でも設定されることなく欠如していたのである。展示論が養成科目に含まれていなかった事は、博物館学意識形成の上での大きな欠如であり、明治5年（1872）に始まる我が国の博物館展示が何の改良もなく、社会情勢に呼応することなく今日まで引き継がれ、博物館の集客の面で低迷の要因となったものと看取される。

つまり、展示は展示業者が行うものであって、学芸員が行うべきものではないとする考え方が従来より存在したのは事実であろう。

平成21年の改正 （平成24年4月の入学生より施行）では、9科目19単位と大幅な単位増と、新たに博物館資料保存論・博物館展示論・博物館教育論が新設され、視聴覚教育メディア論が博物館情報・メディア論と科目名称及び内容変更されたことは大局的には博物館学を構成する科目群には至っていないが、大きな改正であり進歩であったところから高く評価しなければならない。

以上のような学芸員養成の推移のなかで、本博物館学シリーズを刊行するものである。当該シリーズは、平成21年の文部科学省令の改正の新設科目である「博物館資料保存論」「博物館展示論」「博物館教育論」と新設科目ではないが従来から保存論を含んだ「博物館資料論」であり、そこから保存論が科目として独立したところから再編の意味で「博物館資料論」を加えたものである。当該シリーズについては、教科書のような網羅的な構成に基づく書ではなく、実践的、具体的な内容を主とした参考書として編纂したものであることを了解願いたい。

学芸員養成の基本理念は、博物館学の体系的教授による理解を目標とするものであって、それには博物館学研究者の育成が第一義なのである。学芸員は資料さえ扱えれば良いといった職人に決して留まるものではなく、博物館学意識をもった研究者でなければならないのである。それには博物館学意識の涵養が重要なのである。

本シリーズを上梓するにあたり、雄山閣出版社桑門智亜紀氏をはじめ関係諸氏のご厚意とご協力に厚く御礼申し上げる次第である。

平成25年1月　編者

人文系　博物館展示論　目次

第Ⅰ章　展示の概念

青木　豊

第1節　広義の展示

展示行為は、独り博物館展示に留まるものではない。それは人間社会における種々の活動の中で過去においても現在においても介在するものであり、さらには自然界においてすら多見される基本的行為であるといえよう。筆者は、これらの基本行為を「博物館展示」と峻別して「広義の展示」と呼称する。両者の関係は、当然のことながら「博物館展示」は「広義の展示」の中の「人間社会の展示」に包含される展示形態である。

従って、博物館展示は、自然界・人間社会に広く存在する、あるいは過去にも存在した広義の展示の種々の形態の1つに位置づけられるものであると考えねばならないのである。

それ故に、展示の基本目的やその表現方法等々においては、それぞれの展示要素に共通性が看取されることは当然なのである。今日、展示といえば直ちに博物館展示を思い浮かべるが如く博物館展示は突出し、広義の人間社会の展示の中でも代表する展示となったのである。

つまり、博物館展示が展示である為には、広義の展示に共通する展示の基本要素こそが博物館展示の根本的正鵠を射た要素となることを再度確認すると同時に、常に踏襲せねばならないのである。

(1) 自然界に観る展示

先ず、展示が持つ基本要件である「目的のある標示」「ある一定の意志に基づく情報の伝達を目的とする行為」は、掘り下げてゆけば植物界にまでも到達し、展示は自然の節理の1つであることが窺い知れるのである。具体的には、野にある植物が花を咲かせることも自然界における植物が成す展示と考えられるのである。この場合の展示の目的は受粉であり、即ち種の保存を直截に目的とすることは言うに及ばず、開花という展示行為はあくまで昆虫を対象とした注意の喚起であり、この「注意の喚起」こそが展示全般に流れる展示の基本要素の１つであると捉えねばならないのである。

事実、野に咲く草花の色彩で黄色が最も多いことは、黄という色の波長が長き故に遠くからでも目立つことに唯一起因するものであると把握されよう。それも春の緑なす野山を背景とした中での黄であり、色彩対象による視覚効果は十二分に発揮されたものとなっている。秋の草花よりも春の草花に黄・白が多いことも傍証となろう。

また、満花は多かれ少なかれ芳香を伴うことを常とするが、それも注意の喚起を目的とする展示の一手段に他ならないのである。一般に、夜咲く花は香りが強く、百合や風蘭は夜にその香りを高めることは、視認性が低下する故の補助としての香りによる注意の喚起であると看取される。これが突出したと言える植物の１つが、黒百合であろう。

以上の如く、虫媒花植物は松や稲等の風媒花植物や自家受粉植物と比較して一般に花冠が大きく美しく、さらに芳香といった展示手段である注意の喚起を昆虫を対象者として実施しているのである。当然、風媒花植物である松や銀杏等は、展示をしないところから当該植物の花すら彷彿できない人は一般的であろう。

次いで、展示には見る者にとっての受益を必要とすることである。つまり、満花や芳香により昆虫の注意を喚起しても昆虫にとっての実利がなければ昆虫の翅を休めさせることはできない。また実利がなければ注意の喚起にもならないであろう。この場合の展示参加者である昆虫にとっての実利とは蜜そのものである。仮に蜜が存在しなければ展示が成立し得ないことは、地味な花をつけ、香りもない風媒花植物を例に取れば明白であろう。初源的ともいえる自然の展示であるが故に、蜜という生命維持の為の直截的な実利であるが、展示の形態が変われば蜜は娯楽性であったり、美しいものの鑑賞や情報の獲得に変貌していくものである。と同時に、如何なる展示においても蜜に相当する見る者にとっての受益要素が不可欠であることを教えられるのである。

たとえば、冬期にナナカマド・ナンテン・マンリョウ等々の実が真赤に色づくのは、鳥の注意を喚起する展示行為であることは確認するまでもない。植物にとっての展示目的はその実が鳥に啄まれることにより親木のもとを離脱し、広範囲な勢力範囲の獲得と鳥の消化器官を通過することにより発芽を抑制する皮膜の除去を目的とするものである。そして、展示に参加する鳥にとっての受益は僅かな果肉であることは言うまでもない。

当該観点を博物館展示に置き換えれば、展示の前を通り過ぎようとする見学者の注意を喚起する具体的な方法が構造展示・映像展示・動態展示といった種々の展示の技法やグラフィック・模型等々の補助展示物であり、蜜に相当するものが博物館資料と当該資料が内蔵する情報以外の何ものでもないのである。従って、見学者にとっての蜜はある時は美的鑑賞に耐え得る資料でなければならないし、またある時は見学者の知識欲を充足させるに十分な資料であったり、さらには希少性や経済的な付加価値として高価である等々の資料価値を多分に有するものでなければならないのである。

次に、植物界と同様に動物界においても種々の展示行為は存在する。誰しもが先ず頭に描くものとして、孔雀の示威行為が挙げられよう。孔雀の雄は威嚇や求愛を目的とし一見尾羽のように見える雄のみが持つ特有の著しく長い上尾筒《じょうびとう》を扇状に展開させる。そこには美しい青色のハート形の斑文があり、開くと弧を描き規則的に配列された斑文を付置した扇であるかの如く見えるものである。このような孔雀に代表される示威・求愛を目的とする行為は、グンカンドリ・タンチョウヅル・ハト・ゾウアザラシ・エリマキトカゲ・コブラ等々をはじめ多くの動物に認められるもので、動物学では当該行為をディスプレイと呼んでいるところからも自然界における展示の一形態と把握できるのである。つまり、目的を持った意思の伝達であるコミュニケーションの一形態に他ならないのである。

同様なことは、魚類にも認めることができる。威嚇目的で膨らむフグやハリセンボン、求愛行為を行うイトヨ、婚姻色を表すサケ・マス科の魚類等が挙げられ、中でも顕著な展示と見做せる現象として“追星《おいぼし》”がある。追星とは、アユ・フナ・キンギョ・タナゴ・オイカワ・モロコ・ウグイ等の主としてコイ科の魚類の雄に限って出現する体表の変化で、繁殖期になると鰓やひれに現われる小突起を指す。また追星は表皮細胞が肥厚したもので、表面は角質層におおわれ真珠の如く白いので真珠器官、もしくは“たま星”とも呼称されるものである。本追星は前述した如く繁殖期の雄のみに限って一時的に出現するものであるところからこれも自然界における展示であるといえよう。

さらにまた、螢の発光や発情期の猫の声、ガラガラヘビの発音等々もやはり広義の展示であると見做せるのである。

以上の如く、動植物は自体が持てるものを使用し展示を実施するのである。人間は言葉という意思伝達の方法を得たことと、道具の使用により身体表現による展示手段の退化から展示行為に“物”を必要とするのである。

(2) 人間社会の展示行為

厳密には、身振り・手振り・ウインク等も人間が実施する展示であろうし、縄文時代に認められる抜歯や頭蓋変形・刺青等の身体変更も人間が己の身体をもって実施する基本的な展示であるといえよう。さらには結髪や化粧もその範疇に属し、さらに衣服や装身具といった“もの”が加わることにより、展示は一層の飛躍を遂げることとなる。

縄文時代における最大の展示は、ストーンサークル・配石遺構であろう。それは葬祭未分化の中での縄文人の他界観念と神々の世界を石という“もの”を以って具現化した展示に他ならない所産と考えられる。そして、それは常設展示であり縄文人の世界観を集結させた総合展示であり、また石棒や種々の形態による石の配列は構造展示であるといえよう。さらにまた、男根を擬した石棒は拡大模型であると同時に、なによりも当該展示を象徴する象徴展示であったことも事実であろう。従って、展示であるが故に展示を実施するものと、またそれを見ることに専念する者がいたに違いない。つまり、自然界における展示でもそうであるし、以後述べるところの広義の展示においても、展示には必ず展示する者と展示を見る者の二者が必要であって、いずれか一方を欠いても展示は成立しないのである。

さらに、古墳時代を象徴する高塚墳は、油井隆が示唆する如く[1)]、明らかなる古墳時代人が企てた展示であると見做せるのである。展示観念が薄れ、家族墓として専念した古墳時代終末期の群集墳はともかくとして、古墳時代前期から中期初頭に築営された大型古墳は各所に展示要素が認められるのである。先ず、占地の上でも見晴らしの利く丘陵上や尾根の先端に位置する点は生前に被葬者が治世した土地を他界後も見降ろし、そこにはいわゆる国見といった観念も介在していようが、むしろそれは逆で当該小国家の民が見上げることを目的とした集団の記念物としての展示であったと考えられるのである。前方後円という特異な形状は、墓という観念をはるかに凌駕した規模、さらには葺石による装飾、埴輪列の配置等いずれをとっても見せることを目的とした所産であることが窺い知れよう。中でも墳丘上に配列された埴輪は明らかな展示物であることは、主体部という死者のみが見ることができる空間に埋納された副葬品と比較すれば明白に理解できよう。かかる視座をもってすれば、秦の始皇帝の兵馬俑坑に代表される中国の兵馬俑坑は被葬者のみのものであり、多くの見る者を対象とした我が国の埴輪列とは展示という意味でも基本的に異なる産物であったといえよう。

他国者への示威と集団の記念物としての展示目的を持った首長墓の築造は、直截には同族意識の確認、即ち今日称するところの郷土の確認を展示意図とするものであり、初源展示の一形態と看取されるものである。

次いで、明らかな展示意図に基づく展示として、棚橋源太郎が一部指摘するように[2)] 仏教による展示行為が挙げられよう。

寺院の原型は、紀元前5～6世紀のインド仏陀時代に仏教僧が止住した精舎であるとされている。我が国へは538（宣化天皇3）年（552年とも言われる）、百済の聖明王からはじめて仏像と教論が伝えられ、この献上された仏像を、蘇我稲目が大和・向原の地に所在した自邸に安置して寺としたものが、我が国の寺院の濫觴であるという。その後、646（大化2）年に発せられた大化の改新の詔をもって、寺院は国家統治の機関と定められ、国家目的に合致する寺院のみが保護された。680（天武天皇9）年に至っては官大寺の制が定められたことにより大伽藍の発生をここに見ることになったのである。

一般に七堂伽藍と呼称される寺院における建造物は、正門である南大門、伽藍の中心である本尊を安置する金堂、学問を講じ法会を営む講堂、仏舎利を納める塔、経巻を収納する経倉、寺宝を保管する正倉院、僧が居住する僧房・食堂等から成る。これら伽藍の配置も様式に則ったものであるところからも展示行為の所産とも看取されるのであるが、仏教における明確な展示は金堂内陣に見出すことができるのである。

つまり、金堂に一歩入ると薄暗い内陣中央には、鮮やかな赤や緑に着彩された蓮華台の上に、金色に輝くまばゆいばかりに鍍金、あるいは金箔が施された本尊が安置されている。天井からは鍍金された多数の瓔珞を付置した天蓋や同じく鍍金された釣燈籠が懸垂し、長押には華鬘・幡のいずれもが金色に鍍金され、また幡の中でも玉幡は瑪瑙・瑠璃・玻璃・水晶等の光り輝く宝玉を連ねたものである。本尊の前には花瓶・燭台・香炉等の五具足が配置され、金糸を織り込んだ錦に覆われた護摩壇上には、各種の什器が設えられており、これらのいずれもが鍍金された金銅製品である。高座をはじめ各所には、やはり鍍金された各種の飾り金具が施され、高座のそばにはこれもまた光り輝く磬や磽子が配置されている。また、壁には各種の荘厳具や極彩色の仏画が描かれている。さらには、日本人が未だ嗅いだことのない香を焚き、楽器を奏でたのである。

つまり、日本仏教は民衆に対し種々の道具を媒体とし贅と演出の限りを尽くし、展示を実現したのである。従って、民衆は金堂へ一歩入ることにより此岸から彼岸へ移行することで安堵を得たのである。

故に既に明確であるように、金堂内陣は教義の布教を目的とした意図に基づき、民衆を対象とする完成された展示であったといっても過言ではなかろう。さらに、本展示は説示型展示であり、構造展示であり、また明確な動態展示でもあったと考えられる。説示型展示、構造展示である点に関しては、もはや説明するまでもないが、動態展示である理由は次の如くである。

即ち、内陣に設らえられたすべての仏具や荘厳具がきらびやかに鍍金が施されていることである。この点は仏の世界の豊かさを伝えることを目的とするものであろうが、それと相俟って薄暗い内陣の無風の中で、僅かに揺らぐ灯心より発する光明がすべての鍍金面にゆらゆらと反射することにより金波をなし、静謐の中に生じた動きが展示効果を倍増させたものと考えられるのである。従って本展示こそが日本人が初めて成し得た動態展示の濫觴と結論づけられるのである。

次に、城郭もまた広義の展示の１つであると看取されよう。防御を目的とした堀や土塁、柵等が著しく発達した防御施設が城であると言えよう。事実、上代にはチャシや神護石等の遺構が築営されており、奈良時代から平安時代には中央では長安や洛陽の形式を取り入れた都城、地方庁には府城、西南地域には辺防築城、東北地方には柵がそれぞれ設営されてきた。鎌倉時代から室町時代には山城や野戦のための臨時築城が盛んに成されたが、いずれもが防御機能に専念したものであった。

しかし、近世になると城は従来の防御目的のみから離脱し、山城から平城へと移行し当該地域の政治・経済・文化の核としての機能を有するものへと変貌を遂げるに至った。同時に石垣の発達、天守の壮大化、曲輪の発達といった優美性の追及がなされたことは、偏に見せるもの、展示物への変貌であったと把握できよう。この点は何も城に限ったことではなく、建築一般に通ずる展示要素であろうが、殊に城は当国を象徴する展示物であったことは否めない事実である。

以上の前方後円墳や仏教伽藍・城に代表される象徴的意味合いを持ち、記念物的色合いの濃い今日に残る展示の遺構例を記したが、何も大形の展示に留まるものだけではなく日本文化の中には精神的観念に基づく小規模展示も多数存在している。具体的には、注連縄や床飾り・五月飾りに代表される日本文化が持つ飾りの文化は、それは即ち展示の文化と言い換えることができるのである。

註

1）　油井　隆 1986『展示学』（株）電通

2）　棚橋源太郎 1953『博物館教育』創元社

　　棚橋源太郎 1957『博物館・美術館史』長谷川書房

第2節　博物館展示

先ず、博物館展示とは、木場一夫は『新しい博物館』[1]の中で、

博物館の中核的機能は展示であって、ある特別の場合、たとえば大学付属の腊葉館や学校に資料を貸出す仕事を専門とする学校システム博物館などを除けば、いずれの博物館も展示とそれにつなげる仕事が博物館の重要な責務となっているといってよい。…（中略）…

いま自然博物館を例にとれば、さきに述べた資料蒐集・研究・出版の三つの段階は、この展示の段階にとって予備的なもので、完成した標本の展示は、前の三段階で蓄積されたすべての知識の結合したものと考えてよい。博物館においては、これら四つの段階が、無理なくむすばれていることにおいて、ことに展示が教育における本質的な部面である事によって、大学や研究所と違った特別の使命と機能とを果たすことができるのである。

と記し、木場は博物館における展示とは博物館諸機能の中での中核であり、従って、展示機能こそが博物館を大学や他の教育機関と区別し、決定づける最大の機能分野であると断定しているのである。さらには、展示は博物館諸機能が集大成されたものであって、資料の収集・研究・出版は展示を形成するための予備的な機能であるとすら言い切り、「博物館イコール展示」といった視座に博物館の諸機能を位置づけ、博物館機能の中での展示の基本概念を明示したものであった。木場の博物館機能形態上における展示の基本概念は、大略として肯定でき得るものである。事実、今日我が国において存する博物館を観察した場合、館蔵資料や資料収集機能を持たない博物館や資料保管・保存機能を有さない博物館、さらには研究を伴わない博物館は多数存在しているにもかかわらず博物館と称される施設で、その内容はともかくとしていわゆる展示のない、展示施設のない博物館はさすがに存在しないところからも、展示とは対外的には博物館の顔であると断定でき得る博物館最大の機能であり、さらに博物館を決定づける要素であるといえよう。

なぜならそれは、博物館を訪れる一般利用者が博物館と直截に接すること

ができるのは展示のみであるからといっても過言ではない。つまり、当該博物館がどんなに資料の収集に力を注ぎ、それらの資料の保存のためにいかに立派な収蔵施設を設置し、さらに資料保存分野の研究とその措置を講じていようとも、あるいは当該博物館が専門領域とする中でどんなに優秀な研究を行っていても、直接それらを一般利用者が目にすることは不可能であり、直接に目視し得るのは展示に限定されるのである。故に、展示の善し悪しが直ちに博物館の優劣を決定する最大の要因ともなるものであり、「博物館イコール展示」といった公式は否定できるものではないと考えられる。

現に、かかる観点は一般の博物館利用者に留まるものではなく、博物館学研究者においても、物産会・見世物・内外博覧会等々の広義の展示を博物館史の前史に含め、その館史の大半が展示史であるところからも展示と博物館は表裏一体のものであると指摘できよう。従って逆に、上記の概念に基づくと展示施設（機能）を伴う施設・機関は博物館的色合いの強いものとなり、結果としてそこには内容的あるいは目的において種々のものが介在しているが、博物館類似施設・類似館なる分類呼称さえ発生して来たのである。

次に、博物館展示の命題に関しては、前田不二三が記した「學の展覧会か物の展覧会か」の博物館展示の命題に関し正鵠を射た明言が思い起こされる。これは1904（明治37）年に人類学者坪井正五郎が中心となり、東京帝国大學人類學教室が主催した「人類學標本展覧会」に関し、やはり人類学者であった前田不二三が『東京人類學會雑誌』[2]に冠した論文タイトルである。

つまり、今日でも博物館展示の命題ともいえる、広義の展示の中でも博物館展示のみに介在し、要求される基本要素であるところの博物館展示とは「ものを見せる」「もので見せる」、あるいは「ものを語る」「もので語る」といった博物館展示の根源に関する点に着眼した最初の論文である。

この前田不二三に始まる当該展示に関する命題は博物館学成立から半世紀を経た今日に至るまでは勿論のこと、今日に至っても数多くの博物館学研究者により論議され続けているものである。先ず、前田不二三は次の如く記している。

　學の展覧會か物の展覧會かといふ問は、言ひ換へれば學術の展覧會であるか、學術の資料たる物そのもの丶展覧會であるかといふ事である。此事は問ふまでもなく知れきつて居るやうであるが、更に一考して見ると少しわからなくなつて来る。實際において、今回の展覧會の如きものは、人類學の展覧會であるのか、或は又、人類學といふものは此の如き材料から歸納的に研究するものである、而して其材料は此の如きものであると云つて、材料そのものを世人に見せる爲めであるか、先生はじめ其他の關係の諸君には無論初めから一定の考へを有せられたに相違ないけれども、私は愚にも第二日目の午後になつてからふと腦裡に此問題が沸いて來た、大變に遅かつた。旣に表題が人類學展覧會となつて居るから、無論學の展覧會であると斯う云はるる人があるかも知らぬが、由来此の如き事は其表題たる名稱によつて論ずる事は出來ないものであるから、表題は然うなつて居つても、或は物の展覧會かも知らない。…（中略）…

　されば私は人類學の展覧會はどうしても學の展覧會でなければならぬ、と斯う信ずる、今回も第一室の如きものを設けておかれたのは、矢張學としての展覧會の方針であつたからであらうと思ふ。配列があの様になつて居つたのも矢張其の爲めであらうと思ふ。配列を横の何にする縦は何にすると云ふ事は最も學としての目的に適つた事である。

と前田不二三は記し、東京帝国大學で開催された最初の、換言すれば我が国で最初の人類学の特別展示に関し、展示の命題であるところの「ものを見せる」のか、「もので見せる」のかという点、即ち、博物館展示の命題（以下この点を博物館展示の命題と称する）に逸速く着眼した人物であり、そして前田自身が当該問題に関し逡巡する中で「情的展覧會」と「智的展覧會」なる呼称を以って展示を区別し、前田は情的展覧会であるところの美術資料の展示を除いては、学の展示でなければならないと決定づけている。

　つまり、「もので見せる」、「ものをして語らしめる」展示であらねばならないと、当展覧会を実践する中で結論づけたのである。

　前田の称する「學の展示」とは、言い換えればある一定の思想・史観に基づく展示の必要性を述べたものであり、博物館展示の命題といえるものである。

　次いで博物館展示の目的理念について述べる前に、博物館展示の基本理念

について記すこととする。先ず、倉田公裕は[3]、

展示は単なる「もの」の陳列ではなく、「ひろげて示す」ことであり、そこには人に積極的に見せようとする意識があり、コミュニケーションの一つの形態である。つまり、意味があり、目的を持って、大衆に「見せる」ことである。…（中略）…不特定多数の観客に、ある目的を持って、教育的配慮の下に「見せる」ことである。

と述べ、展示はコミュニケーションの一形態であると博物館展示の基本理念規定を定義したものであった。

次いで、1965年には国際博物館会議（ICOM）の編纂による『博物館組織とその実際的アドバイス』[4]には、博物館展示を次のように述べている。

展示そのものが、先ず通り過ぎようとする人の目を捕え、注意を喚起し、より注意深く観察させるようにしなければならない。これにはその展示の立案者側に人間性と心理学についての若干の知識が必要であり、多種多様の資料を陳列する際、かなりの熟練さを必要とする。

さて、展示するということは、見せること、陳列すること、目にふれるようにすることであるが、大部分の国語が示す「展示」という言葉は、ものを意図的に表示すること、目的ある陳列をすることを意味する。

さらに榊原聖文は、「展示品の形態の新しい提案」[5]と題する論文で、

展示行為を「展示者がある意味内容を、列品を通じて、観客に伝達する、行為である。」と概念規定する。端的に言えば、「観客に、何かを、伝える」行為となり、極言すれば「展示は展示品と観客の間の通信である」となる。

と記す。このように三氏が明記している如く、展示とは意味と目的を持った配列を指示し、積極的に見学者に見せる働きかけをする行為であり、展示資料を媒体とした視覚による展示意図、即ち資料の有する学術情報の伝達を目的とする情報伝達（コミュニケーション）の一形態であると定義づけられるのである。

先ず、博物館展示の基本は意図と目的を持った配列、あるいは意図と目的による配列を基本とするものであることは、明治期の人類学者であった坪井正五郎が1889年東京帝国大学の助手時代英国留学の途中、パリ万国博覧会

を見学しその報文を「パリー通信」[6] と題して次の如く記している。

萬國博覽會人類學部物品陳列の評、棚の片隅に鉢植えの五葉松有り次に藁にて根を包みたる萬年青あり次に鉢植えのサボテン有り次に又鉢植えの五葉松有り其隣に石菖の水盤有り其下に石臺に植たる柘榴有り其隣にヘゴに着けたる忍草有り其隣に根こぎにしたる夏菊有り、一千八百八十九年パリー府開設萬國博覽會人類學部物品陳列の模様は之に似たる所無しと云ふ可からず、縁日商人の植木棚に似たる所無しと云ふ可からず嗚呼、パリーは人類學の中心とも言はるゝ地に非ずや、本年の萬國博覽會は規模廣大なるものに非ずや此地に開きたる此會の中此専門の部にして物品陳列の法が理學的で無いとは如何なる譯であるか有名な人類學者の整理したものを私風情の者が彼此云ふのは實に蟷螂が鉄車に向ふ様に見たるでござりませう併し蟷螂にも眼があります、車輪の圓いかイビツかは見分け得る積でござります、大佛の坐像は取り除けとして評は止めても正面入り口の前に在る古墳内部の現物、各地掘出の古器物、ブッシマンの實大模形等は何の故に最初に出て來たのか譯が分からず正面入り口三所の中何れが第一だかも示して無いがトピナード先生の言に隨つて右から入つて見た所が人躰解剖と比較解剖との標品は此室にばかり集まつて居ると云ふでも無く中央室を飛び越して左室にも一部二階に上つて中央部にも一部有る事故好く見やうとするには此所彼所奔走しなければならず、石器も所々方々に一群一群に列べて有つて比較に不便だし銅器鉄器も其通り角や骨に細工した彫刻物ころは此所ばかりに集まつて居るのだらうと中央室のを熟視して後に中庭に出て見れば此所にも連れが澤山有る掘出品許りと心得て見て居ると現用出が混じて居たり現用出（品ヵ）かと思つて見れば古代の物を想像して作つたので有つたり諸人種の頭骨諸人種の寫眞諸人種の摸像がチリチリバラバラに置いて有つたり一番始に有つた古墳内部の現物二箱と並べて置くべき同様の物二箱が二階の片隅に置いて有つたり實に意外な事だらけ、専門家の爲に作つたのなら取調べ上の不便言ふべからず専門外家外の人の爲めに作つたのなら斯學の主意を解する事難し何れにしても陳列法宜きを得たりとは決して言ふ能はず骨董會とか好事會とか云ふものなら深く咎めるにも及ばず一千八百八十九年パリー開設萬國博覽會人類學部としては實に不出来と言はざるを得ず、…（中略）…

三月の雛にも飾り方有り、五月の幟にも建て方有り繪の順が好ければ讀まなくとも草双紙の作意は大概推量出來るものなり千字文を截り離して投げ出しては讀み得る者幾人かある、…（中略）…

私は物品の好く集まつたのには感服します、列べ方の好く無いのは遺憾に思ひます、縁日商人の植木棚の草木の様で無く理學的の植物園の草木の様に是等の物品が順序好く列べて有つたならば人類學部設置の功は更に大でござりましたらうに遺感なる哉、遺感なる哉、

然らば如何に列べるが宜きか、物品の列べ方は各部區々では宜からず、一主義を貫徹しなければ不都合なり、…（後略）…

と記し、パリ万国博覧会人類学部物品陳列のお粗末さを鋭く指摘したものであった。中でも「三月の雛にも飾り方有り、五月の幟にも建て方有り繪の順が好ければ讀まなくとも草双紙の作意は大概推量出來るものなり」と見事なまでの適確な例を挙げ、資料の配列の重要性を明示しているように、博物館展示には意味と目的のある資料配列が不可避であることは確認するまでもないのである。ところが一方、展示には博物館・展示者の意図・目的が介在してこそ展示であるという考え方に対し長谷川栄[7]は、

展示品に内在する資料的価値になんら付加することなく、ニュートラルな状況で陳列品をみせるのが目的である。この展示の場合にはオーバーな演出によって資料の意義・内容の受け取りかたが歪められぬように注意することが必要である。

と述べ、博物館展示には意図・目的の介在は不必要であり、あくまで資料を「ニュートラル」なる表現でありのままで見せることが展示であると記している。この長谷川の「ものを見せる」に専従する考え方は、ロジャー・S・マイルズ（Roger・S・Miles）[8]の展示論においても共通するものであり、マイルズは「博物館の本来の機能は収集品を公開して『もの』自身に語らせることにある」と述べている。これら両氏に代表される初源的展示論とも看取される「物をして語らしめよ」といった格言めいた文言は今日の博物館界にもまだまだ根強く遺存しているものであるが、これは当該資料に対する知

識が豊富な極く一部の利用者にのみ適応することであって、一般的利用者には必ずしも「もの」は自らは語ってくれないことを再度確認しなければならないのである。ここで決して忘れてならないことは、博物館教育の、即ち情報伝達の対象者のそれぞれの分野に対する知識と関心の度合が一様ではないことである。この点が学校教育と博物館教育が大きく異なる。この点について佐々木朝登[9)]は、

意図なきところに展示は成立しないのであり、また「展示資料＝もの」の確認・把握なきところに展示構想なしといえるのである。

と明言しているように、展示は意図の介在があってこそ展示であると考えるものである。意図ある故に展示のストーリーが発生し、それに沿った配列が自ずと生じるのである。

さらに博物館資料配列の意味と目的は配列の法則と言い換えることができようが、その法則は誰が見ても見出だせる容易なものであることが資料配列の法則上での鉄則であろう。

また、坪井が例に挙げた草双紙においても草双紙の絵が大きく欠落していたり、あるいは極く残片であった場合はその作意が十分伝わらない、即ち法則を見出だすことができないのと同様に、博物館資料も断片的な資料ではなく情報を十分に伝達でき得るだけの多種多様で豊富なコレクションが必要とされるのである。故に博物館展示の礎を成すものはあくまで優秀なコレクションなのである。コレクションなくして展示という博物館最大機能が成立しないことは、他の教育機関・研究機関では認められない博物館独自の特質的な形態であるといえよう。

次に、1950年棚橋源太郎は『博物館学綱要』[10)]の中で、

博物館で物品を陳列する目的は、第一は物品を観衆の眼に愉快に映ぜしめること、第二は知識伝達の方便として物品を利用すること、この二つ以外に出ない。

と、博物館展示の基本理念を明確に記している。

また、この棚橋の展示理念に先立ち1922年に考古学者濱田青陵（耕作）はその著『通論考古學』[11)]の中で「陳列の方法」と題し次の如く記している。

單なる考古學的資料と、美術品との間には、陳列の方法に多少相異な

るものあり。前者は原則として地方的（topographical）分類を行ひ、同一地點にて發見の品物、殊に同時に發掘せるものを、凡て一箇所に取纏め、一群（group）として陳列せざる可からず。是れ已に屢々述べたるが如く、共存伴出の關係は、時代其他を知る可き鍵鑰たる可ければなり。次に一地方發見のものは、之を順序するに多く年代的（chronological）分類を以ってし、最後に同時代のものは之を物品の種類及質料によりて分類するを主義とす可し。此の複式方法を以て考古學的博物館における最良の陳列方法なりとす。また美術品は以上の分類の外、更に作品の鑑賞に適する環境を作り、壁面の色澤、臺座、額縁等の構造も亦た特に意を用ゐ、調和を保たしむること必要なるも、餘りに之に凝り過ぐる時は、却て作品其者に對する注意を弱くするの恐あるを以て注意を要す。

以上の如く、濱田は博物館展示において前述した分類による配列と、美術資料においては分類と配列の他に鑑賞に適する環境を加味することが必要であると指摘し、後者の鑑賞に適する環境は、棚橋の展示論の第一とする「観衆の眼に愉快に映ぜしめること」と共通する点であり、このことは博物館展示に留まらず、あらゆる展示に要求され貫き通される基本要件であって、展示のもつ宿命と把握せねばならないものであろう。また、本要件は、1951年に制定された棚橋の草案による博物館法の第２条（定義）「この法律において『博物館』とは、歴史、芸術、民俗、産業、自然科学等に関する資料を収集し、保管（育成を含む。以下同じ。）し、展示して、教育的配慮の下に一般公衆の利用に供し、その教養、調査研究、レクリエーション等に資するために必要な事業を行ない……」に認められる「レクリエーション等」なる表現で反映されたものと思われる。

さらには、木場の述べた展示資料の固有特性である「審美的資料と教授的資料」を区分した上で、具体的展示方法を示している。それは今日でいう鑑賞展示・教育展示を示唆するものであろうが、その上で博物館展示は美術館と歴史博物館や科学館といった専門領域の差異に基づき、それぞれが決して鑑賞展示と教育展示に専有しなければならないものではなく、博物館展示にはその両者が必要であると断定しているものである。

さらに資料の特質により、従来から審美的資料、教授的資料あるいは鑑賞

展示、教育展示といった呼称で区分されていたものを、新井重三[12]は、

博物館における展示とは展示資料（もの）を用いて、ある意図のもとにその価値を提示（Presentation）するとともに展示企画者の考えや主張を表現・説示（Interpretation）することにより、広く一般市民に対して感動と理解・発見と探求の空間を構築する行為である。

と定義することにより、博物館展示の目的と意義を明確にし、コミュニケーションの概念規定をプレゼンテーション（Presentation・提示）とインタプリテーション（Interpretation・説示）の２分割に決定づけたものであった。このプレゼンテーション（提示）とインタプリテーション（説示）の二面性こそが、従来より展示理念の中でくすぶり続けてきた博物館展示を形成する二大要素であると考えられ、どちらか一方を欠失した場合には十分な展示は構成できないものと考えられる。

しかし、プレゼンテーション型展示は必ずしも濱田・木場・棚橋等の先学の主張する一点豪華主義による審美的展示である必要性はないものと考えられる。

つまり、意図的配列による収蔵展示形態こそがプレゼンテーション型展示の本筋であり、それにインタプリテーションを併用することにより展示室内においてデュアル・アレンジメント（二元展示）を構成し得るものである。なお、本書で意味するデュアル・アレンジメントは、棚橋が称する収蔵庫と展示室においての一般見学者と研究者を対象に区分した二元性ではなく[13]、あくまで一般見学者を対象とするものであり、展示室のみにおいて実施するものである。この意図的配列による集団展示は分類展示とも解釈されようが、通常の分類展示よりも資料の数の上で凌駕するものであって収蔵展示の名に相応しいものでなければならない。

なぜなら、博物館はその名が示す通り当該博物館が専門領域とする中で数多くの資料が収蔵されていなければならないと同時に、一般利用者にとっても博物館に対する基本的イメージは古いものや珍しいものが数多く存在する場所であって、単に通史的あるいは概説的展示を望んでいるわけではないことを常に念頭に置かねばならないからである。博物館のすべての展示において利用者は必ずしもインタープリテーション（説示）を望み、必要とするわ

けではなく、利用者が博物館を一般的にイメージする収蔵展示を加えることにより、利用者の欲求に対する充足と多量の実物資料よりもたらされる満足感を与えることができるものと考えられるのである。

当然、本デュアル・アレンジメントの骨格を成すものは優秀なコレクション以外にないことは言うまでもなかろう。今日我が国の博物館展示の傾向は、種々の展示技法による説示に比較して実物資料が余りに少ないために、見る者を感動に導くといった要素の欠如が生じているものと看取される。

また、博物館展示が保持せねばならない条件の1つとして、博物館の展示室で展示品の前を通り過ぎようとする見学者の足を止めさせる「注意の喚起」がある。この要点について林公義[14]は、

> 効率的な知覚伝達の手段として「見せる」技術が用いられる。通り過ぎようとする人の目を捉え、注意を喚起し、より深く観察させるような手段、平易さを意図した「ひと」と「もの」とのコミュニケーション手段、それが「展示」である。

と記しており、この考え方は正鵠を射たものであり基本的に賛同するが、博物館展示の必要要件の1つは消極的な単なる注意の喚起に留まるものであってはならず、さらに積極的な「人寄せ効果」であると考えられる。なぜなら植物が鮮やかな色彩による花と芳香による広義の展示を行い注意を喚起した上で、さらには蜜を持って昆虫を呼び寄せる如く、博物館展示においても注意の喚起に留まるものであっては不十分であり、以上の意味での人寄せ効果を必要とする。それには博物館展示の場合でも展示手法・技法として花だけではなく蜜が必要となることは必定である。それでは博物館展示における蜜とは何か、即ちそれは「月の石」に代表されるように優秀な実物資料であると断定できる。ただいずれの専門領域においても「月の石」・「ツタンカーメンのミイラ」クラスの人寄せ効果のある大量の蜜を有する資料がそうそう多数存在するはずがないことも事実であるが、蜜の少ない資料であっても上述した収蔵展示を実施すれば数が集まり、その分蜜の量が増加すると同様に、人寄せ効果は増大するものと考えられる。そして、蜜へのプロローグである注意を喚起する花として、当該資料が内蔵する学術情報に相応する種々の展示技法を駆使せねばならないものと考える。

展示は収蔵資料と表裏一体の関係であらねばならないところから、展示技法のみに終始し、蜜が不在であるために結実しない展示が今日まま見受けられるが、これは植物界においては当に徒花に例えられるものであろう。

次に展示の目的理念について述べることとするが、先ず直接的な目的理念ではなく目的に関わる基本理念を述べた鶴田総一郎がいる。その代表的著書である『博物館学入門』[15] の中で、

> 従来の書物が展示（陳列）という言葉をつかい、或いは陳列という言葉と並列して「教育活動」「教育上利用」というような言葉を使用しているのは、前者は主たる目的を表わしているが、全目的を包括していないという意味で、後者は展示と教育普及を同格に扱っているという点で賛成できない。なぜならば、なるほど展示は物の面から、教育活動は働きの面からみているという違いはあるにしても、「もの」を媒介として教育普及するという博物館の建前から云うと、切り離して考えるのは片手落ちにすぎると思う。つまりこの両者をひっくるめて「教育普及」するのであり、展示はそれを達成するための方法のうちの一つにすぎないのである。もちろん展示が方法的には欠くことのできないものであり、重点をおかねばならぬということは論ずるまでもないことである。

と記し、同書の中で展示を教育普及法の第一項に設定し、展示は博物館における教育普及の中の一分野であると明示したものであった。

この鶴田の展示教育活動論を受け、倉田公裕・加藤有次[16] は、

> ひとくちに博物館といってもその機能と性格は広い分野にわたって異なったものがあるから展示活動もまた一様の性格では済まされない。しかしながら展示活動はすべての博物館に共通する行為であって、一般大衆を対象としたものにしろ特殊な専門家を対象としたものにしろ、博物館の教育活動の中枢をなすものである。

と述べ、鶴田理論を支持すると同時に、教育活動法の中でも展示は中枢をなすものであると定義づけ、展示の目的は教育であることを再度明示している。さらにその上で加藤有次[17] は、

> 室内における展示とは、博物館である目的によってなされた資料について、（研究）－調査－収集－整理－学術的研究－展示といった過程を経

て実施される。

専門的学術研究の成果は年度ごとの累積によって進歩発展するものであるから、その発表機関の一つの方法として博物館には展示活動が存在するのである。このような研究発表の形成は、他の機関には見られないものであり、博物館の特色ともいえるものである。

と述べ、従来の教育を主体とする展示論に対し、研究と展示の一貫性の観点より学芸員の研究の場、あるいは研究成果の発表の場として展示の目的を位置づけた点は注目されるものであった。

こうした博物館展示と研究の両者のかかわりに関して、「研究は研究、博物館展示は一般大衆に置け」といった考え方が今日でも根強く存在する中で、博物館の研究活動と展示教育活動の一貫性を明示したのに留まらず、さらには博物館展示は学芸員の研究発表の場であると展示の目的を明示したもので、正鵠を射た理念と評価できるものであった。事実、国立民族学博物館館長であった梅棹忠夫は、『民博誕生』[18)]の中で「展示は館員の研究発表の場であり、研究者の研究業績である」と述べ、加藤の展示目的理念と同じ考え方を示している。

さらに、北川芳男は展示目的理念を強調し、その著『博物館とともに』[19)]の中で、

当然のことであるが、研究活動の成果は、館の研究紀要、関係学会誌、その他、短冊の研究報告書を通して、公表することはいうまでもない。同時に、そういった研究論文を一般にわかりやすく解説した普及書、その他新聞、パンフレットなどにまとめることも必要である。しかし、それにもまして、博物館の研究成果の具体的な発表は、展示を通して行わなければならない。展示こそ、大学でも研究所でも、ほとんど考えられない発表の手段である。繰り返していう。展示こそ、博物館がもっている独特の発表形態である。

と記し、博物館展示は唯一研究発表の場としての目的のみに専従するとも理解される考え方を示している。かかる観点は肯定されるべき理論である。確かに、学芸員にとって展示は成果物であると考えねばならない。展示の構成は論文や作品と同様に当人の業績と考えるべきものである。

従って、優秀な展示は十分に評価される必要もあろうし、逆に稚拙な展示は批判されることにより改良されていかねばならないものであろう。この点は嶋村元宏[20]も「博物館の展示も、学問的批判にさらされる時期に来ているのではないだろうか」と述べている。

以上の如く、展示の目的は個々の資料が内蔵する学術情報を研究することにより導き出し、その成果を伝え教育することにあり、それはまた同時に学芸員の研究の成果を世に問う場でもなければならないのである。従って、研究に供する収蔵資料すら持たず、さらに研究というステップを介在していない博物館の展示は、博物館展示ではないといっても過言ではなかろう。

料理そのものが広義の展示であるから博物館展示は料理に近似している。

展示には意図による配列、ストーリーがあると同様に、料理においても前菜にはじまりデザートで終わるといった配列がある。また鰯が食材であった場合でも、刺身、焼く、煮る、揚げる、すり身にする等種々の調理法があり、これは展示のいわゆる切り方に相当する。つまり、展示の主旨である。次に、盛り付けは展示の手法に相当する。先ず盛り付けを行う皿や椀の形や色・絵柄の選択は、ケースの形状や演示具の形状及び色彩の選択に匹敵するであろうし、さらにたとえば刺身の場合であれば、つま・青紫蘇・蓼・菊花・柚等々は、核となる実物資料の内蔵する情報を引き立たせるパネルであったり、トライビジョン、映像、比較模型等々に相当するものである。

この場合でも明確であるように、当該食材に見合った美しい容器を使用し、つまや青紫蘇でどんなに豪華に盛り付けられていても肝心要の食材が新鮮でなかったり、刺身が僅か一切れしかなかった場合は十分な満足感を得ることができないことは、博物館展示においても同じである。料理の基本には優秀な食材が必要であると同様に、博物館展示には優秀な資料が必要であることを忘れてはならないのである。天然の尾頭つきの鯛の塩焼きであれば添え物はさして不要であるように、極めて優秀な資料であれば提示だけで人を十分魅了することができるのである。

さらにまた、調味料は照明計画であろうし、基本理念に立ち返れば、料理は人の目を楽しませることにより食欲の増進を企てることを目的とするものと看取されると同一に、博物館展示も見る者にとって楽しく情報伝達の増進、即ち博物館教育の普及を目指すものであろう。また、博物館展示は研究成果の結晶であり、発表の場であるように、料理も料理人の日頃の鍛練の成果であり、また発表の場でもあることに違いなかろう。ただ、これだけ近似する中にあって両者の大きな相違点は、料理は一過性であるのに対し、展示は最低10年あるいはそれ以上継続させねばならないことである。

以上の如くの観点に立脚し、博物館展示とは何かを再度要約すると、先ず概念的には博物館展示とは博物館が博物館であるための最大の機能である。従って、展示は対外的には博物館の顔を成すものである。博物館展示の基本理念は資料を媒体とした情報の伝達手段であり、それはまた、とりも直さず博物館教育活動の主翼を形成するものでなければならない。

そのためには、博物館展示の骨格、いや基本的には博物館の骨格である優秀な資料が必要とされる。優秀なコレクションなくして博物館展示の基本目的を全うし得る博物館展示は成立し得ないのである。

さらにまた、博物館展示の目的は、研究機関である博物館の研究成果の披瀝の場であることを忘れてはならないのである。

註

1)　木場一夫 1949『新しい博物館』日本教育出版社
2)　前田不二三 1904「學の展覽会か物の展覽会か」『東京人類學會雜誌』第219號
3)　倉田公裕 1979『博物館学』東京堂出版
4)　ICOM編 1973『博物館組織とその実際的アドバイス』
5)　榊原聖文 1982「展示品の形態の新しい提案」『博物館学雑誌』第7巻第2号
6)　坪井正五郎 1889「パリー通信」『東京人類學會雜誌』第46號
7)　長谷川　栄 1981『美術館・美術館学』至文堂
8)　R・S・Miles 1982「The Design of Educational Exhibits」GEORGE ALLEN & UNWIN
9)　佐々木朝登 1990「展示」『博物館ハンドブック』雄山閣出版
10)　棚橋源太郎 1950『博物館学綱要』理想社
11)　濱田耕作 1922『通論考古學』大證閣
12)　新井重三 1981『博物館学講座7　展示と展示法』雄山閣出版

13）　同註10

14）　林　公義（共著）1978『博物館概論』学苑社

15）　日本博物館協会編 1956『博物館学入門』理想社

16）　倉田公裕・加藤有次 1971『展示―その理論と方法―』博物館学研究会

17）　加藤有次 1977『博物館学序論』雄山閣出版

加藤有次 1996『博物館学総論』雄山閣出版

18）　梅棹忠夫編 1978『民博誕生』中公新書519、中央公論社

19）　北川芳男 1986『博物館とともに』北川芳男氏退官記念誌刊行会

20）　嶋村元宏 1994「神奈川県立博物館だより」27―3

第Ⅱ章　博物館に於ける展示

楊　鋭・桝渕彰太郎

第1節　説　示―研究成果の情報伝達と展示―

(1) 説示の基本的概念

博物館の様々な活動機能の中で、最たる中核を成すのが情報伝達の手段としての展示活動である。展示活動なくして博物館は成立し得ないからである。その展示活動の形態と分類については、展示資料の特質により、従来から審美的資料、教授的資料あるいは鑑賞展示、教育展示といった呼称で区別されたが、基本である博物館展示の原則について、新井重三[1]は次のように定義した。

　博物館における展示とは展示資料（もの）を用いて、ある意図のもとにその価値を提示（Presentation）するとともに展示企画者の考えや主張を表現・説示（Interpretation）することにより、広く一般市民に対して感動と理解・発見と探求の空間を構築する行為である。

しかし、展示資料（もの）は「多種多様」であり、「それらを展示するとなると、その意図において、その技法において必然的に相違が出てくる。（中略）かくして、展示の形態は物の持つ属性に規制されつつも展示企画者の意図の多様化によって発展し、現代に至っている」のである。

そこで、新井は展示の分類を改めて整理し、展示意図により分類した提示型展示と説示型展示をそれぞれ次のように説明した[2]。

　提示型展示（鑑賞展示）

　ものそのものの芸術的価値または美的価値を最もよい条件のもとで提示（Presentation）するものである。対象となるものの多くは芸術作品であるが、なかには自然の造形そのものも含まれる。

（中　略）

提示型展示の目的は知的理解ではなく鑑賞をとおして感性を磨き情操を養うことにある。

説示型展示（学術還元展示）

来館者の知的欲求にこたえることを目的に展開される各種の展示に対して説示型展示とよぶ。したがって、この展示は科学系および歴史系の博物館で多く採用されている。内容は学術研究の成果を市民に還元するもの、または展示企画者の意図と価値判断によって学説や法則を解り易く説示するもの、ある基準に従って配列するものなどが含まれる。この型の展示には多かれ少なかれ展示企画者（一般的には学芸員また学芸員集団）の考え（思想）や主張があって、それが展示のなかで表現されているものである。

つまり、提示型展示とは、ものそのものの芸術的・美的価値を引きだすように展示することである。主に芸術作品が対象となるため、美術館に多く見られる。提示型展示に要求されるのは来館者の直感に訴えかける展示方法である。すなわち、美術および工芸資料を展示する場合は、ものそのものが興味の対象となるであろうし、言語的説明は展示物の放つ魅力を邪魔せぬよう最小限に留めるべきである。

一方、説示型展示は、来館者の知的欲求に応えることを目的とする展示方法で、一般には美術芸術作品以外の学術資料が対象となる。専門知識を一般市民に理解させることに重きを置いた展示方法となり、多少なりとも展示企画者の思想や主張が表現される。

なお、新井は教育的活用という点から博物館展示を論ずる教育展示についても言及している。早くから博物館を教育機関と位置づけたのは鶴田[3]であるが、その後も教育展示という概念は受け継がれ、現在においても使用されている。展示は必ずしも教育的でなければならないわけではないが、展示活動が伝達（コミュニケーション）のひとつである限り、その社会的役割のひとつとして教育的活用が期待されるのは自然なことである。

(2) 展示概念の変遷

「提示と説示」という概念は、先に示したように新井が1981年に初めて提言したものであるが、新井以前の概念もまた、展示する資料の種類によって二大別されていた。すなわち、美術、芸術といった分野の鑑賞を主な目的とした資料（美術資料）と、鑑賞とは異なる目的を持った資料（非美術資料）である。

この二大別を最初に明確に提示したのは前田不二三であった。前田は、1904年に東京帝国大學人類學教室で開催された「人類學標本展示會」に関して『東京人類學會雜誌』に論文を寄稿している。その表題は「學の展覧會か物の展覧會か」で、「ものを見せる」のか「もので見せる」のか、といった博物館の根源に関する点に着眼したものである[4)]。

> 學の展覧會か物の展覧會かといふ問は、言い換へれば學術の展覧會であるか、學術の資料たる物そのもの丶展覧會であるかといふ事である。此事は問ふまでもなく知れきつて居るやうであるが、更に一考して見ると少しわからなくなつて来る。實際において、今回の展覧會の如きものは、人類學の展覧會であるのか、或は又、人類學といふものは此の如き材料から帰納的に研究するものである、而して其材料は此の如きものであると云つて、材料そのものを世人に見せる為めであるか、先生はじめ其他の関係の諸君には無論初めから一定の考えを有せられたに相違ないけれども、私は愚にも第2日目の午後になつてからふと脳裡に此問題が沸いて来た、大変遅かつた。既に表題が人類學展示會となつて居るから、無論學の展覧會であると斯う云はるる人があるかも知らぬが、由来此の如き事は其表題たる名称によつて論ずる事は出来ないものであるから、表題は然うなつて居つても、或は物の展覧會かも知らない。
>
> （中　略）
>
> 併しながら展覧會といふものは見せるのが主であつて、講義的説明は主でないと斯ういふ人があるかも知らぬ。此言を成す人は情的展覧會と智的展覧會との区別を知らないのである、前者は美術品の展覧會で後者は學術展覧會である。

前田不二三は美術品の展覧会を「情的展覧会」、學術の展覧会は「智的展覧会」と展覧会の性格を明確に区分している。次いで木場一夫[5]は『新しい博物館―その機能と教育活動―』（1949）の中で、

展示は、その博物館の目的と技巧とによって左右されるが、展示品は、通常教授的なものと、審美的なものに二大別され、資料の種類すなわち、歴史・芸術・科学・応用科学の四大分野において、それぞれ特有の展示形態が採用され展示効果の発揮につとめている。

と記し、前田の用語を「審美的」と「教授的」に置き換えている。この時代まで、二大別の方法は展示資料の種類に依存しており、展示方法も資料の性質に基づき決定していたと言える。

棚橋源太郎は1950年に著した『博物館学綱要』の中で、「鑑賞」と「知識伝達」という用語を使用した[6]。

博物館で物品を陳列する目的は、第一は物品を観衆の眼に愉快に映ぜしめること、第二は知識伝達の方便として物品を利用すること、この二つ以外に出でない。藝術的作品は、品物それ自體を観衆のの眼に訴へんとするにあるなら、美術陳列に多くは自然第一目的の下に行われ、雅致に富むやう上品に排列して、照明の調和と、色彩の配合に意を用ひ、また眼障りになるやうな説明札はこれを避けるやうにするのである。これにはんして歴史や科學に關する陳列では物品自體は、問題の唯一小部分を物語るに過ぎないから、自然第二目的に従って之れを陳列し、系統的の排列と充分な説明に加へるに、更に圖表、掛圖其の他あらゆる具體的補助方便物に依るのである。然し斯うは云ふけれども、藝術品と雖も先ず以て観衆によく理解されなければならず、歴史や科學の資料にしても、亦品物それ自体に於て既に観衆に訴へる力を幾分有つてゐるから、何う云ふ品物の陳列にもこの鑑賞と知識伝達の両目的を顧慮しつつ物品の性質に應じて、何れか一方に重きを置くに過ぎない。

これは展示目的に焦点を当てた区別である。また、棚橋は必ずしも展示資料の性質によって決定されるのではなく、対象がどのような展示物であっても、両目的が共存すると説いている。

その後、林公義が「教育展示」および「鑑賞展示」に区別している[7]。

教育展示

観覧者と博物館とにおけるコミュニケーションの媒体としての展示が教育施設的資料や情報を伝達するのではなく、教育機関的な独自の教育過程を含んだ伝達が行えるようにする場合をいう。

鑑賞展示

展示資料と観覧者の間に交錯する感情（フィーリング）の接点において、まったく自由で、束縛のない気ままな空間を提供できる展示を行う。観覧者の資料に対する関連知識の拡張意欲を主眼とする。

富士川金二は、展示目的による種別で、林公義と同様に教育展示と鑑賞展示、更に総合的展示などに分類している[8)]。教育展示について、

資料の展示は、すべて教育普及にためにあるといえるが、資料の内容によってもっぱら教材教具等、教育を目的として展示する場合をいうのである。

また鑑賞展示について、

美術品のような鑑賞を主たる目的として、解説その他について展示する場合をいうのである。

この呼称は、1981年に新井が同観点から分類基準より命名した提示（Presentation）及び説示（Interpretation）を提言するまで用いられた[9)]。

この変遷を図にすると下図のとおりである。ただし、それぞれ異なる呼称を用いて区分したとしても、その基準は対象物が美術資料であるか否かという点である。

展示対象	前田不二三,1904	木場一夫,1949	棚橋源太郎,1950
美術資料：	情的展覧　→	審美的　→	鑑賞　→
非美術資料：	知的展覧　→	教授的　→	知識伝達　→

林公義,1978	富士川金二,1980	新井重三,1981
鑑賞展示　→	鑑賞展示　→	提示
教育展示　→	教育展示　→	説示

この二大別は、資料の性質と展示の目的という意味で端的に区別されるものではあるが、両者の要素を兼備した資料も存在するであろうし、資料の種

図１　提示型展示（東京国立博物館）

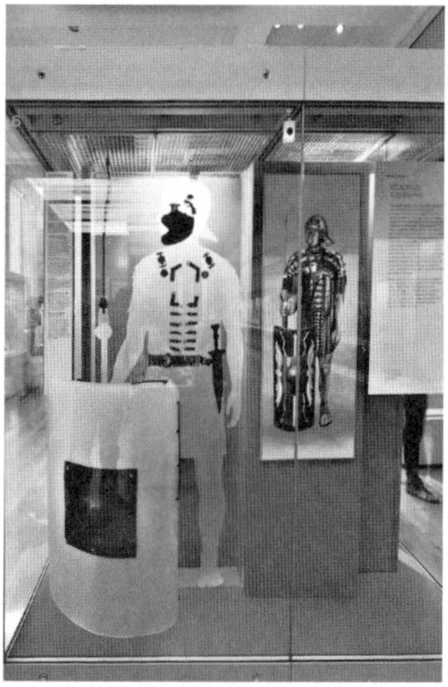

図２　説示型展示（大英博物館）

類が必ずしも展示方法に直結するわけではない。棚橋[10]が言うように、資料の基本的性格によってどちらに重きを置くかが決まるだけであり、むしろどちらか一方のみに終始する展示は好ましくない。

(3) 学術情報の伝達手段としての説示

前田の時代に於いては、短い説明書きラベルを施しただけの展示であっても、それを講義的説明あるいは學術展覧會と呼んで差し支えなかったかもしれない。しかし現代でも、「収集されたモノが、ただ雑然と陳べられており、通り一遍のラベルや解説パネルがついているといった程度」[11]で満足してしまっている博物館が少なくないように見受けられる。簡易な説明のみでは鑑賞者の理解や知的欲求に応えることができると到底思えず、提示型展示に分類されると思われる。

ここで、新井の博物館展示の原則を引用すると、「展示企画者の考えや主張を表現・説示（Interpretation）する」とある[12]。Interpretationとは、紹介ではなく解釈である。説示型展示に求められるものは、その博物館が自らの責任において考えや主張を明らかにすることである。

博物館は研究機関であり、学芸員は専門研究者である。したがって、博物館には本来、高度の学術研究の知識が集積される。学術研究は一部の専門研究者によって成されるものであると同時に、市民に還元されるべき共有財産である。

この学術研究の成果を伝達するためには、意図なき「もの」の羅列に終始する展示であってはならず、説示型展示が必要となる。つまり、見学者の来館目的を満たすためには「もの」に内在する情報を引き出し、しかも展示内容は容易に理解できる内容でなければならない。

博物館の鑑賞者には専門知識を持たない一般市民も多い。市民は展示された「もの」を通して、その向こう側にイメージを結びつける。たとえば、展示された原人の頭骨の一部を見て、原人の暮らしていた環境や食べ物、生活習慣など、背景を想像するのである。このとき、わかりやすく訴求力の強い方法で鑑賞者の理解を手助けすることが必要であり、そのためにジオラマや復元模型といった視覚的効果を利用したり、来館者が参加できる疑似体験型展示を取り入れることで、難解で抽象的な学術研究をより身近なものに感じさせることができるのである。

博物館は市民にとって学術に触れる最も身近な場所であり、いわば学術専門分野との橋渡し的存在なのである。したがって一般には馴染みが薄く、取り付きにくい学術研究の内容を、資料の特徴を最大限に活かして鑑賞者の興味を喚起させると同時に、理解しやすく具現化することが必要不可欠となる。

これは言うならば“学術の翻訳”である。

この学術の翻訳という仕事は容易なものではなく、企画者の思想と考え方がおのずから反映されるところである。この点について新井[13]も、

説示型の展示は博物館に勤務している学芸員の研究成果の還元ばかりでなく、その分野における多くの研究者によって蓄積された成果を説示する場合も多い。その代表的な例をいわゆる分類展示に求めることができよう。

説示展示の特色は前述した提示型の展示と対称的で１つの展示は多くの場合複数の物（一次資料）と多数の二次資料によって構成され、物は展示者の考えを証拠づける資料（物的証拠）として位置づけされる場合が多くなる。この場合、物の持つすべての情報を提供することはなく、ある特定の情報すなわち展示者の考えを支持する情報が意図的に抽出され提示されることになる。

と説明している通りである。したがって責任は極めて重いが、日頃の研究成果の見せどころでもある。同時に、同じ資料を扱っても展示方法によって見学者に与える印象や理解度は違ってくることを認識すべきである。特にテーマ展示や課題展示など、展示者の主観が色濃く反映される企画の場合、しばしば資料自体が内包する多様な意味の中の一つの意味、あるいは必要な情報だけが取り上げられる。すなわち、場合によっては偏った観念を印象付ける恐れがある。博物館は資料の価値をよく知る立場であるからこそ、各館の存在意図に沿った方法で、来館者の目的を正確に把握してその社会的責任を果たさなければならない。そのためには、どのような言葉を用い、どのような順番で展示するのか、情報に虚偽・誇張はないかを常に考究する必要がある。決して学芸員の独善的・趣味的志向に陥ることがあってはならず、また目玉展示品の話題性のみに頼ることなく、博物館、観衆の双方にとって満足のいく展示を実現を目指すべきなのである。

集客力のある優秀な展示品を常時確保することは、大方の博物館にとって困難なことである。あるいは、話題性のある展示品だけを見て他の展示物には目もくれないという見学者にも、新たな発見を促すような工夫がされていることが理想的である。林[14]が「通り過ぎようとする人の目を捉え、注意

を喚起し、より深く観察させるような手段」が展示というものであるとし、また鶴田[15)]が「おもしろそうだ→おもしろい→おもしろかったと自然に楽しくおもしろくひきつける働きが、まず必要である」としているとおりである。

博物館という場所に見学者が抱く一般通念を裏切らない、良い展示物を収集する努力と、「見せる」技術との融合によってこそ真の社会的責任が果たせるのではないだろうか。

註

1）　新井重三 1981『博物館学講座 7』雄山閣
2）　同註 1
3）　鶴田総一郎 1956『博物館学入門』理想社
4）　前田不二三 1904「學の展覧會か物の展覧會か」『東京人類學會雑誌』19—219
5）　木場一夫 1949『新しい博物館』日本教育出版社
6）　棚橋源太郎 1950『博物館学綱要』理想社
7）　林　公義 1978「展示」『博物館概論』学苑社
8）　富士川金二 1980『改訂増補　博物館学』成文堂
9）　同註 1
10）　同註 6
11）　倉田公祐 1997『新編　博物館学』東京堂出版
12）　同註 1
13）　同註 1
14）　同註 7
15）　同註 3

参考文献

森田恒之 1978『博物館概論』学苑社
新井重三 1979『博物館学総論』博物館学講座第 1 巻、雄山閣
加藤有次 1990『博物館ハンドブック』雄山閣
加藤有次 1996『博物館総論』雄山閣
加藤有次 2000『博物館展示法』新版・博物館学講座第 9 巻、雄山閣
青木　豊 2003『博物館展示の研究』　雄山閣

（楊　鋭）

第2節　総合展示

(1) 総合展示論史

従来の総合展示論史の研究[1]では、棚橋源太郎が1950（昭和25）年に著した『博物館学綱要』[2]の「綜合的陳列」がその濫觴とされるが、棚橋より以前の1899（明治32）年に、高山林次郎が「博物館論」[3]の中で「綜合的方法」という語を使用していることを確認した。高山は当時、古美術品が全国に散在・流出している実状に対し、美術博物館を建設して古美術品を保護し一般社会に対して古美術の理解を広めることを訴える中で、その展示方法についても論じたのであった。

（前略）……美術博物館中に於て從來の無趣味なる分析法を用ゐず、成るべく綜合的方法によりて、一時代の文物境遇と當時の作品とを品彙比照せしむことを望む。是の如くせば、美術に對して多少時代的後景を添ゆるを得べく、又隨て各時代に於ける様式風格の變遷を目睹するを得む。（傍線部筆者）

以上の如く、古美術品を「一時代の文物境遇」と比較させ「各時代に於ける様式風格の變遷」を観覧者に理解させようとする「綜合的方法」なる展示法は、後の時代室に該当するものである。これは棚橋が時代室を綜合陳列に含めていることからも整合性が認められ、高山の使用した「綜合的方法」が総合展示論史の嚆矢と位置づけられるのである。

次に総合展示について論じたのが棚橋源太郎である。棚橋は1930（昭和5）年の『眼に訴へる教育機関』[4]で論じた「組み合わせ陳列（グループエキシビジョン）」の一手法である時代陳列室に対し『博物館学綱要』の中では、改良時代陳列室法として「綜合的陳列」という語を使用した。その後『博物館教育』[5]では「綜合陳列（Synthetic display）」という項を設けて論じている。

綜合陳列（Synthetic display）　分類式や年代順の陳列は、動植物学専攻の学者学生や、美術史専攻の人達には便利だろうが、素人の大衆には余り興味がないというので、博物学博物館などでは動物の剥製標品を、その棲息原地の植物土石などと一緒に、綜合的に陳列してその生活状態を示す、所謂原地グループ（Habitat group）陳列法が工夫された。歴史美術の博物館でも、或る時代の文化の特色を表現するために、絵画の額・工芸品・家具・狩猟具・農工具・家庭用品などを、組み合わせて綜合的に陳列するところの、所謂時代室（Period room）と称する陳列法が発達した。十七世紀の北欧小農民の台所とか、十八世紀フランス貴族の居室とか、昔の鍛冶錬金術の細工場というが如きがそれで、綜合陳列法の一種である。

図3　改良時代陳列室法（パリ装飾工藝館）
（棚橋『博物館学綱要』より転載）

このように、棚橋の論じた「綜合陳列」は『眼に訴へる教育機関』で「組み合わせ陳列（グループエキシビジョン）」に分類した原地グループ陳列・時代室陳列を指しているものであり、その意図するところは、複数の資料を統合する意味での“綜合”であると考えられる。

続いて総合展示について論じたのは鶴田総一郎である。鶴田は『博物館学入門』[6] の中で「a. 分類学的・系統的展示」「b. 歴史的・発達史的展示」と並び「c. 綜合展示」について論じている。

c. 綜合展示　「a」と「b」との方法は一般社会人にはあまり興味のもてない方法なので、たとえば博物学博物館などでは動物の剥製標本を、その棲息地の植物・岩石・土などといっしょに綜合的に展示してその生活状態をあらわすような方法、つまり原地グループ展示法（habitat group）が工夫された。また歴史博物館でつかう時代室（period room）などもその例である。

上記の鶴田の論は棚橋の総合展示論を継承したものであり、それは原地グループ展示・時代室を指すものであることから、棚橋と同様に複数の資料を統合することを意図しているものと考えられる。

また新井重三は棚橋と同時代に、資料統合としての総合展示とは違ったニュアンスの総合展示を提唱している[7)]。当時、秩父自然科学博物館の学芸員であった新井は、それまで主流であった標本の単体展示を「個体の羅列式展示」と呼称し、それに対して新たな展示手法を以下のように記している。

> 標本を、全体の部分と考えることにより、合目的に、部分（標本）の量を集積綜合することにより、質的変化を起こさしめ、統一をもたせた展示様式を研究しなければならないと思うのです。
>
> この場合、標本個々の分析的な説明よりは、標本相互の関連性が重視されますので、個々の標本は統一された全体の中にあつて、いかなる位置をしめ、どんな意義と機能をもつているかが明白になります。したがつて対象や現象を理解する上に、きわめて容易になることと信じます。

これは、棚橋の論じた綜合陳列が一資料を中心として、その資料の周辺環境を再現する手法であるのに対し、資料を全体の一部分として展示を構成することにより、対象資料や「現象」（事象）を理解させようとするものである。なお、新井は後の「博物館資料の展示法とその形態について」[8)]の中で、自身の提唱した綜合展示を「生態展示」と「課題解説展示」に分類し、棚橋・鶴田の論じた資料の組み合わせとしての綜合陳列を生態展示、新井が新たに提唱した綜合展示に課題解説展示という名称を付したのであった。上記の引用文からもわかるように、新井の提唱した課題解説展示とは展示者の意図、つまり展示課題を達成することを目的とした展示であり、それまでの資料の統合といった意味での総合展示論に新たな観点を生じさせたのであった。

図４　課題解説展示の一例（秩父自然科学館）
（新井「博物館資料の展示法とその形態について」より転載）

次に総合展示について論じたのは林

公義である[9]。

d 総合展示　展示する資料の種類や内容を体系的に整理し、集団としての組み合わせによる展示方法である．自然系と人文系の資料領域を組み合わせた場合は観覧者の興味も増大する．ある資料を中心として考えられるいくつかの思考角度から、過程や結果を提示し、さらにこれら小集団としての資料が統合されると効果はより得られる．統合配列的なこの方法は多くの博物館において用いられている．(傍線部筆者)

下線部を見るに、新井の提唱した課題解説展示の影響を受けているものであると考えられるが「集団としての組み合わせによる展示方法である」と述べている。加えて「統合配列的」という語を使用していることからも、林の総合展示論は棚橋・鶴田の論じた資料の統合としての総合を意図していたものと思われる。

次に加藤有次は秋田県立博物館の設立構想において、郷土博物館を総合博物館へと発展させる理論展開の中で新たな総合展示論を提唱した[10]。

人間生活は、決して自然と切り離すことのできない関係にあるのであるから、人文科学部門の展示と自然科学部門の展示とは分離されてはならず、人間と自然との係わりあいを展示することこそが重要なのである。ある特定の問題テーマをとりあげたとすると、資料おのおのは、あらゆる学問的見地に立脚して収集され、それを問題テーマに適した内容に組み立てて表現することが展示の本来の意義というべきなのである。単なる資料の集合（Gazer）ではなく、組織化（Organize）することに意義があり、いわば「総合」展示は「綜合」展示であるということができるのである。

図５　加藤による総合展示概念図
（加藤『博物館学序論』より転載）

このように資料の集合ではなく、展示意図のもとに収集された資料の組織化に意義を見出したことから、新井の提唱した総合展示論の流れを汲むものであることがわかるが、さらに加藤は総合展示とは展示構成から「あらゆる学問的見地に立脚して」資料を収集し「問題テーマに適した内容に組み立てて表現する」ものであるとし、それまで総合展示に対する棚橋・新井の論とは違ったニュアンスの論を提唱したのであった。

富士川金二は『改訂・増補 博物館学』[11)]の中で総合展示について以下のように述べている。

> 他の展示法に比較して一般観衆にうけられるものであって、ある程度集団的展示に類似するものである。資料の種類、内容および性質に応じ、特定の展示目的に集成工夫して行うのであるから、人文科学、自然科学資料が総合配列するようになるもので、多くの博物館において用いられる方法である。（傍線部筆者）

下線部から、富士川の論は加藤の総合展示論、すなわち人文系・自然系の枠を超えて資料を扱うといった論を継承していると考えられるが、文中である程度類似すると述べた「集団的展示」について、同著の中で「関連する若干の資料を組み合わせて配列するもので、その状況によっては原地集団展示による場合もある」と述べている。つまり、富士川の論じた総合展示とは加藤の総合展示論を継承した形であったものの、あくまで棚橋が論じた資料の統合配列としての“総合”を意図していたものであると考えられる。

さらに加藤の総合展示論を受けて、田辺悟は地域博物館の人文部門に多い分野別展示に対して、総合展示の同義と思われる「構造的複合展示」を提唱した[12)]。

> 考古展示、歴史展示、民俗展示などの部門を複合し、さらに自然史部門の研究成果をも導入、活用して、より広い範囲で立体的な展示を組み立てることを前提としている。
>
> したがって構造的複合展示というのは、これまでのように各部門（分野）にこだわることなく、設定された主題にかかわりのある、すべての研究成果を活用した総合的な、しかも構造的内容をもった展示ということにほかならない。

以上のように、田辺の提唱した構造的複合展示は、人文部門に限らず自然史部門をも踏まえるもの、つまり個々の分野での研究成果を総合したうえで展示を組み立てるものであることから、加藤の総合展示論に類似するものと考えられる。なお、田辺は展示について「どんなねらいで、どんな内容を、どんな順序で、どのような思考をさせ、どのように系統的知識を得させ、認識させるかというような指導性が必要となるのではなかろうか。それ故に展示物の構造的把握ということがなされなければならない」と述べていることからも、田辺が提示した「構造的内容」とは佐々木朝登・梅棹忠夫により提唱された「構造展示」[13] を指すものと考えられるが、文脈からもそれ以上の内容は計りがたいところである。

一方、高橋信裕はそれまでとは異なった総合展示の概念を紹介している[14]。

> 統一したテーマを持ち、そのテーマの基にさまざまなメディアを導入して来館者の理解を容易に導くことを試みた……（中略）……実物をはじめ模型や映像、グラフィックパネル、ジオラマ等を組み合わせることで、設定したテーマを理解させる展示方法は「総合展示」と呼ばれ、メディアのデザイン表現に作家的個性が発揮された。

以上は１つの展示室の「統一したテーマ」つまり展示意図に基づき、実物資料・模型・映像やジオラマまでをも組み合わせることで、展示課題を達成しようとするものであり、展示室全体を１つの総合展示と呼称するものであった。高橋の論じた上記の総合展示は、それまでの研究者が個別の展示を指して総合展示と呼称していたのに対して、展示室全体を指して総合展示と呼称したものであり、それまでとは異なった概念を提示したのであった。

加藤に始まる新たな総合展示の概念は、青木豊によって発展、集約されたと言える。青木は加藤が提唱した総合展示論を継承する形で、博物館における総合展示を学術的視座に基づいて分類し、以下のように定義した[15]。

> 総合展示が意図するものは博物館展示のそれと同じく資料が内蔵する情報の伝達に他ならない。ただ、伝達情報が単一の学問領域による研究成果であるところの抽出情報に限定されるのではなく、総合的な研究成果に基づく情報の伝達なのである。……（中略）……つまり、総合展示とは、一つの課題に対し自然系・人文系の学問領域はもとより、さらに細分された学問領域を超越し、すべての学問領域の成果を統合したもの

なのである。

青木の述べた総合展示論は、従来から主流であった複数資料の統合としての“総合”という要素には一切触れず、あらゆる学問領域にまたがる展示形態としている。そして先に述べたとおり、博物館における展示の形態と分類を行う上で「展示の学術的視座による分類」により、自身の提示した総合展示が「総合（学域）展示」であることを明確にした。このように加藤が提唱したことに始まる、従来とは異なった総合展示の概念は青木によって名称が付され、博物館展示の中で分類されたことにより、展示学の中で明確な位置づけがなされたと言える。

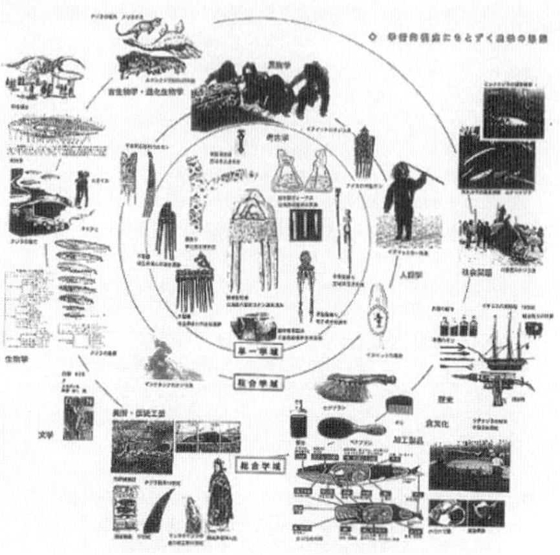

図６　総合学域展示の概念図
（青木『博物館展示の研究』より転載）

次に小島道裕は国立歴史民俗博物館（以下、「歴博」とする）での展示をもとに、歴史展示における総合展示論を展開している[16)]。小島が基礎とした歴博の総合展示とは、1971（昭和46）年の国立歴史民俗博物館設立構想[17)]において、当時の文化庁長官であった今日出海らによって提唱されたものであり、歴史博物館において歴史の流れを時代の流れに沿って通史的に展示するものを「総合展示」と呼称したものであった。小島は歴博での総合展示の実践について、その特徴や課題を指摘する中で、展示が「意図的なもの、恣意的なものにならざるを得ないということは明らかであろうと思います」とした上で、歴史展示における総合展示とは「多様な歴史像」のうちの「一つの言説に過ぎない」と断言していることから、小島の述べた総合展示論は新井が提唱した課題解説展示、つまり展示者の意図を展示する上での“総合”を意図しているものと考えられる。なお、小島が論じた歴博における「総合展示」は歴史展示に限定されるものの、通史という時間の流れを理解させることを意図していることからも、歴史展示としての課題解説展示と見出すことができよう。よって筆者は総合展示の一形態として総合展示論史の中に位置づけられるものであると考える。

(2) 総合展示の形態的分類「総合空間（再現）展示」「総合課題（解説）展示」「総合学域展示」

以上の如く総合展示とは、その言葉の意図するところがそれぞれの研究者によって異なっており、統一した概念が規定されなかったと言える。したがって本項では、これまでの研究者によって論じられてきた総合展示を、形態別に分類することを試みるものである。分類にあたり用語の混乱を避けるため“総合展示”という語は博物館展示における展示法、つまり“総合展示法”であることを明記しておく。そしてその下に展示形態としての分類を行うことにより、用語の錯綜は緩和されるものと考える。以上のような概念に基づき筆者は博物館における総合展示法の下に、新たに「総合空間（再現）展示」「総合課題（解説）展示」「総合学域展示」を提示したい。この3つの分類基準によって、これまでに提唱されてきた総合展示論を形態的に整理することが可能になると思われる。以下、筆者が行った分類とそれぞれの展示の定義を個々に述べていく。

○総合空間（再現）展示

棚橋源太郎が「綜合陳列」という語を用いたことに始まり、鶴田総一郎、林公義、富士川金二、また「綜合的方法」という語を使用した高山林次郎の総合展示論が該当するものである。棚橋は綜合陳列が原地グループ陳列、時代室であることを述べており『眼に訴へる教育機関』[18]の時点ではこれらを組み合わせ陳列（グループエキシビジョン）であるとして「ヂオラマ式陳列」をも含めている。また、組み合わせ展示について歴史的変遷という視点から研究を行った下湯直樹は以下のように述べている[19]。

> 博物館における組合せ展示はグルーピングしてモノとモノを単純に組み合わせた組合せ展示から、より明確に課題を表現するために時代部屋、原地生態群や連続生態群が出現した。……（中略）……さらに臨場感を

与えることのできる手法としてジオラマ展示が流入した。

このように、青木豊が行った展示の分類[20]を基に「空間再現による分類」を新たに提唱し、組み合わせ展示が該当すると論じたものである。

以上の棚橋、下湯の論を統括すると、生態展示・時代室・ジオラマを含めた組み合わせ展示とは、総合展示法においても分類可能な展示形態であるといえる。つまり、総合空間展示とは総合展示法の中でも、展示意図に基づいた空間再現の技法を持つ展示を指すものである。本展示の形態はある1つの資料を中心とし、その資料の生態・使用法等を理解させるための空間を再現するものであり、展示意図とは資料そのものを指すことが多いと言えるであろう。具体的には生態展示、時代室、ジオラマ、パノラマ等が本展示形態に該当するものであり、多くの博物館で行われているものである。

○総合課題（解説）展示

新井重三は複数資料の統合としての総合展示とは異なったニュアンスの綜合展示を提唱した。棚橋の論じた綜合陳列は1つの（あるいは複数の）資料を展示意図として、それを中心とした空間を再現する形態であったのに対し、新井が提唱した「課題解説展示」はある1つの課題（テーマ）を設定し、その課題を解説するための展示形態である。よって、本展示形態の意図とは展示者が自由に設定することが可能であり、個々の資料も展示意図を伝達するための一手段として展示内に存在するものである。本展示形態も総合空間展示と並んで人文系・自然系の博物館において多く実践されており、課題解説展示の登場以来、有効な展示手法として博物館界に広く定着しているようである。たとえば筆者がこれまでに実見してきた例では、自然系の博物館において、ある地域の地層の様子を課題に設定し、それを地質学の研究に基づいて実際の鉱物や岩石などの実物資料と共に、パネルや題箋・映像資料等によって解説するといった展示が存在する。この場合の展示意図とは、展示者が選定した「ある地域の地層の様子」であり、それが展示課題（テーマ）である。その課題を解説する手段として一次資料である鉱物や岩石などが、パネルや題箋などと共に併存するのであり、この点が総合空間展示との相違点である。なお、以上の概念に基づいて考えた場合、展示室全体を総合展示と呼称する高橋信裕の論も、設定した課題を1つの展示室の個々の展示によって達成しようとすることから、その展示室全体を巨大な総合課題展示と見出すことができるであろう。

図7　総合課題展示：飼育展示・映像展示を取り入れた課題解説展示（群馬県立自然史博物館）

○総合学域展示

総合学域展示とは加藤有次によって提唱された新たな総合展示の形態であり、青木豊によって展示学の中で明確な分類がなされた展示形態である。本展示形態について加藤は以下のように述べている[21]。

> 人間生活は、決して自然と切り離すことのできない関係にあるのであるから、人文科学部門の展示と自然科学部門の展示とは分離されてはならず、人間と自然との係わりあいを展示することこそが重要なのである。ある特定の問題テーマをとりあげたとすると、資料おのおのは、あらゆる学問的見地に立脚して収集され、それを問題テーマに適した内容に組み立てて表現することが展示の本来の意義というべきなのである。

このように加藤の総合展示論は、それまで人文系と自然系のそれぞれの分野で個々に行われることの多かった総合展示について、両分野を統合した研究に基づいて展示すべきものであった。そして、加藤の論を受けて青木[22]は以下のように述べている。

> 伝達情報が単一の学問領域による研究成果であるところの抽出情報に限定されるのではなく、総合的な研究成果に基づく情報の伝達なのである。……（中略）……つまり、総合展示とは、一つの課題に対し自然系・人文系の学問領域はもとより、さらに細分された学問領域を超越し、すべての学問領域の成果を統合したものなのである。

このように、加藤と同じく総合展示が人文系・自然系のみでなく、さらに細分された学問領域の見地に立脚して研究された成果を展示することを明ら

表1　総合展示の形態的分類

展示法	展示形態	展示例
総合展示法	総合空間（再現）展示	時代室・生態展示・ジオラマ・パノラマ
	総合課題（解説）展示	課題解説展示
	総合学域展示	

かにしたのである。

つまり、総合学域展示とは単一あるいは複数の学域に基づいた研究成果の展示である総合空間展示・総合課題展示に対し、1つの資料について自然系・人文系を超えたあらゆる学問領域に基づいて収集、研究された成果を展示するものである。よって本展示形態の展示意図としては総合空間展示と同様、資料そのものを指すことが多いと言えるが、資料の分析方法の点で先の2形態と大きく異なるのである。なお、青木が同著で述べたように本展示形態は現在のところ実践されておらず、筆者も実際の博物館展示では確認できていないのが現状である。

註

1）総合展示の先行研究については、以下を参照。
　新井重三 1958「博物館資料の展示法とその形態について」『博物館研究』31―11
　青木　豊 2003『博物館展示の研究』雄山閣
2）棚橋源太郎 1950『博物館学綱要』理想社
3）高山林次郎 1899「博物館論」『太陽』5―9（姉崎正治・笹川種郎編 1925『樗牛全集』博文館所収）
4）棚橋源太郎 1930『眼に訴へる教育機関』寳文館
5）棚橋源太郎 1953『博物館教育』創元社
6）鶴田総一郎 1956『博物館学入門』理想社
7）新井重三 1953「わたくしの博物館学―綜合展示の原理と発展について―」（その一及びその二）『日本博物館協会会報』20～21合併号
8）新井重三 1958「博物館資料の展示法とその形態について」『博物館研究』31―11

9）林　公義 1978「展示」伊藤寿朗・森田恒之編『博物館概論』学苑社
10）加藤有次 1977『博物館学序論』雄山閣
11）富士川金二 1980『改訂・増補 博物館学』文成堂
12）田辺　悟 1985『現代博物館論』暁印書館
13）梅棹忠夫編 1980『博物館の世界』中公新書
14）高橋信裕 1996「常設展示（2）」日本展示学会編『展示学事典』ぎょうせい
15）青木　豊 2003『博物館展示の研究』雄山閣
16）小島道裕 2003「歴史展示をつくるとは―歴博総合展示を手がかりに」『歴史展示とは何か　歴博フォーラム　歴史系博物館の現在・未来』国立歴史民俗博物館
17）今日出海ほか 1971「<座談会>―国立歴史民俗博物館（仮称）の基本構想をめぐって―」『月刊文化財』94
18）同註4
19）下湯直樹 2007「組み合わせ展示の研究―歴史的変遷からみた課題と展望―」『博物館学雑誌』33―1
20）青木の行った展示の分類については前掲註15参照。
21）同註10
22）同註15

（桝渕彰太郎）

第Ⅲ章　博物館展示論史

山本哲也

第1節　展示論の前提―「陳列」と「展示」―

「陳列」と「展示」。その双方がごく当たり前に使用されるが、どういった違いがあるだろうか。

そもそも「陳列」とは、ものを並べ列ねて見せる状態、または見せるために並べ列ねる行為のことを言う。今なお「展示」と同義で使用されることがあり、明確に使い分けられていないことも多い。それは、国語学的にも大きな差違はなく、その意味での問題はないのであるが、博物館学的に捉える場合はどうかを考えなければならない。

即ち、資料や作品を通して多くの理解が得られるように、何らかの意図や思想を込めて工夫し配列する場合が「展示」を指し、逆に必ずしもそうではなく、ただモノを見せることに重点を置くのが「陳列」と考えると良い。

では果たしてその「展示」がいつ頃から使われた言葉で、いつ頃「陳列」との意味の差違を認識していったのか、つまり、「展示」という言葉の歴史を振り返ることが一つの展示論史であり、まずはそれを確認する[1)]。

(1)「展示」という言葉を遡る

1　棚橋源太郎の「展示」、木場一夫の「展示」

博物館学の泰斗・棚橋源太郎は、1950（昭和25）年の『博物館学綱要』で「陳列」と「展示」を併用しているが、比較すると「陳列」が多用されている。同書には、「博物館で列品を陳列する目的は、第一は物品を観衆の目に愉快に映ぜしめること、第二は知識伝達の方便として物品を利用すること、この二つ以外に出ない」という記述がある。「第二」と書かれている内容は、現在、一般的に考えられている「展示」そのものと言って良いだろう。

また、『博物館学綱要』の前年の1949（昭和24）年、満州国国立中央博物館学芸官から文部省科学局に転じ、大東亜博物館構想に関わった木場一夫は、著書『新しい博物館―その機能と教育活動―』において、「展示」で通している。博物館学界で「展示」へと変容する過程として認識し得る事実である。

2　山名文夫の「展示」

資生堂の広告デザイナー、イラストレーターとして高名な山名文夫は、当時、国策宣伝のための展覧会などを企画、実施していたプロダクションである報道技術研究会の主要メンバーとして活動していたが、1944（昭和19）年、『博物館研究』誌上で「展示技術の基本的考慮」を発表した[2)]。その中で、「展示」について次のように解説する。

> 展示といふことは、ただものを列べるといふことではありません。ものを列べさへすれば、人が見てくれるといふ、なまやさしいものでもなく、人が見るといふことで十分でもなく、見せたいものを、第一に、見ることの出来るやうにし、第二に、見てよく理解出来るやうにし、第三に、なぜこれを見せるかといふ見せる側の見せたい意図を了知せしめ、第四に、そればかりでなく、それによって、見た人の精神、思想を動かし、知識を昂めるといふことでなければならないと思ひます。（中略）即ち、展示は、陳列とか展観といふ消極的なものでなく、宣伝といふ積極的な啓発指導面に於ける重要な手段の一つであります。

これにより、およそ戦時中には現在とさほど変わらない定義づけがなされていることがわかる。

⑵「展示」という言葉が示すもの

ところで、博物館、展覧会の文脈とは若干毛色の違う分野でも「展示」という言葉が使われている。

一つは競艇で、舟券予想のために本番レースの前に試走することを「展示航走」と言う。（賭ける判断をするための）情報を伝えるために見せる、という意味では、博物館、展覧会などでの使い方と同じと言える。もう一つは自衛隊での使用例である。航空自衛隊がブルーインパルスなどの演技をみせることを「展示飛行」、基地内で飛行機を見せるのを「地上展示」、海上自衛隊の観閲式での航行を「展示航海」と呼び、一般公開する演習を「展示訓練」などと呼び、一般公開する場合に「展示」とつけている。類似例では「女子ホッケー部は対東海大学、ラグビー部は対玉川大学の展示試合が行われます」という使い方である。ここでの、「展示試合」はan exhibition match（あるいはan exhibition game）の訳で、非公式試合という意味での使用例であると考えられる。

なおこの文脈では、旧帝国陸軍での使用例を確認できる。1939（昭和14）年の文書に、防空思想、軍事思想を普及させるための公開演習を行うので、弾薬を支給して欲しい、という中に「展示」の使用例がある。

そういった諸々の「展示」の意味を考慮に入れて確認していくことが肝要であることをここに明記しておくものである。

(3)「展示」という言葉の起源に迫る

1　1929（昭和4）年の商業における「展示」

1929（昭和4）年の『現代商業美術全集』第11巻「出品陳列装飾集」は、博覧会の「陳列装飾」に焦点をあてた内容で、写真図版のキャプションと、7本からなる解説のいくつかに「展示」の語を見ることができる。

また、短報的な記事であるが、大阪府立商工陳列所で「貿易品並に展示会の開催」「貿易参考品府下巡回展示の開設」、愛知県商品陳列所で「商工省主催本所後援同省蒐集海外十七市場競争見本展示会」が開催された、という1927（昭和2）年度の活動報告が『博物館研究』（1928年）にある[3)]。

いずれも商業ベースの「展示」であるものの、博覧会やいわゆる商品陳列所の「展示」であり、博物館とかなり近い関係での使用が感じられる。

2　1927（昭和2）年の展覧会における「展示」

「考現学」で知られる今和次郎は、1927（昭和2）年に新宿・紀伊国屋書店で「しらべもの展覧会」を開催している。考現学に関して調査したことを壁面に貼り出して見せるというもので、この「しらべもの展覧会」の告知ハガキと目録の「附言」に「展示」という言葉が使われている[4]。

この展覧会はこゝ三年間私達のやつた仕事の展示です。かゝる仕事を私達は假りに考現學と稱して、考古學でやる方法を現代に適用してみてゐるのです。即ち現在眼前に見るいろいろのものを記録し、そのしらべの方法をどうやつたらいゝかに就いて努めてゐる次第です。御覽の通り萬般のものに就いて試みてゐます。御批評を仰ぎます。(下線は筆者)

つまり、展覧会における「展示」の用例として認められ、博物館展示に極めて近い形での使用と認めることが出来よう。

ここまで見てきた「展示」という言葉の用例は、どれも気負ったところのない、こなれた自然な使い方――一般的理解として不自然だとは思われない使い方―で、この言葉がより以前から使われていたと考えられる。その通り、さらに古い用例を確認することができる。

3　大正、そして明治へと遡る

大正に遡っていくと、確認できる用例は少なくなるものの、『東京朝日新聞』、『大阪毎日新聞』、『神戸新聞』などの新聞類に見られるほか、愛知県商品陳列館、大阪府立商品陳列所のいわゆる商品陳列所の資料にも登場しており、これは昭和へとつながっていくものである。

さらに遡り明治に至ると、極端に用例確認が困難になる。1910（明治43）年の『読売新聞』、そして1892（明治25）年の公文書「内閣三京都府平民川島甚兵衛へ 緑綬褒章授与ノ件」が確認できる程度となる。

4　「展示」の初出？＝1877（明治10）年

そして、最も古い「展示」使用例を辿っていくと、今のところ1877（明治10）年まで遡って確認することができる。

まず、お雇い外国人デイビッド・マレーによる『慕邇矣稟報』（もるれいりんぽう）に「展示」がある[5]。これは、フィラデルフィア万国博覧会（1876年）における「教育」関連の視察を行ったその報告書に当たる。その中に次の記述がある。

学校什具ノ最良ナル模範装置ニ備ヘ並ニ良好ノ学校ニハ欠ク可ラサル

> 学術ニ関セル物品ヲ集メ設ケタル模形学室ハ之ヲ教育博物館ニ備ヘ置カハ利益少ナカラサル可ク且是ハ学校用諸器什ヲ展示スルカ為ニモ学校吏員教官等カ模擬スル規矩トモナル可クト思量セラル（下線は筆者）

『慕邇矣禀報』は日本文で著された資料であるが、これには英語による草稿が存在する。"Report upon the Educational Exhibit at the Philadelphia International Exhibition of 1876" と題され、米国議会図書館に所蔵されている。日本文で「展示」が登場する部分に対応する英文は、"A model school room equipped with all the most approved furniture and apparatus might very properly be prepared in the educational museum which would serve as a pattern for the invitation of school officers and teachers." である。つまり「展示」に該当する語句は見当たらない。

『慕邇矣禀報』での「展示」がどのような文脈であらわれたのかは明らかではないが、英語など欧米語の翻訳語として用いられたものではないように思われる。

また、1879（明治12）年の刊行であるが、『烟草税則類纂』には明治10年2月26日付の文書が掲載され、「展示」を確かめることができる。そこには、「店頭ニ展示スル者ハ」と、およそ「陳列」と同義で使用されていることがわかり、いかにも自然な使い方となっている（図1）。

いずれにしても、これらが現在確認できるもっとも古い例である。

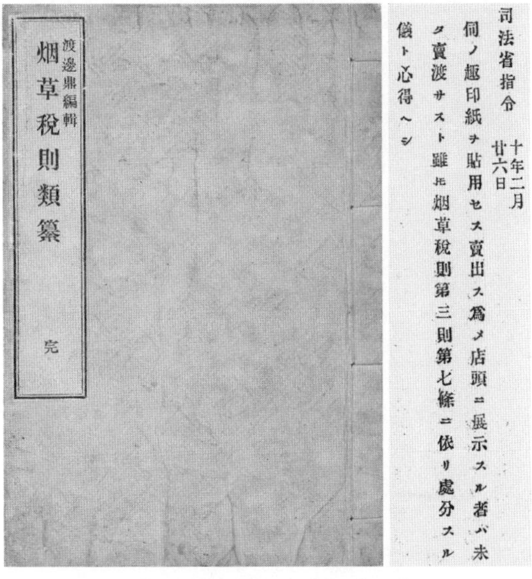

図1　『烟草税則類纂』と「展示」の使用例

(4) 残された課題

以上のように、およそ1877（明治10）年には「展示」という用語が使用されていることが判明した。それも、「陳列」の意味と解釈できる例が存在し、したがって、まだ遡る可能性があると思われるが、年代を遡るに従い、文献そのものの現存が期待できないこともあり、最初の使用例を解明するのは極めて困難な作業であろう。

さらに現段階では、1877年と1892年との間の15年間は「展示」の語を見出すことができない。実際、その両者に接点があるのかどうかの確認もできず、今後さらなる調査が必要である。

博物館史、博覧会史をひも解けば明らかなように、モノを集めて公開することは古くから行われてきた。しかし、集められたモノを再構成して、メッセージを伝えようとする試みは20世紀に入ってからではないかと推測するところである。

今後は、博物館に限らず、旧軍隊での「展示」や、商品販売における「展示」などさまざまな使用例の探究が必要で、そして、明治初期の「展示」出現の背景、明治～昭和初期をつなぐ用例の探究など、課題は多々あると言わざるを得ないのである。

註

1）「展示」という言葉の歴史についての具体的な内容については、「『展示』という言葉」用例集（2010『展示学』48）を参照されたい。
2）山名文夫 1944「展示技術の基本的考慮」『博物館研究』17―3、日本博物館協会
3）博物館事業促進会 1928「内外博物館ニュース」『博物館研究』1―2、博物館事業促進会
4）青森県立郷土館編 2002『今純三・今和次郎展　ふたりが描いた大正・昭和のくらしと風景』展示図録、青森県立郷土館
5）国立国会図書館のWebサイトコンテンツ「近代デジタルライブラリー」

第2節　博物館の誕生と展示論の黎明

前節では、「展示」という言葉を、年代を遡る形で確認した。次に「博物館の展示」のその理論展開を確認するが、それについては日本で博物館が生成する明治初期からその発展（展開）過程を追うことが順当な方法である。なお、日本における博物館展示論史を語る時、明治維新前後の使節団など欧米の博物館に触れた内容から述べる必要がある。というのも、博物館の展示というものを見聞して初めて論じることができるのであって、その経緯をまずは確認しなければならない。そして、日本人が触れた欧米の博物館展示がどのように記されてきたか、その中に展示論たる内容が保持されているかを確認する必要があるからである。

明治初期にさまざまな博物館の「展示」が作られるに当たっては、欧米の博物館施設や博覧会などの「展示」を見聞して得た情報が、多かれ少なかれ関わっている可能性がある。しかし、それらがすべて日本の博物館展示の源流につながったとは言い難く、逆になんらの影響もなかったと言わざるを得ないのかもしれない。

そこで、明治維新前後を中心に、それよりも若干遡る江戸時代に海外に渡った日本人の「展示」見聞記も含めてまずは概観し、それらの見聞が日本の博物館展示の源流足りえたのかどうかを確かめる。そして、博物館における展示の始原及び初期の展示論をどう捉えることが出来るか述べていく。

(1) 日本人による初めての「博物館展示」見聞事情

1　漂流者が見た異国

遭難して漂流者となり、海外を訪れた日本人が数多くいた。その中で博物館を見てきた事例がある。まずはそれを確認する。

①大黒屋光太夫（神昌丸）　1782～1792年の間、漂流してロシアに滞在し、「展示」を見ている。その記録に当たる『北槎聞略』（1794年）[1]には、以下の通り記述がある。

　　また浮梁《ふなばし》の向ひをワシレイ・ヲストロワといふ。此所はかいどう街衢《かいどう》を六条《むすじ》に分つ。東の方に外国商人《あきうど》の市店《してん》あり。浮梁の北に宝庫《たからぐら》あり。此内に石にて造りたる人頭《ひとのかしら》、或は耳、鼻、手、足、牛、馬、羊、猪《ぶた》、犬、鹿等あり。六、七月のころ庫《くら》を開きて諸人に縦観《じゅうかん》せしむ。是もペートルの造らせられしものなりといふ。（巻之四）

「宝庫」というのはクンストカメラ（現・人類学民族学博物館）である。一般に公開された博物館の存在を示しており、展示資料の内容が若干わかる程度のものであった。

②津太夫（若宮丸）　1783〜1804 年の間、漂流してロシアに滞在した後、地球を一周して帰国。初めて世界一周をした日本人としても名を残す津太夫であるが、その記録は『環海異聞』（1807 年）[2] として残されている。その巻之十に展示施設の見聞記録がある。

ある日右ワンライツケの島の内「ムスカームリ」といふ所あり、此所へ見物につかはされたり、是は諸国の産物珍異とすべき品々を貯へ置く所なり、其内へ入りて見たるに、開帳の霊宝場のごとくくるりくるりと廻りて見る様に仕かけ、一列毎とに手すり有、（中略）其品々に張札付札もあれども、文字をしらざれば読分つべき様もなし、（中略）禽獣虫魚の類は薬水に浸し、薬酒に漬てあり、又箱入壷入等にしたる物も多し

「ムスカームリ」は上述のクンストカメラであり、その展示法について付札の存在や標本の様子などが記されているのは注目される。また、「この近所に大ひなる球を蔵むる所を見せたり、（中略）中へ入れば大空間なり、腰かけ有り、各これに腰を掛たり、（中略）上の方に月とあまたの星あらはれたり」の記述があり、それはプラネタリウムの祖形と言われることのあるゴットルプ天球儀のことで、

図 2　『環海異聞』ゴットルプ天球儀の見学の様子

『環海異聞』にはその図も添えられている（図2）。しかし、それは珍しい設備という認識に留まるものと考えざるを得ないものであった。

以上のように、漂流者が見聞した博物館等の展示が間違いなく存在する。そして、それらは大槻玄澤などの知識人の手によって世に伝えられているのであり、その意味では海外の展示も知らしめられていたことになる。しかし、もちろん日本において博物館という意識がない中で、それらが後世の博物館展示に影響したということは、残念ながら、無いと断言して良いと思われるのである。

2　幕末の欧米への渡航経験

1860（万延元）年に最初の使節団がアメリカに派遣され、以降各種の使節団をはじめとする海外渡航の実例が急増する。その中に、数々の見聞記録があり、その中からいくつか取り上げて概観する。

①1860（万延元）年・遣米使節団　新見豊前守正興を正使とする使節団で、パテント・オフィスとスミソニアン・インスティテューションを視察している。その日記類が研究対象として使用されることが多々あり、名村五八郎元度の『亜行日記』は、「当所博物館ニ至リ、其掛リ官吏ニ面会諸物一見ス」と、我が国に於ける「博物館」という用語の初出例として引用される[3)]。そして「玻璃中ニ納置アリ」と、ガラスケースにて展示していることまでは記している。

その他、村垣淡路守範正の「遣米使日記」では「パテントオヒース百物館なるよし」は「両側数々の棚を玻璃の障子にて囲たるが、三十間計もあるべし。」とあり、また「スミスヲニヲ」では「広き堂内左右に硝子を覆ひたる棚に万国の物品鳥獣虫魚数万種有」と記している。なお玉虫左太夫の「航米日録」には「スメノリウネンインシテチユート」において「地球及び奇品を列す。傍に大鏡あり。其陰に入れば形十倍にして見ゆ。奇と云ふべし。」とあり、展示技法の一端を窺わせる記事も少なからずあることがわかる[4)]。

②1862（文久2）年・竹内使節団　竹内下野守保徳を正使とする使節団。パリ万博などを視察。通訳として随行した福澤諭吉により書かれた『西洋事情』（1866年）は、福澤の3回の渡航歴での見聞によるものだが、当使節団

に随行した際の記録に当たる「西航手帳」が『西洋事情』の柱となっていると言われている。その『西洋事情』は、初編で「博物館」の項が立てられ、「博物館は世界中の物産、古物、珍物を集めて人に示し、見聞を博くする為に設るものなり」と、「博物館」という言葉とその意味の普及に大きく貢献した。そして博物館の種類として「ミネラロジカル・ミュヂエム」、「ゾーロジカル・ミュヂエム」、「動物園」、「植物園」、「メヂカル・ミュヂエム」を挙げ、それぞれの内容を説明しているが、展示論にまで及ぶことはなかった。また、福澤の日記にあたる「西航記」によると、パノラマ館・ゴットルプ天球儀も見学していることがわかる。しかし、その内容はあくまで見学した事実が中心となっている[5)]。

③ 1867（慶応 3）年・パリ万博使節団　徳川昭武を正使とする使節団で、第 5 回万博（2 回目のパリ万博）視察を目的に派遣され、翌 1868（明治元）年帰国。渋沢栄一の『航西日記』などがあり、ルーブル、ジャルダン・デ・プランテ、パノラマ館などを見学したことが伝えられる[6)]。

特にパノラマ館は、他よりも紙数を費やして記述するほど、その異質な施設に対する驚きの様子がわかるものとなっている。展示論と言っても、奇異に感じるようなものを記すのが精一杯のような感があるのも確かである。

そのほかにも多々あるが、いずれにしても以上のように、幕末に新鮮な眼で博物館という施設に多々出会った日本人であり、展示に触れた訳だが、それは、「○○を展示している」とか、「○○が珍しい」といった類のもので、「どういう風に展示している」とか、理解しやすいどのような工夫がなされているかといった指摘はほとんどなかったのである。しかし、それも言わば当然と思われ、展示しているモノそのものに興味が向かったのは致し方ないのではないかと思うし、展示論まで発展することは期待するまでもなかったと言って良いのである。

⑵ 明治初期の欧米への渡航—『米欧回覧実記』とその影響

明治維新後は、さらに日本人の海外渡航が増す。さまざまな見聞記など諸記録が残されたのであるが、日本の近代化に当たって相応の意義を持つ岩倉使節団のその報告は、展示論史上必須の資料と言える。

岩倉具視を大使とした岩倉使節団は、1871～1873（明治4～6）年の約1年10ヶ月間で12ヶ国を訪問。ウィーン万博なども視察している。その報告に当たるのが、久米邦武の著になる『特命全権大使 米欧回覧実記』（1878年）全5冊という大冊である。博物館または展示施設を多数訪れており、関連記述は42巻68件に及ぶ[7)]。これだけ詳細に海外の展示事情を示した当時の記録はないと言っても過言ではない。そこで、そのごく一部を垣間見つつ、後に影響が与えられた可能性を示す。即ち、博物館や展示の記述を幾つか挙げ、展示論の存在を明らかにする。

・第23巻「倫敦府ノ記 上」

南「ケンシントン」ノ博覧館ヲ一見ス、（中略）常博覧会ナリ、（中略）印度貴人ノ偶像ヲ刻シ、之ニ衣被粧飾セシメテ、其著用ノ何状何用タルコトヲ知シメタリ、

博物館を「常博覧会」とする。ここでは人形を使用して装飾品の装着の様子を示すことの効果を述べている。モノだけ置くのではなく、理解を促す展示のあり方を記している。

・第31巻「壱丁堡府ノ記」

是ヨリ「インヂストリヤ」博物館、（中略）製作ノ品物ヲ排序スルニ、注意ヲ加ヘタリ、一物ノ原質ヨリ、次第ニ工作ヲ経テ、成就ニ至ルマテ、順序ヲ残サス陳列ス、（中略）ミナ一見シ其術ヲ詳悉スヘシ

配列方法に注意して、原料から工程、完成に至るまでが順に全て展示され

図3 『特命全権大使 米欧回覧実記』銅版画（久米美術館所蔵）
（左）「ヴェルサイル宮」画廊　（右）「ケンシントン之常博覧会」内景

ることで、理解が高まることを述べる。そして、一見してその技術が詳しく理解できることを述べている。

・第43巻「巴黎府ノ記二」

「コンセルワトワル」ニ至ル、此ハ農業工芸ノ諸器械ノ常博覧場ナリ、（中略）螺旋ヲ以テ機関ノ枢ヲ捩レハ、（中略）即チ局調シ音発ス、宛トシテ活ルカ如シ、（中略）其他製鉄ノ器ハ、ミナ雛形ヲ具シ、火爐ノ雛形ハ、割ルヘク畳ムヘカラシム

機器のネジを回せばピアノが演奏を始める仕掛け（展示）は、参加型展示の一形態と言える。また、溶鉱炉の模型が分解したり組み立てたり出来るというのも参加型展示であり、それらはハンズ・オン展示の紹介ということにもなる。つまり、モノをただ並べることだけが「展示」ではないことを明示している。

・第63巻「聖彼得堡府ノ記上」

其他蜜蝋、或ハ硫酸石炭ヲ以テ、諸果ヲ製シテ陳列ス、ミナ真ヲ欺ク

複製・模造を示すもので、二次資料展示の意義に関する記述である。

以上、モノを並べる「陳列」ではなく、意図を持った「展示」の有効性などの記述について若干挙げたが、これら以外にも多数挙げることができ、剥製や水族館の展示水槽の様子なども含め、展示のあり方が多岐にわたって記されている。もちろん展示資料の種類等の具体的内容の記述もないわけではないが、「○○を展示している」とか、「○○が珍しい」といった類を越えた洞察力の鋭さが随所に認められるのは確かである。そして銅版画の中にも展示風景が選ばれ、時折挿入されている（図3）。さらに言うと、第1編第3巻の「ウードワルト公苑」の項や、第2編第25巻の大英博物館の項でも、博物館という施設の意義を明快に示しており、そういったことも含めて、各地の見聞記は、まさしく博物館展示論に深く踏み込んだものになっていると理解されるのである。

そしてこの『米欧回覧実記』は、四刷まで製作、少なくとも3,500部以上が世に出たとされ[8)]、多くの識者の眼に止まったものと思われる。そこに詳述されたことによって、「陳列」ではない「展示」という技術的な意味、展示方法論としての認識の発生に貢献し、その後の「展示」の世界に影響を及

ぼした可能性が少なからずあるものと考えるところである。

註

1)　桂川甫周著、亀井高孝校訂『北槎聞略―大黒屋光太夫ロシア漂流記』（岩波文庫、1990所収）

2)　大槻玄澤・志村弘強著、石井研堂校訂『環海異聞』（叢文社、1976所収）

3)　山本哲也 2010「『亜行日記』の正体」『学会ニュース』94、全日本博物館学会

4)　東京国立博物館編 1973『東京国立博物館百年史　資料編』東京国立博物館

5)　岩波書店 1980『福沢諭吉選集 第1巻』

6)　同註4および以下参照

　中野好夫ほか編 1961『世界ノンフィクション全集』14、筑摩書房

7)　山本哲也 2012「久米邦武と岩倉使節団報告『米欧回覧実記』」『新潟県立歴史博物館研究紀要』13、新潟県立歴史博物館

8)　田中　彰 1991「米欧回覧実記」『国史大辞典』12、吉川弘文館

第3節　博物館「展示」論の展開

日本人が積極的に海外に赴き、博物館等の展示を見聞したことが、後の博物館に何らかの影響を与えたと考えられる一方、来日した外国人の影響で博物館が設立・整備されたことも見直す必要があるだろう。ワグネル、フェノロサ、モースなどが影響を及ぼしていたのは確かである。しかし、その影響はどうだったかというと、例えば、お雇い外国人のホーレス・ケプロンが1871（明治4）年10月9日付けで開拓使に対し開拓に当たっての必要事項を建言したその中で、「教導ノ道ヲ開ク」には「文房」（図書館）と「博物院」（博物館）が必要であるとその設立を提案し、それがやがて開拓使仮博物場から札幌・函館の博物場開設へとつながった事例などあるが、これはあくまで博物館という施設の設置に関しての意見であった。展示のあり方に関しては、やはり日本人自らが考える中で、モノを集め、並べる「陳列」から、何

らかの意図を持つ「展示」へと転換を図ったことにこそ意味があると思われる。その可能性の一つとして明治20年代前半（1890年前後）に画期を求めるものであり、九鬼隆一の業績にその他の動向を若干含め、まずは当該時期に焦点を定めて述べる。

(1) 初期の博物館展示論—明治期—

1　博物館の誕生から展示論へ

1872（明治5）年、日本に近代博物館が誕生する。と言って、勢い展示論が展開されて、博物館の充実が図られたかというと、必ずしもそうではないと言わざるを得ない。博覧会の延長上に博物館の誕生があって、そこに明確な展示理論を見出すことは困難である。

しかしその後、1877年に教育博物館が出来、そこでは現在に通じる展示理論のもと、展示更新が行われている。1882年の『東京教育博物館年報』では、一般観覧者用の展示と、博物学研究者用の展示を区別、即ち、後述する二元展示の初源的発想を認めることができる[1)]。だが残念ながら、数年でその計画は実施困難な状況となって、さらに後述するように、教育博物館自体が衰退していくのであり、広く博物館の展示論として発揮される状況にならなかった。

いずれにしても、日本の博物館草創期、さらには明治初期という時代において、展示論の展開は皆無ではないにしても、そう盛んに論じられることはなかった。

2　九鬼隆一の博物館展示論

九鬼隆一は、1878（明治11）年パリ万国博覧会に派遣され、教育諸般の事務を掌るその任務を遂行するかたわら、欧州各国の教育・美術事情を視察して翌年帰国。そして1884年に特命全権公使に任命されて、その後4年間をアメリカで過ごす。そのような海外の経験を経て、1889年になって帝国博物館の総長に任命される。

帝国博物館を整備していく中で、九鬼の与えた影響の大きさを『東京国立博物館百年史』は明記する[2)]。その整備の際に出された官制などのほかに

「帝国博物館事務要領ノ大旨」がある。それを読み返すと、当時、つまり明治20年代前半、1890年前後の博物館事情、博物館学事情を知ることが出来るのである。特に「展示」という視点は、以下の一文に始まる諸分類に示されている。

一　陳列ハ蒐集ノ目的ニ拠リ類別ノ精神ニ照シ物品ヲ整理シ門ニ入リ場ニ登レハ一目瞭然其巧妙ヲ鑑識シ沿革ヲ理解スルヲ得ルノ裨益アルヲ主トセサルベカラス　之ニ就キ注意ヲ要スルモノ大略左ノ如シ

その「注意ヲ要スルモノ大略」として挙げるのが、「第一　館内場所ノ選択」（展示室・展示の場所）、「第二　光線」（採光計画）、「第三　配置」（展示プランニング）、「第四　距離」、「第五　高低」（視線計画）、「第六　表装」（資料の誂え）、「第七　列品箱ノ構造」（展示ケース）、「第八　空気ノ流通寒暖乾湿ノ適度」（空調、温湿度計画）、「第九　説明札ノ書キ様」（付札、パネル）であり（括弧内はいずれも筆者）、その念の入れ方の充実振りが窺われる。

これはあくまで「大略」であって、さらに展示そのものの詳細には、九鬼の考えるところもあったと思われる。それは諸外国を見聞し、また九鬼ほどの人物であるのだから『米欧回覧実記』にも目を留めた可能性はあると思われ、言葉の上での「展示」は意識せずとも、ただモノを並べるだけではない「展示」を考え、その一端が上記の大旨にわずかながら顕れたということができるのではないかと考えるところである。

しかし帝国博物館は、そもそも第2回内国勧業博覧会で「美術館」として利用されたごとく、提示型展示の館となり、説示型展示にまでは行き着かなかったため、「陳列」から大きく飛躍するものではなかったとも思われるのである。

3　教育博物館の動向

再び教育博物館について見てみるが、九鬼隆一が帝国博物館を整備した当時、教育博物館がどのような動向にあったか、再確認する必要がある。というのも、1912（大正元）年に通俗教育館を設置する教育博物館であり、帝国博物館とは異なる館種として、展示法にもさまざまな配慮がなされた可能性が考えられなくもないからである。しかし、結論から言えば、モノを並べる

「陳列」というイメージは払拭できない。

教育博物館は、開館に当たって手島精一等の献身的な努力で資料が蒐集される。1881（明治14）年には、『教育博物館案内』という陳列品の解説書も発行されて、その充実振りが窺われる。そして前述した通り、相応の展示論構築がなされていたものの、1888年、「列品淘汰の訓令」により博物館自体が大幅に縮小となる。そこで、教育用諸器具以外は移管または廃棄となり、つまり、帝国博物館等の整備の充実振りとは全く反対の方向を強いられることとなる。結果、教育博物館開設に尽力した手島精一も離れ、東京高等師範学校の付属機関となって、展示への期待など認められず、発展性のない状況に陥ってしまう。そしてその後息を吹き返すのは、1906年以降の棚橋源太郎の関与を待たなければならず、つまり、明治も末期に入ってのこととなるのである。したがって、教育博物館では、本質的に「陳列」から「展示」へと発展を見せるのは他よりも遅れ、博物館界の動向には必ずしも一致しないとも言えると考えられるのである。

4　坪井正五郎・前田不二三の展示論

展示論史を紐解くと、坪井正五郎の明治期における論説を卓見として評価することがある[3)]。

坪井は1889～1892（明治22～25）年の間、仏英に留学、『東京人類学会雑誌』で逐一報告しているが、その中でパリ万博を見学し、その「人類学部物品陳列」を「此専門の部にして物品陳列の法が理学的で無いとは如何なる訳であるか」など、展示法に批評を加えている。つまり「陳列」ではなく「展示」を意識した発言が随所に認められるのである。また、「物品陳列上に鏡の応用」として、「ルーブル博物館宝物の部」でケース背面に鏡を応用したのにヒントを得てガラス棚の下3～4cmに鏡を置き、下面を見せる方法について「此鏡棚は私の新案で未だ何所でも見た事がござりません、諸君御試みを願ひます」と、新たな展示法を提案するといった発言もあり、まさに展示論に深く踏み込んだものである[4)]。

また、三重県の神苑会が博物館設立を計画した際に、坪井に相談が持ちかけられ、そこで坪井は種々助言する中で、「陳列の心得」も話したと言う[5)]。

図4　人類学標本展覧会会場

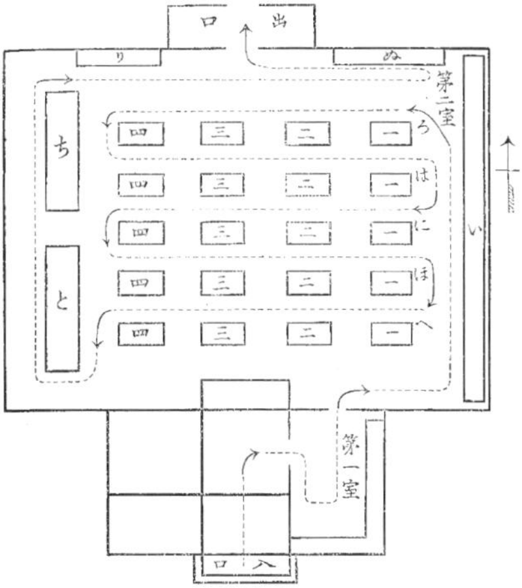

図5　人類学標本展覧会会場案内図

その具体的な内容までは記されていないため今となっては不明であるが、坪井の「展示」の発想を思わせるものである。これが1888年のことで、直後の仏英での発言も納得されるところである。坪井はこの頃博物館の展示に直接関わった訳ではないが、このような展示論を持ったということ自体、展示論がさまざまな場で考えられていたと見る一つの根拠足り得ると考える。そして坪井の展示論が明治20年代前半という時期に一致することは、やはり注意して良いと思われる。

なお、その後1904年に、坪井主導で東京大学人類学標本展覧会が開催される（図4・5）。

坪井自身により「人類学標本展覧会開催趣旨設計及び効果」として解説が加えられ、展示の意義、即ち「期する所は人類学標本の真価値を示すに在るので有りますから、標本其者を陳列すると同時に其価値有る所以を明にする設備をも工夫しなければ成りません。」とし、さらに図5に示した如く、動線を考慮した展示（配列）も確かめることができる[6]。

そして坪井の弟子である前田不二三が、この展覧会について「学の展覧会か物の展覧会か」[7]を著し、「矢張学としての展覧会の方針であつたからであらうと思ふ。配列があの様になつて居つたのも矢張其の為めであらうと思ふ。」と、単にモノを見せることを目的にした展示ではなく、当該展覧会が陳列順にも配慮が行き届いた「学の展覧会」であると確認するのである。

なお、この人類学標本展覧会は、博物館という「場」ではないが、記録上で我国における学術展示の濫觴と捉えることができるというのも、十分認識の下に置くことが肝要であろう。

5　1890（明治23）年・パノラマ館の開館

パリにおいて、幕末から明治初期に渡航した日本人によるパノラマ館の視察は多く行われていたが、日本にパノラマ館が登場するのは、標記の通り1890（明治23）年のことであった。博物館とは違って、その構造も展示技法も特異な施設の設置が、上記の帝国博物館や坪井正五郎とほぼ機を同じくしていることは、注目してよいかもしれない。展示、つまり見せ方としては既に多くの海外渡航経験者には周知され紹介されながら、なかなかそれを取り入れる環境になかった。しかし、無意識に“「陳列」から「展示」へ”というものに対する認識が醸成する中で、このパノラマ館が出来てきたとするのは、決して飛躍し過ぎた考えではないものと思うところである。いろいろな意味で明治20年代前半は「展示」という意識が生まれた時期であり、「展示論」が熟成していく可能性がある時期と考える所以であり、その可能性を示す一例として挙げておきたい。

6　明治期の博物館展示論総括

以上の通り、博物館においてモノを並べるという意味の「陳列」から、見せ方に意識を持たせる「展示」へと変貌していく時期が明治20年代前半（1890年前後）にあると考えることができる。また坪井正五郎が自ら「展示」を実践するその後の明治30年代など、博物館の「展示論」にはさまざまな画期があると思われるが、そういった「展示論」の中で最初の大きな画期の一つが明治20年代前半ということであり、その他の時代（年代）においても、さまざまな画期を確認する作業が必要であり、今後の課題は残る。

例えば、1899（明治32）年の箕作佳吉の「博物館ニ就キテ」[8]、その後1920（大正9）年の川村多實二の「米国博物館の生態陳列」[9]など、ジオラマ論が確実に展開されるし、そういった諸々の動向を見逃すわけにはいかないのである。

⑵ 博物館学の始動と博物館展示論

博物館学という学問領域を考えた時、明治期はまだその学問領域としての認識もない状態の中で各種の「博物館論」が提示される時代で、「黎明期」という段階にある。その後1911（明治44）年に、黒板勝美が初めて「博物館学」という用語を使用して、学問領域としての認識をもたらした。この時を以ていよいよ博物館学の始動である。そして、1928（昭和3）年3月30日に発起人会が開催され博物館事業促進会（現在の日本博物館協会、1931年に改称）が発足する。この博物館事業促進会の発足は、博物館学史上最も大きな意味を持つ事象の一つであり[10)]、博物館展示論も飛躍を見せることとなる。

つまり、明確に「博物館展示論」の最大画期を見出そうとすると、その一つが1928年の博物館事業促進会発足と捉えるべきであろう。

1　『博物館研究』と博物館展示論

1928年に博物館事業促進会が発足し、同年6月、『博物館研究』が創刊される。この『博物館研究』では、その創刊当初から博物館展示が多く語られている。

創刊号で既にジオラマについての記述が認められるし（ロンドンの「インペリヤルインスチチユート」について）、第1巻第7号「陳列ケースに関する諸問題」、「博物館の組み合わせ陳列法」、第2巻第10号「陳列品の説明札に就いて」、第3巻第1号「美術館の照明に就いて」、第4巻第1号「組合せ生態陳列近時の発達」、第4巻第11号「陳列物を損傷せぬ陳列函の照明法」など、その時々に展示論が登場し、その後ももちろん数々の展示論に触れることができる。そしてそれは展示理論、展示技術（実践）論の双方が認められるのであり、それらが博物館展示の発展に寄与したことは十分推測可能である。また、山名文夫の「展示論」が披露されたのも、この『博物館研究』誌上であることは前述したとおりであり、「博物館展示」の理論化に一役買ったことは確かである。

もちろん、その後現在も刊行され続けている『博物館研究』であり、ある意味博物館展示論史の重責を担っていると言っても過言ではないだろう。

表1　博物館展示論史年表

和暦	西暦	各種事項	文献
寛政6	1794	（大黒屋光太夫）	桂川甫周『北槎聞略』
文化4	1807	（津太夫）	大槻玄澤ほか『環海異聞』
万延 元	1860	遣米使節団	名村五八郎元度『亜行日記』
文久 元	1861		
2	1862	竹内使節団	
3	1863		
元治元	1864		
慶応元	1865		
2	1866		福澤諭吉『西洋事情』
3	1867	パリ万博使節団	
明治 元	1868		
2	1869		
3	1870		
4	1871	岩倉使節団（～1873）	
5	1872	博覧会→博物館	
6	1873	ウィーン万博	
7	1874		
8	1875		
9	1876		
10	1877	教育博物館 第1回内国勧業博覧会	『慕邇矣禀報』 （『烟草税則類纂』）
11	1878		久米邦武『特命全権大使 米欧回覧実記』
12	1879	開拓使仮博物場	
13	1880		
14	1881	第2回内国勧業博覧会	
15	1882		
16	1883		
17	1884		
18	1885		
19	1886		
20	1887		
21	1888		岡倉覚三「博物館に就て」『日出新聞』／坪井正五郎「三十國巡回日記、第一回」『東京人類学会雑誌』27
22	1889	帝国博物館（総長・九鬼隆一）	坪井正五郎「パリー通信」『東京人類学会雑誌』43～47（～1890）
23	1890	第3回内国勧業博覧会	
24	1891		
25	1892		
26	1893		神谷邦淑「博物館」『建築雑誌』7—81・84、8—85／田原栄「博物館の陳列法」『読売新聞』7月25・26日号
27	1894		
28	1895	第4回内国勧業博覧会	
29	1896		
30	1897		
31	1898		
32	1899		箕作佳吉「博物館ニ就キテ」『東洋学芸雑誌』16—215／坪井正五郎「土俗的標本の蒐集と陳列とに関する意見」『東洋学芸雑誌』16—217
33	1900	帝室博物館	
34	1901		
35	1902		
36	1903	第5回内国勧業博覧会	

和暦	西暦	各種事項	文献
37	1904	東京帝国大学人類学教室標本展覧会	坪井正五郎「人類学教室標本展覧会開催趣旨、設計及び効果」 前田不二三「学の展覧会か物の展覧会か」 『東京人類学会雑誌』219
38	1905		
39	1906		
40	1907		
41	1908		
42	1909		
43	1910		
44	1911		黒板勝美『西遊弐年 欧米文明記』
大正 元	1912	教育博物館・通俗教育館	
2	1913		
3	1914		
4	1915		
5	1916		
6	1917		
7	1918		
8	1919		
9	1920		川村多實二「米国博物館の生態陳列」『動物学雑誌』32—381
10	1921		
11	1922		
12	1923		
13	1924		
14	1925		
昭和 元	1926		
2	1927	しらべもの展覧会（今和次郎）	
3	1928	博物館事業促進会	『博物館研究』創刊
4	1929		『現代・商業美術全集』11 「出品陳列装飾集」
5	1930		棚橋源太郎『眼に訴へる教育機関』
6	1931	日本博物館協会（名称変更） 東京科学博物館（復興）開館	『科学知識』特集・科学普及と博物館
7	1932		
8	1933		
9	1934		
10	1935		
11	1936		
12	1937		
13	1938		
14	1939		
15	1940		
16	1941		
17	1942		
18	1943		
19	1944		山名文夫「展示技術の基本的考慮」『博物館研究』17—3
20	1945		
21	1946		
22	1947		
23	1948		
24	1949		木場一夫『新しい博物館—その機能と教育活動—』
25	1950		棚橋源太郎『博物館学綱要』
26	1951	博物館法制定	
27	1952		

和暦	西暦	各種事項	文献
28	1953		
29	1954		
30	1955		
31	1956		『博物館学入門』（日本博物館協会）
32	1957		
33	1958		
34	1959		
35	1960		マジョリ・イースト『視聴覚教育と展示』
36	1961		
37	1962		
38	1963		
39	1964		
40	1965		
41	1966		
42	1967		
43	1968		
44	1969		『展示の科学―エキジビション・ディスプレイ ショーウインドウから万国博まで』
45	1970	日本万国博覧会	
46	1971		『展示－その理論と方法－』（博物館学研究会）
47	1972		
48	1973	全日本博物館学会設立 公立博物館の設置及び運営に関する基準	
49	1974	国立民族学博物館	
50	1975		
51	1976		
52	1977		
53	1978		伊藤寿朗・森田恒之編『博物館概論』
54	1979		
55	1980		
56	1981	国立歴史民俗博物館	『博物館講座』7「展示と展示法」
57	1982	日本展示学会設立	
58	1983		『博物館の展示技術に関する調査報告書』（日本博物館協会）
59	1984		
60	1985		
61	1986		油井隆『展示学　空気をデザインする』／『展示デザインの原理』（丹青総合研究所）
62	1987		
63	1988		ギャリー・トムソン『博物館の環境管理』／森崇『ディスプレイ・デザイン―展示計画入門』／『イベント・展示映像事典』（丹青総合研究所）
平成 元	1989		
2	1990		
3	1991		『博物館の効果的な展示方法の開発に関する調査報告書（ジオラマ調査）』（日本博物館協会）
4	1992		『博物館の効果的な展示方法の開発に関する調査報告書（ジオラマ展示の現状と効果的な展示例）』（日本博物館協会）／『DISPLAY DESIGNS IN JAPAN 1980-1990 Vol.3 ミュージアム＆アミューズメント』
5	1993		『ディスプレイ 100 年の旅』（乃村工藝社）
6	1994		
7	1995		
8	1996		『展示学事典』（日本展示学会）

和暦	西暦	各種事項	文献
9	1997	科目の改正（「博物館資料論」実施）	青木豊『博物館映像展示論』
10	1998		
11	1999		『新版・博物館学講座』9「博物館展示法」／『博物館学シリーズ』3「博物館展示・教育論」
12	2000		ティム・コールトン著・染川香澄ほか訳『ハンズ・オンとこれからの博物館』／『新しい展示技法の開発と子どもと博物館のコミュニケーションに関する研究』（国立民族学博物館調査報告16）
13	2001		
14	2002		
15	2003		青木豊『博物館展示の研究』
16	2004		デビッド ディーン『美術館・博物館の展示―理論から実践まで』
17	2005		
18	2006		
19	2007		
20	2008		
21	2009	図書館法施行規則の一部を改正する省令及び博物館法施行規則の一部を改正する省令等の施行について（「博物館展示論」の登場）	
22	2010		『展示論―博物館の展示をつくる』（日本展示学会）
23	2011		全日本博物館学会編『博物館学事典』
24	2012	科目の改正（「博物館展示論」実施）	

そしてその創刊からしばらくの間、博物館事業促進会から日本博物館協会の実務面でも活躍し、博物館界に大きく影響を与えたのが棚橋源太郎であることは言を俟たない。棚橋源太郎は、その後博物館法制定の中心としても活躍するのは周知の通りである。その法令の登場が、展示論も含む博物館学全体に影響を及ぼしたことは言うまでもない。

2　博物館法と展示論

1951（昭和26）年、博物館法が制定され、博物館の機能として収集、保管、調査研究とともに「展示して教育的配慮の下に一般公衆の利用に供」することが明示された。しかし、いわゆる「展示論」を博物館関連の法令類に求めると、1973年の文部省告示「公立博物館の設置及び運営に関する基準」まで待たなければならない。同基準でどのように「展示論」的内容が含まれたか確認すると、以下の第七条に見てとることができる。

（展示方法等）

第七条　資料の展示に当たつては、利用者の関心を深め、資料に関する知識の啓発に資するため、次に掲げる事項の実施に努めるものとする。

一　確実な情報と研究に基づく正確な資料を用いること。

二　総合展示、課題展示、分類展示、生態展示、動態展示等の展示方法により、その効果を上げること。

三　博物館の所蔵する資料による通常の展示のほか、必要に応じて、特定の主題に基づき、その所蔵する資料又は臨時に収集した資料による特別展示を行うこと。

四　二次資料又は視聴覚手段を活用すること。

五　資料の理解又は鑑賞に資するための説明会、講演会等を行うこと。

六　展示資料の解説並びに資料に係る利用者の調査及び研究についての指導を行うこと。

このように、博物館展示の姿が表明された。もちろん、これは当時の公立博物館に対して示された「望ましい」基準であり、現在の文部科学省告示は「博物館の設置及び運営上の望ましい基準」となって、その中の「展示論」的内容は以下の通り変容している。

（展示方法等）

第六条　博物館は、基本的運営方針に基づき、その所蔵する博物館資料による常設的な展示を行い、又は特定の主題に基づき、その所蔵する博物館資料若しくは臨時に他の博物館等から借り受けた博物館資料による特別の展示を行うものとする。

2　博物館は、博物館資料を展示するに当たっては、当該博物館の実施する事業及び関連する学術研究等に対する利用者の関心を深め、当該博物館資料に関する知識の啓発に資するため、次に掲げる事項に留意するものとする。

一　確実な情報及び研究に基づく正確な資料を用いること。

二　展示の効果を上げるため、博物館資料の特性に応じた展示方法を工夫し、図書等又は音声、映像等を活用すること。

三　前項の常設的な展示について、必要に応じて、計画的な展示の更新を行うこと。

もちろん、これらをもって博物館展示を論じることは不可能である。つまり、法令そのものから「展示論」が発展すると言い得ることはない。したがって、博物館展示論は博物館学という学問領域でのさらなる議論がなされなければならないということなのである。

3　新井重三の博物館展示論

さて、その後の博物館展示論を見渡す中で、1981（昭和56）年、『博物館学講座』全10巻のうち第7巻に「展示と展示法」が充てられ、その総論に当たる「展示概論」を、当該巻責任編集者の一人である新井重三が執筆している。その新井の一連の博物館展示論は、見逃せないものである。つまり、棚橋源太郎が最初に学問的に理論化した二元展示（二元的排列）から、利用者のレベルの差や入館目的に呼応することに配慮する二重展示（ダブル・アレンジメント）を提唱したのであり、博物館展示を理論としてより明確化しようとした実績は再評価されるべきであるし、博物館学史の中でも今一度見直す必要がある[11)]。

なお、その後加藤有次が三元展示（トリプル・アレンジメント）を提唱するが、それは新井の理論が前提となってのことであり、やはり博物館展示の理論化を進めた新井重三の功績をここでは強調しておきたい。

4　日本展示学会の誕生

1982（昭和57）年、国立民族学博物館初代館長の梅棹忠夫の主導により設立された日本展示学会の誕生は、日本の展示論の歴史の中でも特に大きな画期と捉えることができる。「1980年代に全国各地で博物館・美術館をはじめとする展示施設が次々に設立される中で、展示に対する考え方が従来の単に「陳列」するという概念から大きく変化し、展示自体が「総合的なコミュニケーション・メディア」であるという視点に立った研究の必要性から」設立されたものである。「展示学」の登場は、まさしく博物館展示論に革命をもたらすものになったと言える。

日本展示学会は、その学会誌として毎年『展示学』を刊行し、博物館に限らず、展示に関して種々論じられているとともに、1996（平成8）年には『展示学事典』、そして2010（平成22）年には『展示論―博物館の展示をつくる―』を刊行。展示論に常に刺激を与え続けている。

5　青木豊の博物館展示論

青木豊は『博物館映像展示論』(1997)、『博物館展示の研究』(2003) を執筆・刊行し、博物館展示論について一定の理論構築を行った[12]。

特に博物館展示を、その分類と形態について詳述し、新井重三以降、詳細に検討が加えられてこなかった内容について、一気に再整理し、より明快にしたところが評価される。その分類については以下の通りとなっている。

・展示意図の有無による分類　　・資料の基本的性格による分類
・見学者の展示への参加の有無による分類
・展示の動感の有無による分類　　・資料の配列法による分類
・資料の組み合わせによる分類　　・展示課題による分類
・展示の多面・多重性による分類
・見学者の知識レベルの差異による分類
・展示場所による分類　　・展示期間による分類

このように、博物館展示の分類概念を明らかにしたのを始めとして、多方面から博物館展示を捉え、総合的に論じた功績は多大なるものがあると言えよう。

6　学芸員資格課程の科目としての「博物館展示論」の登場

2009 (平成 21) 年、文部科学省令が改正され、大学における学芸員資格取得のための科目が 2012 年から改訂されることとなり、「博物館展示論」が正式な科目名として登場した。それまでは、「博物館資料論」で主に扱われていたと思われる博物館展示論が分離独立したことになる。

さて、その「博物館展示論」について、文部科学省が公表している「大学における学芸員養成科目の改善」では、まずその「ねらい」として「展示の歴史、展示メディア、展示による教育活動、展示の諸形態等に関する理論及び方法に関する知識・技術を習得し、博物館の展示機能に関する基礎的能力を養う。」とある。そしてその内容を次の通り指導している。

○博物館展示の意義

・コミュニケーションとしての展示　　・調査研究の成果の提示
・展示と展示論の歴史　　・展示の政治性と社会性

○博物館展示の実際

・展示の諸形態　　・展示の制作（企画、デザイン、技術、施工等）

・関係者との協力（他館、所蔵者、専門業者等）

・展示の評価と改善・更新

○展示の解説活動

・解説文・解説パネル　　・人による解説

・機器による解説　　・展示解説書（展示図録、パンフレット等）

以上の通り、理論と実践の双方を学ぶべき事がわかる。特に、これまであまり述べられてこなかったかもしれないと思われる展示論の歴史や、展示の政治性など、その課題の多さを物語っている。そしてもちろん、その他の科目との関係も見据えながらの学芸員教育が行われるべき事は言うまでもなく、展示のみで博物館が機能するものではないことを認識しておかなければならないのである。

なお、上述の日本展示学会『展示論―博物館の展示をつくる―』は、当初展示学のハンドブック製作を目的に進めていたものを、その科目改訂をも見据えて作成されたものであった。その『展示論―博物館の展示をつくる―』の構成は、「1章　展示と博物館」、「2章　展示のプロセスと人」、「3章　博物館の展示をつくる」、「4章　博物館展示のコンポーネント」、「5章　博物館情報・メディア論」、「6章　博物館教育論」、「7章　展示の現場から」となっている。

この章立てからもわかるように、展示製作の技術的な側面が強い。しかし、それだけではなく、改訂後に博物館展示論とともに科目名としてあげられた博物館情報・メディア論、博物館教育論の内容も盛り込むことで、展示のみで博物館が成立するのではなく、その他の諸論との横断的な理解が必要であることを示していることが再確認できるのである。

このように独立した「博物館展示論」という共通認識が生まれるきっかけが、学芸員資格課程の改訂によるもので、法令に左右される博物館学という皮肉はあるものの、博物館展示論についての議論がより明確な形での活発化が期待されることとなった。

なお、この省令改正に合わせて、教科書作りが新たに始められたのは事実であり、展示論に関する各種の参考文献が揃いつつあると言える。それらが教科書・参考書という性格を考えると、検定しなければならないということではなく、それぞれの良い点をうまくつかみながら、教科としての博物館学ではなく、学問分野としての博物館学の世界で一定の方向性を見出すことも今後必要なのではないかと考えるところである。

註

1）　国立科学博物館編 1977『国立科学博物館百年史』国立科学博物館

2）　東京国立博物館編 1973『東京国立博物館百年史』東京国立博物館

3）　遵見　端 1986「明治期“博物館学”の面目―坪井正五郎博士の業績―」『博物館学雑誌』11―2、全日本博物館学会

4）　坪井正五郎 1889～1890「パリー通信」『東京人類学会雑誌』43～47、東京人類学会

5）　坪井正五郎 1888「三十國巡回日記、第一回」『東京人類学会雑誌』27

6）　坪井正五郎 1904「人類学標本展覧会開催趣旨設計及び効果」『東京人類学会雑誌』219

7）　前田不二三 1904「学の展覧会か物の展覧会か」『東京人類学会雑誌』219

8）　箕作佳吉 1899「博物館ニ就キテ」『東洋学芸雑誌』16―215

9）　川村多實二 1920「米国博物館の生態陳列」『動物学雑誌』32―381

10）　山本哲也 2011「博物館学史の編成について」『博物館学雑誌』37―1

11）　新井重三 1953「わたくしの博物館学（Ⅰ）」『日本博物館協会会報』20、日本博物館協会

新井重三 1958「博物館における展示の基本的な7つの問題点とその解決策―再びDouble Arrangementについて―」『博物館研究』31―3、日本博物館会

新井重三 1970「博物館の展示」『博物館研究』42―4

新井重三・佐々木朝登 1981『博物館学講座』7「展示と展示法」雄山閣

12）　青木 豊 1997『博物館映像展示論―視聴覚メディアをめぐる―』雄山閣

青木 豊 2003『博物館展示の研究』雄山閣

第Ⅳ章　ジオラマ展示・生態展示・時代室展示

下湯直樹

第1節　ジオラマ展示と生態展示の概念

従来の研究ではジオラマ展示の邦訳に生態展示が当てられていることからも、生態展示がそのままジオラマ展示と同義として捉えられていることが一般的となっている。そのため、1913年に我が国初ともいえる通俗教育館での動物の剥製と人工植物などを組み合わせた生態展示や、後の東京博物館での生態展示もまたジオラマ展示として捉えられている。しかし、これは後の研究者が後発的にそう呼称しているだけに過ぎず、当該期においてジオラマ展示と呼んでいたものではない。このような生態展示とジオラマ展示に関する誤解や用語の混乱について、既に1940年当時、国立公園局博物館部門（Museum Division, National park Service）のチーフであったバーンズ（Ned J.BURNS）が『THE MUSEUM NEWS』で以下の如く述べている[1)]。

> ここ数年内で、「ジオラマ」という言葉は、私たちの博物館用語の中で流行増加し、定着した。以前からミニチュアグループや模型などとして知られていたものを表現するのに際して、このジオラマという言葉を使用することになったのは1933-1934のアメリカ、シカゴ万博が催される少し前から始まった。1924年のイギリス、ウェンブリー博覧会で第一次世界大戦の場面を表現するのに縮小模型を組み合わせ、塗装した背景を伴った展示物が登場して以来、ジオラマという言葉が使用されるようになった。

上記の如く、バーンズによればジオラマ展示の名称が急速に広まったのは、シカゴ博覧会以前の1924年のイギリスで催されたウェンブリー博覧会からである。その形態は後述するダゲールが見世物の１つとして発明した大型のジオラマではなく、塗装した背景に縮小模型群を組み合わせた展示物であったということである。さらに、バーンズは同論説のなかでこう続けている。

ミニチュアグループを説明するのにジオラマという言葉を用いることはまったく正しくないのは明白であるものの、やむを得ずその手法を受け入れざるをえないのも確実である。

広告の宣伝媒体としての模型が増えていった結果、公衆は急速にジオラマという言葉に親しむようになっていき、私たちの中に「ジオラマの概念」が作りあげられ、結局、辞書編集者が記載し、将来ジオラマの意味の中に新しくミニチュアグループや模型という意味が辞書に入ることだろう。私たちにできることは適当な新語考案者達が今日の近代博物館のミニチュアグループに付けられたジオラマという名称と、雑多に並べただけの商業ディスプレイの模型に付けられたジオラマという名称とを区別して私たちに、より正確な言葉を与えてくれることを望むだけだ。

このように述べ、「ジオラマ」という名称の受け入れは致し方ないものとしながらも、既に模型やミニチュアグループといった「ジオラマ」の展示手法が流入する以前から、先進的な博物館には優れた教育効果をもつ展示手法、生態展示という同種の展示手法が固有に存在していたことを示唆した。しかし、現在の博物館界においては氏の提言むなしく急速に広まった「ジオラマ」という名称の中に生態展示は埋没してしまっている。また同様に、ジオラマという言葉が急速に広まったことにより埋没してしまった時代室（Period room）という展示手法にも着目し、上記のバーンズの論拠に基づきジオラマ展示と生態展示、時代室展示とを明確に区分し、個々にその展示史を紐解くこととしたい。

註

1）Ned J .Burns 1940「THE HISTORY OF DIORAMAS」『THE MUSEUM NEWS』No.16, The American association of Museums, p.8

第2節　ジオラマとジオラマ展示の変遷

発案者はルイ・ジャック・マンデ・ダゲール（1787–1851）と従来言われているが、その発想の基礎となったのはスイス人フランツ・ニクラウス・ケーニッヒ（1765–1832）の発明である。ケーニッヒのその発明は1811年のことであり、その後、光学的なジオラマの原理を理論的に解明し、大規模な見世物にして大衆に提供したのが興行師ダゲールであった[1)]。

ケーニッヒは風景画家で舞台装置も手掛けており、1815年にはベルリンで興行した際に、当時の人々に愛好されていた景色を八景、最大85×118cmの大きさの紙の画面に水彩絵具で描き、暗室で見せた。これらはこの当時に描かれていたパノラマ画とは異なり、前面からの照明による反射光と、背面からの照明による透過光の2種類の光線で見せて、昼の風景を夜の風景に変換させたりして変化を付けたものだった[2)]（図1・2）。透過光を見せるには、この部分の紙を透明にしなければならなく、そのために油を塗り、紙の裏側を削って薄くして光が通りやすくする工夫を施した。透明化したキャンバスに背面から光を透過させるので、ケーニッヒは自分の発明を、ギリシャ語のdia（=通す）とhorama（=景色）を合成して「Diaphanorama」（ディアファノラマ）と呼んだ。ダゲールは、このケーニッヒの発明した「ディアファノラマ」と自分の得意とした舞台装置である大画面のパノラマとを組み合わせれば、「だまし絵」の極致ともいえる見世物が出来ると考えた。これがダゲール独自の発想であり、この装置がダゲールによって「diorama」（ディオラマ）と命名されるに至った。後に、ダゲールはボートンという協力者を得て、1822年7月11日にはパリにジオラマ館を建設し、数多くのジオラマを製作した。当初のジオラマはというと照明による反射光と、背面からの照明による透過光の2種類でみせる絵の一連からなる形態を持つものであったが、後のジオラマは、1831年11月19日初演のスイスの風景「シャモニー渓谷から眺めたモンブラン風景」（Vue de Mont Blanc ,prise de la Vallee Chamouny）の如く、前景物に本物の木こり小屋、斧、薪、さらには生きた山羊まで登場させ、しかも光学的な効果により前景となる実物と後景の背景画との繋ぎ目を無くし、

図１　二重効果ジオラマ—昼（註２より転載）

図２ 二重効果ジオラマ—夜（註２より転載）

芸術的に現地の環境を再現する舞台装置の発展的形態のものとなった[3)]。

しかし、ジオラマはこの当時まだ、見世物の形態に留まり、博物館の展示には登場しなかった。ただ、ダゲールの建てたジオラマ館の公演を見た各国の興行師達は、ジオラマの光学的な効果を用いて、パノラマと融合させたり、光学的な小さな覗きからくりの如く動態要素を持つものに形を変えるなどしていた。それは日本でも同様であり、明治初年頃には日本にも船載され、ジオラマの要素を含んだ見世物が登場し、覗きからくりとジオラマとが融合した「西洋眼鏡」なる見世物が存在していた[4)]。所変われば品変わるという言葉の如く、海を渡り、広まったジオラマであったがすんなりとダゲールの考案したジオラマは定着しなかったが、我が国では1889（明治22）年、浅草のジオラマ館のオープンにより、ようやく日本版ジオラマが正式に誕生することとなった。石井研堂はその展示特徴と技法について次の如く記している[5)]。

明治二十二年中浅草公園花屋敷隣に、ヂオラマ館を開設して縦覧せしむ。これをヂオラマの嚆矢とす。憲法発布式の図、桜田門外要撃の図、愛宕山上浪士結束の図三要の油絵、各方七尺ほどのものにて、綿絮を散らしおきて、雪と見せるなど、実物と画とを接着せしめて見すること、パノラマに似たりき。規模はすこぶる小にして、従来の覗きからくりの、やや大なるものといふべし。

背景は洋画家の山本芳翠が描いたようで、題材も日本人が好む歴史的名

図3　浅草ジオラマ館
「桜田事件の水戸浪士愛宕山の会合」(乃村工藝社 HP『ディスプレイデザインの歴史　ジオラマ』より転載)

場面4コマを主題としたジオラマであった（図3)。この浅草ジオラマ館の登場により多くの日本人がジオラマという展示物を知るところとなったであろう。続いて1901（明治24）年には、神田錦町にオープンしたパノラマ館に、パノラマとは別に忠臣蔵名場面4コマのジオラマが併設された。その展示特徴と技法について青木豊は次の如く述べている6)。

本例の如く、ジオラマとパノラマの組み合わせによる見流し展示は、この後主流となりジオラマで物語を継続させて、呼び込み場面をパノラマとするのが常套手段となっていった。当該期の初期のジオラマのなかには幅12mにも及ぶ大掛かりな仕掛けのものも実在したようであるが、総じて幅1～2m、高さ50～90cmと小型のもので、一連の場面を再現したジオラマを複数連続させることによりストーリーを持たせたものであった。また、形態的には箱であり、傾斜を持たせた床に切り出しや模型で近景をつくるなど、遠近感の創出がなされたものであったようである。

このような特徴に加え、ジオラマと呼ばれる所以である光学的効果、当見世物では側方向からの照明効果により実物と画の繋ぎ目を無くしていたことも見逃せない。しかし、見世物としてのジオラマは、この後、パノラマと同様に明治時代中期に隆盛を迎えるが、やはりパノラマ同様、明治末年には衰退していった展示物であった。

博物館においてジオラマ展示が出現したのは先述したとおり、1933-34年シカゴ万博以前、1924年に開催されたイギリス、ウェンブリー博覧会で第1次世界大戦の場面を塗装した背景と縮小模型とを組み合わせて表現したジオラマが展示され、その手法が流入したことによるところが大きい。それは形態として単にミニチュアグループや模型という括りでジオラマと呼称されるのではなく、電灯照明を用いて前景物と曲面背景画とを巧みに繋ぎ合せるとともに曲面背景という見学者の視点を限定せしめる透視の法則を最大限に生かした特有の手法を有していたことに起因する。その手法から「ヂオラマ式陳列」と呼ばれ、従来博物館で固有に有していた展示手法の生態展示（Habitat group）や時代室（Period room）などに応用されることとなった。その結果として、アメリカ自然史博物館やフィールド博物館などでジオラマの展示方式を採り入れた原地生態ジオラマ（Habitat diorama）という本格的な生態展示が登場し、世界各国に波及していった。

我が国では、1928年に博物館事業促進会が発足し、『博物館研究』が発行されるや否や生態展示をより臨場感あるものとする手法の「ヂオラマ」、または「ヂオラマ式陳列」という名称が紙面を賑わすようになる。『博物館研究』の創刊号に早速、ジオラマ展示に関する記事が載っている[7)]。

英帝国産業館の面目一新。

ロンドンのサウスケンジントンに在つて、インペリヤルインスチチユートと呼んで居る商品見本の陳列館は、この程一大陳列換を行つて面目を一新した。我邦の商品陳列場や物産館などに対して、よい参考になるかと思ふから、其の大要を紹介する。

新陳列法の特色。

今回の陳列換で著しいのは、電燈照明應用のヂオラマを盛に使用して、各國の特殊な知貌風土重要産業を示したことである。之れに依つて一般来館者に深い興味を感ぜしめるやうにした。これは1926年にロンドン郊外ウエムブレーで開いた大博覧會の際の経験に基いて計畫されたものである。本来天然資源と云ふものは普通観覧者に対して余り面白いものではないのである。今回ヂオラマを多く使用するに至つた理由は此點にある。即ちヂオラマに依て各國の風土生活様態に興味を起さしめやうとするのである。

ヂオラマの製作法。

博物館陳列法としてヂオラマをして真に効果あらしめるためには、其の方面の専門技術家の手を借らなければならぬ。其の製作の順序を述べて見るならば、先ず第一に間口七フイート、奥行四フイート、高さ三フイートの木製の骨組を造るのである。次に一枚のビーバーボードを適当に曲げて骨組の内側に嵌め込み、その屈曲した面へ背景畫を描くのである。従来往々見るやうに平なビーバーボードへ背景畫を描き、後に之れを曲げて嵌め込むことは、透視の法則を無視するものでよろしくない。

次に前景の製作に着手する。前景は石膏其の他の材料で造り、前縁から後方の水平線に達せしめるのである。塑像植物及び建築物は起伏模型で造り附けるのである。ヂオラマの製作家は此の前景と背景畫とを巧に繋ぎ合せて、一方が何処から始り何処から何処で終つて居るか区別出来ぬようにしなければならぬ。……後略……

ここでは、先に述べた年代と若干のずれはあるもののウェンブリー博覧会を契機とし、英帝国産業館にジオラマ展示が展示されることとなった経緯を説明し、さらにはジオラマ展示の製作法にまで言及している。それによれば、単にミニチュアグループや模型という括りで「ジオラマ」と呼称されるのではなく、電灯照明を用いて前景と曲面背景画とを巧に繋ぎ合せるとともに曲面背景という見学者の視点を限定せしめる透視の法則を最大限に生かした特有の手法が存在していた。この手法を有していたからこそ当該期、世界各国の博物館でジオラマ展示の手法は流行したといっても過言ではない。

そして我が国では、その「ヂオラマ式陳列」の手法を採り入れた生態展示が1931年の東京科学博物館（現在の国立科学博物館）の展示に登場したことに始まり、20世紀前半から1980年代までに隆盛を極め、経済成長期に伴い博物館展示に大きな予算が投じられる中で、折からの自治体の博物館建設ブームとも相俟って新設される博物館には必ずといってよいほどジオラマ展示が設置されるようになった。

しかし、同時に様々な研究者から生態展示に用いられるジオラマ展示に対して様々な問題点も指摘されるようになった。例えばアメリカ自然史博物館展示部長であったリーキー（Gordon Reekie）の「三次元の絵にすぎない」[8]という指摘や、梅棹忠夫の「みるもののイメージを固定してしまって、自由な想像力をはたらかせる余地をなくしてしまうという点でも、問題がある」[9]という批判的な意見が寄せられた。そして、その反動として形態論だけで終始せず、時間のファクターをも兼ね備えた映像展示が博物館展示に出現し、ジ

図4　マジックビジョン
（横浜市歴史博物館常設展示室）

オラマ展示にも静止性を補うべく、ハーフミラーを用いて、後景の模型に、可動性のある映像の虚像を前景として組み合わせたマジックビジョン（図4）が登場するに至った。

また、1970年代後半になると、秋田県立博物館を皮切りに従来の、視点を限定させるボックス型を基本としていたジオラマ展示方式に代わり、開口部を広く取り、多視点でジオラマ展示を見るという形態の「オープンジオラマ」が登場することになった。さらに、1980年代にもなると、博覧会ブームによる大規模なイベントの数々や東京ディズニーランドなどの大型娯楽施設の登場もあり、大型のテーマパークで用いられる空間造形の手法が博物館の展示にも流入し、広島県立歴史博物館の「よみがえる草戸千軒」や深川江戸資料館の「町の姿・深川の佇まい」といった空間全体を展示空間に見立てた展示が多く見受けられるようになり、それらは再現された空間内を通り、鑑賞する形態から「スルージオラマ」と呼称されるようになっていった[10)]。

註

1）　下湯直樹 2007「ジオラマ展示考―ジオラマの舶載とその展開史―」『國學院大學博物館學紀要』31

2）　H. and A. Gemsheim 1956『L. J. M. Daguerre :The history of Diorama and the Daguerreotype』Dover

3）　中崎昌雄 1991「ダゲレオタイプとジオラマ―手法の歴史とその実際」『中京大学教養論叢』32―2、pp.15-18

4）　青木　豊 2003『博物館展示の研究』雄山閣、pp.90-91

5）　石井研堂 1997「キネオラマ」『明治事物起源』ちくま学芸文庫

6）　同註4

7)　博物館事業促進会 1928「内外博物館ニュース」『博物館研究』1—1、pp.11-12

8)　新井重三 1981「3　博物館展示の現状と展望」『博物館学講座　展示と展示法』7、p.29

9)　梅棹忠夫 1987『メディアとしての博物館』p.168

10)　下湯直樹　2007「組合せ展示の研究—歴史的変遷からみた課題と展望—」『博物館學雑誌』33—1

第3節　生態展示史

(1) 18世紀後半～19世紀初頭

博物館において生態展示の先駆けとされるのは、1786年にアメリカでチャールズ・ウィルソン・ピールが建てたフィラデルフィア博物館の生態展示である（図5）。ピールは博物学の通俗教育のために自分の収集品であった剥製標本の背面に景観を描き添え、正確にその生物が生きていた状況を示す展示物を製作した[1)]。

次に、ウィリアム・ブロックが1812年にロンドンのピカデリー通りに「リヴァプール博物館」の新館として建設した「エジプシャン・ホール」（正式名称　ロンドン博物館）の展示物にみることが出来る。この展示物は「パンサリオン」と名付けられ、展示する剥製のポーズやその物理的環境にまで十分に配慮された生態展示であったようである（図6）。R・D・オールティックの著した『ロンドンの見世物』によれば、以下のような展示物であった[2)]。

> 「世に知られた四足獣の全体像を、その棲息地や暮らしぶりに至るまで、より完璧な形で展示するように」配慮されていた。スタッファ島のフィンガルの洞窟にヒントを得た玄武岩の洞窟の原寸大模型を通り抜けると、熱帯雨林に擬せられた一室に出る。前景には目立つインド風の小屋があり、後景には彩りも豊かなパノラマの光景が広がっていて、遠く離れた効果を与えている。「あらゆる風土から選び抜かれた一番珍しい、

図５ フィラデルフィア博物館
（註１より転載）

図６　リヴァプール博物館（註２より転載）

最も繁茂する植物に形状、色彩の両面でそっくりの模型」が置かれ、ここは一体何処なのか、そんな疑問を抱かせるものの、場の幻影を完璧なものにしている。キリン、サイ、象に威圧された小動物の標本は怯えるさまがよく分かるように配置されている。ライオン、ヒョウ、ジャガーは巣の中か、小道具の岩の上に寝そべり、アザラシの群れは岩の上に並んで「海の眺望」パノラマを見下ろしている。アリクイは「ターマイト、つまり、アフリカのシロアリの巣であるこんもりと盛り上がった塔の一つ」の模型の近くをうろついているように見え、キツネザルが木の枝にうずくまっているかと思うと、ナマケモノが三匹、サイの群れの先頭近くにあるアメリカアロエの幹にぶら下がっているといった具合である。

上記の文から明白であるように、この展示物はパノラマ（360°）に事物を配して、透視的に、その場に居合わせたかのような状況を作り出す生態展示として実在していた。しかし、このような進歩的な展示手法はイギリスのごとき伝統を重んじるお国柄においては未だ単体展示を良しとする保守派が強く、本格的採用には時間を要した。

⑵ 19 世紀半ば～20 世紀初頭

その後、1880 年にイギリス、サウスケンジントンに所在する大英博物館の分館（現在の Natural History Museum）は、ウィリアム・ブロックの考案、施行した展示方式を引き継ぎ、本格的な生態展示を展示することとなった。

図8　1898年「The bird rock group」（註1より転載）

図7　1887年「American robins on apple tree boughs」（註1より転載）

この方式は市民や博物館界にも大きな反響を巻き起こし、ヨーロッパ各地やアメリカまでもが、この展示手法を採用するようになっていったのである[3)]。

では、このように普及していった生態展示が如何にして発展していったか、原地生態ジオラマ（原地生態群をジオラマ展示で再現したもの）のメッカとされる、アメリカ自然史博物館（American Museum of Natural History）を例にとりみていくことにする。

1869年に建設されたアメリカ自然史博物館は現在、大小問わず哺乳類から、鳥類、魚類まで様々な原地生態ジオラマが展示されているが、創成期において実はそうではなかった。当初の展示物はガラスケースに入った剥製標本の単体展示がほとんどであり、その展示に進展がみられたのは1885年のことである。当時、アメリカ自然史博物館の館長であったジェサップ（Morris K, Jesup）がロンドンを訪問し、サウスケンジントンに所在する大英博物館の分館に展示されていた当該地域の鳥類の剥製と、植物模型とを組み合わせ生態展示の見事さに感銘を受け、その技師達を自身の博物館に招いた。その技師達の助力によって1887年に作られた「American robins on apple tree boughs」（図7）と称する組合せ展示は、その臨場感故に人気を博したのであった[4)]。このようなガラスケース内に背景画を添えずに配置した鳥の剥製と、植物模型とを組み合わせた展示物は当時、“group”（あくまでも群としての組み合せ展示）と呼ばれていた（図8）。

この展示方法を一新したのは、アメリカ自然史博物館で最初の鳥類学キュレーターとなったチャップマン（Frank M, Chapman）であったとされる。

図9　1903年「Cobb's Island」
（註1より転載）

図10　1903年「The Pelican Island」
（註1より転載）

まず、彼はこの“group”の背後にその鳥の棲息地を平面の背景画で描き添える生態展示を製作した（図9）。これが、アメリカ自然史博物館における“Habitat group”（原地生態群）と呼ばれる展示物の誕生であった。そして、さらにその後、臨場感を創出するために、平面背景から曲面背景にする工夫を加えた。1902年には曲面背景を伴った“Habitat group”（図10）を展示室の壁面全体に配置した「North American Birds」をオープンした。

また、アメリカには、同時期に本格的な生態展示として原地生態群（Habitat group）とは別に、連続生態群（Cyclorama group）と呼称される展示が存在していた。

我が国の博物館展示には、馴染みが薄いことと思うが、当手法を我が国で最初に紹介したのは川村多實二であり、Cyclorama groupに連続生態群という訳語を付したのは木場一夫であった[5)]。川村によれば[6)]、

> カンサス大學には米國の哺乳類を、熱帯から極北へ、平地からロッキー山頂までに亘つて分布及び生態變化を併せ示すために、一場面に組合わせたものがあつて、少し無理ではあるが、兎も角も新式である。之をCyclorama groupと呼ぶ。

というように地理的分布によって動物の生態変化がする様を、一場面に盛り込むことを課題とした展示であった。このように同時期の生態展示には、少なくとも生物の「原地の生態」や「地理的な生態変化」という2つの展示課題を持つ展示が存在していたことが分かる。

(3) 20世紀初頭～20世紀半ば

このように20世紀初頭までには欧米各国で、原地生態群（Habitat group）や連続生態群（Cyclorama group）などの生態展示が次々と出現し、その再現手法は日進月歩の勢いで改良が重ねられていった。

我が国はというと、文明開化の煽りもあり、上記に挙げたような欧米各国の博物館を訪れた先達者が生態展示の教育的、啓蒙効果に魅せられ、数多くの報告がなされた。その報告の濫觴となったのは1899（明治32）年の箕作佳吉の「博物館ニ就キテ」で、そのなかで下記の如く述べている[7]。

> 例ヘバ鳥ノ如キ剥製ノモノヲ棚上ニ置クヲ以ツテ足レリトセズ其自然ニ生活スルノ状態ヲ示シ海外ニ住ム者ハ海岸ノ景色ヲ造リ出シテ（シカモ美術的ニ）鳥ノ標品ヲ或ハ岩上ニ止マラシメ或ハ巣ヲ営ムノ模様ヲ示シ而ノ雛鳥ノ標品ヲ活キタル如クニ造リテ其内ニ納メ又鴨ノ如キモノナレバ水邊ノ景色ヲ造リテ遊泳ノ状ヲ示シきつゝきノ如キモノナレバ樹木ノ幹共ニ之ヲ陳列シテ其樹皮ノ下ニ虫ヲ求ムルノ様ヲ現ハシ燕ノ煙突中ニ巣ヲ営ム如キ屋根及煙突ノ一部分ヲモ出シテ人ノ注意ヲ惹ク様ニセザル可ラズ此等ノ如キハ唯僅々二三例ニシテ学科ノ標品ノ教ユ可キ普通ノ人ノ見テ以ツテ快楽ヲ感ジ知ラズ識ラズノ間ニ其標品ノ教ユ可キ知識ヲ吸収スル様ニ意匠ヲ凝シテ造リ出サヾル可ラズ英国博物館ノ中央堂ニ備ヘタル標品（進化論ヲ説明スルモノ）及鳥類ノ美術的標品ノ如キ或ハニューヨルク博物館ノバイソン牛ノ一家族カ平原ニ遊ブノ状ヲ造リ出シタル標品ノ如キ如何ニ冷淡ナル人モ愉快ヲ感ズルナラン之ヲ旧式ノ博物館ノ陳列品ニ比スレバ活キタルト死シタルトノ差アリト言ハザル可ラズ友人岸上鎌吉君ガ瑞典ニテ見タル處ナリトテ語ラル、ヲ聞クニ同国ノ一市ニテハ一ノパノレマヲ作リ其内ニ山、川、平原、海等ヲ造リ出シ其場處々々ニ應ジテ之ニ住スル自國産ノ鳥獣ヲ拾モ活キタル状態ニ作リ付ケ一見自国ノ産物ヲ知ラシムルノ方法ヲ取リタリト云フ實ニ面白キ意匠ト云フベシ

箕作のこの卓見とも言うべき論は、国民教育を充実するに当たって、今後の博物館は専門家を対象とした展示から、より一般市民が分かりやすい展示

図11　東京博物館の生態展示原地生態群
（Habitat group）（註9より転載）

手法、つまり生態展示の必要性を説いていることである。同様に1908（明治41）年から2年間にわたり欧米を遊歴した歴史学者、黒板勝美や植物学者で1913年から翌14年の春まで欧米に出張した三好学などの有識者もまた、その必要性を説いている。

このような先達者の報告、また1909年に起きた幸徳秋水らの大逆事件を契機として国民思想の健全化を図るために社会教育が奨励されるようになったことも相俟って、1913（大正2）年には棚橋が主事を務める「通俗教育館」に動物の剥製と人工植物などを組み合わせた生態展示が登場した。

その後の1914年には、棚橋が博物館活動をさらに充実したものとするために東京高等師範学校から東京教育博物館を独立させ、名称も東京博物館（現在の国立科学博物館）となった展示には前景物に動物の剥製はもちろんのこと、人工の地面に樹木を、四方ガラスケースの一方に背景を配した生態展示が登場した[8)]（図11）。

さらに東京博物館では関東大震災により多くの資料が消失したことを契機として新しく展示替えを行った。以下、その展示計画がまとめられている[9)]。

一、生態陳列ノ解

生態陳列トハ動物植物又ハ鑛物等ノ標本ヲ自然ノ生ケル状態ニ陳列シ観者ヲシテ一見其境ニ入リタルノ感ヲ起サシムルカ如キ陳列方法ノコトニシテ例ヘハ蛙、亀等ノ如キ冬眠動物ノ如キハ春夏ノ候ニ於ケル生活状態ハ何人モ容易ニ之ヲ観得ルモ冬期如何ナル生活ヲ經テ春ヲ迎フルカハ書籍等ノミニテ了解シ得ル處ニアラズ玆ニ於テ此等ノドウブツノ四季ヲ通シテ生活スル状況ヲ一目瞭然タラシムル為メニ冬期彼等ノ棲息スル状

図12　1931年　東京科学博物館の生態展示原地生態ジオラマ展示（Habitat group）（註9より転載）

態、春夏秋ノカレラノ食物、環境等ヲ実物模型繪畫等ニヨリテ一區劃内ニヂオラマ式ニ陳列シ始メテ一般民衆ニ極メテ簡明ニ面白ク此方面ノ知識ヲ得シムルヲ得ヘク植物等ニ於テ麻ノ如キモ麻ノ播種、生育、収獲ヨリ其生産セラル、糸及織物ニナルマデノ實情ヲヂオラマニ纏ムルノ要アリ

以上からわかるように当展示の課題は動物の棲息状況を示すことからまさに生態展示であり、その手法が「ヂオラマ式」なのである。こうして1931年に東京科学博物館（現在の国立科学博物館）では、原地生態ジオラマ展示（Habitat diorama）が誕生した（図12）。この手法がこれ以降の我が国の自然史博物館の展示のスタンダードとなったことは言を俟たない。

註

1）Stephen Christopher Quinn 2006『WINDOWS ON NATURE』American Museum of Natural History, pp.13-14

2）R・D・オールティック・小池滋監訳 1990『ロンドンの見世物』第Ⅱ巻、図書刊行会、pp.189-197

3）金山喜昭 1982「博物館展示法の一考察」『博物館学雑誌』7—2、p.32

4）下湯直樹 2007「組合せ展示の研究—歴史的変遷からみた課題と展望—」『博物館學雑誌』33—1、pp.16-17

5）木場一夫 1949『新しい博物館』日本教育出版

6）川村多實二 1920「米国博物館の生態陳列」『動物学雑誌』32—380、p.35

7）箕作佳吉 1899「博物館ニ就キテ」『東洋學藝雑誌』16—215、pp.317-318

8）椎名仙卓 1993『図解　博物館史』雄山閣、pp.121-122

9）国立科学博物館 1977『国立科学博物館百年史』p.240

第4節　時代室展示史

(1) 19世紀半ば～20世紀初頭

時代室とは、まずもって人文系博物館での特有な展示手法である。その初源は1840年、クリュニー博物館のドゥ・ソムラールのコレクションによって構成された展示「フランソワ1世の部屋」(図13) にみられる[1]。次に時代室と確認出来るものに1873年に開館したスカンジナビア民族学博物館（後のスカンセン野外博物館）の時代室がある（図14)。アレクサンダーはこのハゼリウスが企画した時代室について、近年の自然史博物館での生態展示の手法や博覧会で展示されるようになった時代室を意識していたと指摘している[2]。また後のスカンセン野外博物館について棚橋は展示特徴を以下の如く示している[3]。

> 収集品の主要部分は瑞典農民の生活状態を示したもので、これが収集は一に同博士の創意と熱意とに基いたものである。一八八〇年にはこれが為めの協会も出来、漸く博物館として形態を具へ、名称も北方博物館（ノルディスカムゼー）と改められた。博士の意見では、昔の生活状態を示すには、陳列ケース内に物品を羅列したり、或集団式の時代陳列室を設けたりしただけでは充分でない、宜しく館外の適当な土地に昔の建物を移築して、それへ当時使用していた本物の家具、調度、衣服、器物の類を配し、取り付けなければならぬと云ふのであつた。

つまり、当展示は屋内に空間的な再現手法を採る形態の時代室ではなく、屋外にまるでその場にいるかのような感覚を引き起こさせる空間を作り出した時代室である。それを可能にしたのが、適当な場所の選地と移築、また屋内には当時使用していた本物の家具、調度、衣服、器物の類を配し、取り付けるという空間再現の徹底さにある。

このハゼリウスが構想した、スカンジナビア民族学博物館から引き継がれた時代室は非常に画期的な展示であり、その手法は次第に世界中に波及して

図13　様式的時代室
「フランソワ1世の部屋」1840年（註1より転載）

図14　文化史的時代室「The Little Girls Last Bed」1877年（註2より転載）

いった。

そして、1888年に登場したのがニュルンベルクのゲルマン民族博物館の時代室である。棚橋によれば展示特徴は以下の如くである[4]。

> 一八八八年には、この窮状を打開する爲め、昔の真のゲルマン式の、連続六室から成る一部建物の増築を行つた。この室は十五世紀のチロール小農民室から、十七世紀ニュルンベルグ貴族室に至る代表的なもので、各室ともその時代に於ける適当な設備を施してある。即ちその当時用ひられてゐた古色蒼然たる本物の天井板や、壁紙の古材料を取附けて、その時代そつくりの様相を呈するやうにし、それへその当時の装飾品や、家具調度の類を適当に配置したのであるが、若し本物がどうしても手に入らないときはそれとそつくりの代用品を使用して、その真偽が区別出来ない程度に仕上げられたのである。筆者は、一九一一年に同館を訪れたが、今日尚記憶に明かに残つてゐるのは、室の中央に炉を切り、炭火の上へ天井から湯沸しが吊されて、炉辺の正面には等身大の農夫の人形が、その当時の様式の服装を纏ひ、装身具を身に着け、あぐらをかいてゐたことで、その背景を成す室の壁面には、装飾の絵額や職業用の器具がかけられ、室の隅々には家具調度の類がその当時ありしままに配置されて、その生活状態を十分に想像できるやう、所謂文化史的陳列様式で出来上つてゐたことである。

図15　フリードリッヒ博物館の時代室
（註5より転載）

当時代室は屋内を時代ごと系統的に6室配置した展示である。その空間的な形態でいえば、再現は室内全体に及ぶものではなく屋内のある部分を限定的に区切って再現する形態をとるようである。また、もし本物がどうしても手に入らないときはそれとそっくりの代用品を使用して、その真偽が区別出来ない程度に仕上げられた時代室で、本物かどうかは当時代室の要件ではなく、上記の如く時代室を棚橋は「文化史的陳列様式」と定義していることからこれを、文化史的時代室と云い換えることができる。

さらに、1904年にドイツのフリードリッヒ博物館では上記の文化史的時代室とは、異なる時代室が登場した（図15）。その成立には

> 大きい室や長い廊下に、絵画ばかりを長々と展示しておくのは、兎角単調に陥り易く、ために観覧者をして心身の疲労倦怠を覚えしめる傾があるから、陳列に変化を加えて単調から救うため、絵画室へも彫刻や工藝品を持ち込んで、綜合的グループ陳列に改むべきではないかと云う感を生じて来た

という背景を持っていた[5)]。これは従来、時代様式展示法（Period Style Arrangement）と呼ばれていたものであったが、その展示特徴から時代室として捉えるべきものとして、文化史的時代室と対比して様式的時代室と言い換えるべきであろう。また、「この点に早くも着目したのは、ベルリンのフリードリッヒ博物館の館長ボーデ博士（Dr. Wilhelm Bode）である。博士は同美術館絵画室に展示されている絵画の間へ、掛布・木彫・家具などを取入れ、美術館としては最も興味のある新展示法を考案実施した」ものであり、ドイツでは1888年に登場したニュールンベルクのゲルマン民族博物館の時代室同様に1904年にボーデがフリードリッヒ博物館の館長に就任してから、この様式的時代室が採り入れられたようで、「工藝博物館に於けるこの綜合的新展示法は、これまでのものよりは興味豊かなばかりでなく、観覧者の疲

労軽減の故があるとして全ドイツを風靡し、展示法の模範と仰がれてその影響は大きかった」という。

また、1905年に開館したフランス、パリの装飾工芸博物館においては[6)]、

その大さ、採光などの点で、博物館の陳列室として最も適当と認められる諸室の壁面を、それぞれその時代の本物の壁紙の類を以て被ひ、それへ吊毛氈画額を掲げ、彫刻や家具を室内に配置する外、更に数個のケースをも室内へ持ち込んで、それへ陶磁器、玻璃器、青銅器、象牙細工、エナメル細工のやうな小さいものを、適当に組合せ陳列し、在来の文化史的集団陳列のやうに、その時代の本物のやうな錯覚を観衆に起こさせるやうにしてある。

このように様式的時代室とは、時代区分によって室を分け、色調や採光に注意して、審美性を重んじ、まるでその時代のその場にいるかのような感覚を引き起こさせる臨場感を創出する展示手法と言える。

(2) 20世紀初頭〜20世紀半ば

19世紀後半から20世紀初頭においては、こうして時代室に文化史的時代室と様式的時代室という2つの時代室が誕生することとなった。20世紀初頭を過ぎると、時代室はさらなる変貌を遂げることになった。まず、専門博物館の増加により、そのニーズに沿った時代室が登場することとなった。

例えば1903年にできたドイツ博物館では、屋内のウォーキングタイプの文化史的時代室が登場した(図16)。その時代室を見学した黒板勝美は以下の如く、感想を述べている[7)]。

地下室には石炭坑の大型模型があつて自由に出入して坑内の有様が分かるという風に、その規模の大なる、その設備の完全せる、殆んど実地その

図16 「Replica of coal mine,upper Bavaria」1990（註2より転載）

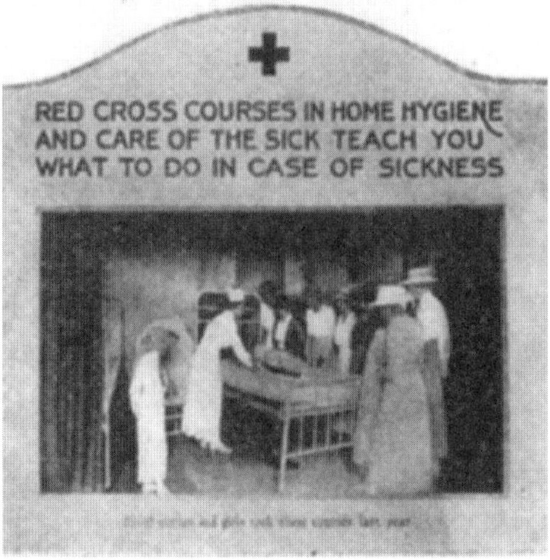

図 17　アメリカ赤十字博物館のジオラマ
（一記者 1929『博物館研究』2—6 より転載）

図 18　1936 年日本赤十字参考館のジオラマ（宮崎惇 1992『棚橋源太郎—博物館にかけた生涯—』より転載）

境に臨んで説明を聴くやうな感がする

またこのような大型の時代室ばかりでなく、博覧会からの影響もあり、ミニチュア模型が流入すると、中小規模の博物館でも容易に製作可能な小型の時代室が作られるようになった。その中でもスケールが自在に変えられ、電灯照明を用いて前景と曲面背景画とを巧に繋ぎ合せるとともに曲面背景という、見学者の視点を限定せしめる透視の法則を最大限に生かした空間再現の手法であるジオラマ展示が台頭するようになった（図 17・18）。

我が国では、19 世紀後半になると自然系の研究者から生態展示の必要性が叫ばれるようになり、それに遅れること数十年後に人文系の研究者から時代室の必要性が叫ばれるようになった。その代表的な人物の 1 人、後藤守一は時代室の中でも、より効果的なジオラマ展示の形態的特徴、またその必要性を以下の如く述べている[8)]。

自然科学博物館及び土俗博物館には、此の集団陳列がよく利用させられてゐる。殊にヂオラマ式陳列によって、動植物の自然界に生活する状態のカットを試み、之を順序陳列し、また土俗において土人の生活する状態を示す工夫は、獨逸または米国において好んで用ゐられてゐるところである。このヂオラマ式陳列は、当然歴史博物館にも応用させらるべきであるが、ロンドン博物館を除いては大陸諸国にこれあるを知らないのは、一は経費の為もあらうが、一は部員の熱心の足りないに因ること、思ふ。

ヂオラマ（Diorama）式陳列は、陳列室の周壁に龕を作り、近景には多くの実物大に人物・動物其の他を配し、而して漸次遠ざかる随つて畫面となし、アーテイフイシャル・ライト人為光線によつて示すもので、自然界の背景に活動する人物・動物等を具体的に示すものとして、吾々の学ぶべきものがある。いわゆる時代扮装の人形を陳列箱の中に雑然と混出し、また獨り姿をさびしく露出しておくが如きは、其細部を仔細に究めんとするものに対してこそ多少の効果こそあれ、一般大衆には興味索然たるものがあるといふてよかろう。ヂオラマ式陳列こそ、歴史博物館において最も必要な陳列法の一といふてよい。

このような指摘を受け、ジオラマ方式の時代室は20世紀前半から1980年代までに隆盛を極め、我が国では経済成長期に伴い博物館展示に大きな予算が投じられる中で、折からの自治体の博物館建設ブームとも相俟って新設される人文系博物館には必ずといってよいほど設置されるようになった。その要因として種々あるが、その１つとして地方の後発の博物館は「目玉展示」の１つとして時代室、中でもジオラマ展示の手法を採らざるをえなかった実情があったと思われる。なぜなら、それらの館では国立規模の博物館とは異なり、自館で目玉となるコレクション形成が出来ておらず、一目見て、楽しみながらその状況が理解できる、ひときわ教育的価値の高い時代室を目玉展示にするしかなかったからであろう。

(3) 現在の時代室

近年では大手の新聞社との共催で行う国立博物館の特別展では、会期が短期間であるのにもかかわらず、展示室の一角に時代室が設置されるケースがあり、その展示主題に合わせ、展示品の理解補助ツールとなっている（図19）。

また、この時代室の教育性の高さから、現在では小学校の空き教室を資料

図 19　特別展での時代室の一例
（横浜市歴史博物館 2006 年度企画展「ちょっと昔を探してみよう―1960 年代　くらし・教室・遊びの風景―」展示風景）

室等に転用した学校博物館に時代室は多く見受けられるようになった。これは映像展示では代用できない三次元的な、空間再現による展示効果によるところが大きく、当時代室のほとんどが、その空間内に入り、臨場感を味わいながら実際にモノに触れたり、扱うことが出来るものである。また、この時代室内に展示される資料は主として民俗資料であり、生活用具に加え、農具や漁具などを実際に触ることが可能となっている。この学校博物館に関しては多くの点で問題を抱えているが、当時代室は高度情報化が進んだ現代社会において、実体験から得られる身体的・感覚的行動が不足がちである社会事情を空間再現の中で実体験することにより、克服しうる有効な学習形態として取り入れられているのは紛れもない事実である。

そして、愛知県西春日井郡の師勝町では、新たな取り組みとして旧加藤家住宅と外観を調和させた木造平屋建の施設で、昔風の学校教室をイメージした時代室を配置することにより、回想法事業を行っている。この回想法事業における時代室には教育性の高さだけでなく、このような認知機能の改善といった効果が期待されており、今後の進展が望まれる。

註

1）Viviane Huchard 2003「Mus e de Cluny mus e national du Moyen Age」『Mus e de Cluny Album』p.17
2）Edward, P. Alexander 1983『Museum masters』
3）棚橋源太郎 1947『世界の博物館』講談社、pp.49-50
4）同註 3、pp.49-50
5）棚橋源太郎 1957『博物館・美術館史』pp.46-47
6）同註 1、p.126

7）　黒板勝美 1911『西遊弐年 欧米文明記』文會堂書店、p.408
8）　後藤守一 1931『欧米博物館の施設』帝室博物館

第５節　課題展示と再現展示

用語の整理

以上のように再現手法の総称として扱われるジオラマ展示と特定の課題、細かくいえば動植物の生態を指し示す生態展示やその時代のある場面を切り取った時代室展示とでは明らかに区別できるものであり、明確に整理、分類されなければならない。

また、1970年代後半に開館した秋田県立博物館を皮切りとした開口部を広く取り、多視点でジオラマ展示を見るという形態を採る「オープンジオラマ」、1980年代に開園した東京ディズニーランドなどに代表される大型娯楽施設の空間造形の手法が流入し、誕生した広島県立歴史博物館の「よみがえる草戸千軒」や深川江戸資料館の「町の姿・深川の佇まい」、空間全体を展示空間に見立てる「スルージオラマ」などのようにジオラマ展示自体の多様化も目立ってきている。加えて昨今では本来、液体に浸るという意味であるイマージョン（immersion）から、環境の中に浸る展示という意味に置き換えた展示用語、イマージョン展示が草刈清人や榛澤吉輝らにより提唱されている。当用語はジオラマ展示におけるボックス型やオープン型などと環境に浸る「スルージオラマ」とを区別したものである。この背景にはかつて博物館側からジオラマ展示の手法が動物園展示に流入したのに対し、昨今ランドスケープイマージョン（Landscape immersion）と呼ばれる手法が動物園展示で盛んになり、その概念が逆流入してきたことに起因している。

この展示について草刈清人や榛澤吉輝らは以下の如く定義している[1)]。

> 博物館の展示ではジオラマ以外にも環境の中に浸るタイプのものが増えてきているので、大きな概念としてイマージョン展示、その中にイマージョン型ジオラマがあると定義したい。

この展示形態を重視した指摘は、ジオラマ展示を再考するうえで示唆に富んでいる。そもそもジオラマ展示とは表現したい展示課題をより臨場感溢れるものにするため、局面背景を有し、見学者の視点を限定せしめる方式を指すものであり、その範疇を超えるものに対し、わざわざジオラマという冠をつける必要はなく、むしろこれまでジオラマという用語に拘り、拡大解釈してきた結果が用語の錯綜を生んでしまったといえる。

もう１つ用語の錯綜を招いた要因を挙げれば、構造展示という展示の誕生である。この構造展示（Structural display）は、1980年代に国立民族学博物館の誕生とともに登場することとなったもので当展示は時代室と形態的特徴において共通する部分が多く、現在では時代室を指して、構造展示と呼称される場合がある。この構造展示の発案者である梅棹忠夫は「ジオラマの功罪」の中で以下の如く述べている[2)]。

> 個々の展示品は、それぞれのものの機能的・構造的連関をたぐって展示される。ひとつの器具はそれといっしょにもちいられる器具類とともに展示されるか、あるいは、同種のもののバリエーションを、横にたぐって展示されるかである。いわゆるリアリズムからはとおくなるが、かえって、みるものの自由な想像力をかきたて、頭のなかに現実の再構成をうながすことになるだろう。このような手法のほうが、文化の理解という点では、よりふさわしいとかんがえたのである。このような手法を、わたしたちは構造的展示とよんだ。

梅棹が述べるとおり、構造展示ではあえて完璧な再現方法を採らず、背景画や人物模型などの二次資料を用いずに一次資料である資料と資料とを組み合わせ、そのモノとモノとの関連性の中で見る者の想像力をかきたて、頭の中で再構成させる意図を持つ展示であるといえよう。これは一見、「ジオラマの功罪」という題目の通り、ジオラマ展示の対立概念として出現した展示用語のように思えるが実はそうではない。現在でもそうだが、当時において生態展示（時代室含む）＝ジオラマ展示ということが通念で、展示用語が錯綜していたということもあり、その実態を掴みにくくなっている。しかし、その実際は人物の模型、動物の剥製などを用い、見る者に具体的なイメージを直観的に享受させる生態展示や先に紹介した時代室の対立概念として出現した展示用語であるといえよう。

上記の点を整理し、改めて構造展示を捉え直せば、課題展示が展示企画者の意図や構想で表現される展示そのものであると定義した場合、この構造展示とはジオラマ展示のように空間造形の手法ではなく、課題展示に含めることが出来る。なぜならば生態展示が生態学の成果を、文化史・様式的時代室が歴史（美術史含む）学の成果を具現化するものであるのと同様に構造展示とは、文化の多様性を明らかにすることを目的とした文化人類学の学術性を保障する手段である「構造主義」的な発想を具現化したものといえるからである。

形態的分類

上記の用語の整理にもとづき課題展示と空間造形をおこなう再現展示という大きく分けて2つに、分類することとしたい。新井の言葉を借りれば、「いかなる展示にも展示する意図があり、展示企画者の構想がある。その構想がより具体化されたものが展示課題（テーマ）で、それぞれの展示ケースの見出し（表題）として大文字で描かれる。この提示された課題によって展示表現は多様化される」[3)]これが課題展示であり、この提示された課題を三次元的に具体化する手法こそジオラマ展示やパノラマ展示などの再現展示であるといえる。

そして、この再現展示を分類するにあたり、ジオラマ展示が従来もっていた固有の方式をそのままに、空間構成（視点）の差異により、1970年代後半以降のめざましい展示技術の発展により登場した「オープンジオラマ」や「スルージオラマ」、「イマージョン型ジオラマ」といった展示用語に対し、改めて正確な名称をそれぞれに付すものである。「多数の展示とはその形態上の異なりであることは言うまでもない。また、そこには一形態で成立している展示もあれば、2形態・3形態の展示形態が重複することにより完成している展示もある。さらに、博物館展示では専門領域である学術内容を基本とするものもあれば、当該資料の性格、内容、規模等に起因し展示の形態が決定づけられる場合もある」[4)]というように形態的に重複することはやむを得ないことである。以下、その分類とその具体を示す（表1）。

表1　課題展示と再現展示

	展示課題による分類	再現方式による分類
1	生態展示（原地・連続生態群）	組み合わせ展示
2	時代室展示（文化史的・様式的・構造的時代室）	ジオラマ展示
3	比較展示	部分パノラマ展示
4	歴史展示	パノラマ展示
5	科学展示	イマージョン展示

(1) 課題展示

1　生態展示

主として動植物の生態が具体化されたものが、生態展示であり、博物館展示においては現在まで以下の２つの生態展示が確認されている。

・**原地生態群（Habitat group）（図20）**　川村多實二によれば[5)]

　若干の群の動物を取り合せて、一場面の陳列とする様になり、Habitat groupと云ふ名を以つて之を呼ぶ様になつて来た。従つて場面に現はれた景観なるものも、数年前の様に或地方に實在する景観を一木一石寸分の相違なく模写したものではなくて、製作者の技倆頭脳によつて、数箇所の實景材料を用ひて、人工の臭みを残さぬまでに巧に組み合わせた、理想上の景観なのである。

というように、原地生態群（Habitat group）とは、原地の環境を動植物の剥製や模型を群として組み合わせ、その棲息状況を示すことを課題とした展示である。

・**連続生態群（Cyclorama group）（図21）**　日本の博物館展示では馴染みが薄いが、当手法を我が国で最初に紹介したのは先の川村多實二であり、Cyclorama groupに連続生態群という訳語を付したのは木場一夫である。川村によれば[6)]、

　カンサス大學には米國の哺乳類を、熱帯から極北へ、平地からロッキー山頂までに亘つて分布及び生態變化を併せ示すために、一場面に組合わせたものがあつて、少し無理ではあるが、兎も角も新式である。こ

図20　アメリカ自然史博物館の原地生態群
（Quinn2006 より転載）

図21　カンザス大学の連続生態群
（トータルメディア開発研究所 1997 より転載）

れを Cyclorama group と呼ぶ。

というように地理的分布によって動物の生態変化がする様を、一場面に盛り込むことを課題とした展示である。

２　時代室展示（Period room）

当用語はコールマン（Laurence Vail Coleman）が Period room を組合せ展示の一つとして挙げ[7]、それを棚橋が「時代陳列室」という訳語を付したことに端を発するものである。

棚橋はこの「時代陳列室」を 1930 年に著した『眼に訴へる教育機関』中で以下の如く定義している[8]。

> 実際に行はれて居た其当時の儘に、事物を組合せることが即ち博物館に於ける組合せ陳列であるのである。陳列品としては美しい机、陶器、絵画及毛氈の類を組合せて、何れかの隅に置くこともあろう、又古い時代の調理用具を取揃へて殖民時代の炉辺へ配置して見せることもあらう。さう云つた組合せが、所謂時代陳列室の根本義を成すのである。時代陳列室とは或時代に於ける物品を取揃へて見せる室若くは小屋を云ふのである。

また、時代室はその時代に於ける歴史性に重きを置く文化史的時代室と、その時代における様式に重きを置く様式的時代室、一次資料のみを「構造主

図22　小学校博物館の構造的時代室
（相模原市立相模台小学校民俗資料室）

義」的な思考のもとに組み合わせた構造的時代室の3つに分類することが出来る。

・**文化史的時代室**　1873年に誕生したスカンジナビア民族学博物館や1888年ニュルンベルクに誕生したゲルマン民族博物館に代表される、一次資料と背景画やマネキンなどの二次資料を組み合わせた展示である。これにより見る者に当時代の文化や習俗を具体的なイメージとして直観的に享受させる展示となる。

・**様式的時代室**　当展示は1840年のクリュニー博物館（図13）にはじまり、1904年のフリードリッヒ博物館、1905年のパリの装飾工芸博物館と続くものである。その展示特徴は時代区分によって室を設け、その時代の美術品や工芸品の様式を示すのが目的である。そのため同時代のもので統一し、色調や採光に注意するなど審美性を重んじる時代室となる。

・**構造的時代室（図22）**　当用語は、梅棹忠夫や佐々木朝登らによって提唱された「構造展示」の中で時代室の形態をなす展示を言い換えた用語である。当展示は文化の多様性を明らかにすることを目的とした文化人類学の学術性を保障する手段である「構造主義」的な発想を具現化したものである。その展示特徴は背景画や人物模型などの二次資料を用いずに一次資料で構成され、そのモノとモノとの関連性の中で見る者の想像力をかきたて、頭の中で再構成させる意図を持つ展示である。

(2) 再現展示

1　組み合わせ展示

当展示は、従来ジオラマ展示や生態展示を包括する意味での組合せ展示ではなく、特定の方式や名称を持たない縮小模型群や露出組合せ展示を指す展示である。

・露出組み合わせ展示（図23）　コールマンによれば[9)]

然し組合せ物には、ケースを用ひぬこともある。補助物が簡單堅固で普通一般のものであり、塵が附かず、手で觸つても差支ない性質である時は、之を露出する。

というように、ガラス越しに展示品を見るのではなく、来観者に展示品をはっきりと、臨場感を持たせながら観せるための手法である。

・縮小組み合せ展示（Miniature group）　動物の生態や歴史的場面等を再現するなどの展示課題または、展示予算、スペース等に合わせて、縮小化された展示である。

2　ジオラマ展示（Diorama）（図24）

ダゲールの考案した見世物の如く、光学的手法を用いて、前景の立体物と後景の背景との繫ぎ目を無くし、芸術的に幻想空間を創出する展示物である。その要件が臨場感を創出する書き割の曲面背景であり、見学者の視点を限定せしめる工夫がなされている。

図23　露出組み合わせ展示

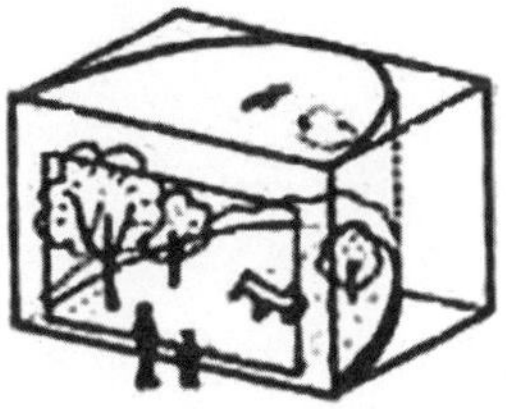

図24　ジオラマ展示

図26　パノラマ展示

図25　部分パノラマ展示

図27　イマージョン展示

（すべて註1より転載、図26は一部改変）

3　部分パノラマ展示（図25）

ジオラマ展示とパノラマ展示との決定的な視点の差異から提唱された展示名称であり[10)]、「全周ではなくジオラマ状に一部のみ取り出した」再現展示である。

4　パノラマ展示（図26）

屋内、屋外問わず、空間の全周（360°）を展示空間に見立てた再現展示である。展示物と来館者の間に仕切りがあるなどして、展示物と切り離された展示である。

5　イマージョン展示（図27）

液体に浸るという意味であるイマージョン（immersion）から、環境の中に浸る展示という意味に置き換えたものである。屋内、屋外問わず、パノラマ式（360°）に空間全体を展示空間に見立て、展示物と周景が上手く調和し、見学者が再現した空間に実際に浸ることの出来る展示手法である。

註

1）草刈清人・榛澤吉輝 2001「イマージョン展示考―宮崎県総合博物館スーパージオラマから考える―」『展示学』32
2）梅棹忠夫 1987『メディアとしての博物館』p.168
3）新井重三 1981「3、博物館展示の現状を展望」『博物館学講座　展示と展示法』7、p.29
4）青木　豊 2003『博物館展示の研究』雄山閣
5）川村多實二 1920「米国博物館の生態陳列」『動物学雑誌』380、pp.32-57
6）同註5
7）Laurence Vail Coleman 1927『MANUAL FOR SMALL MUSEUMS』
8）棚橋源太郎 1930『眼に訴へる教育機関』寶文館
9）同註7
10）同註4

第Ⅴ章　野外博物館の展示

落合知子

野外博物館とは、我が国では一般的な博物館である建物の中で展開される屋内博物館に対し、呼称名の如く野外を展示・教育諸活動空間とする形態の博物館を指す。この野外博物館は北欧の移設・収集型を主とする野外博物館のみならず、風土記の丘構想による遺跡はもとより、社叢、植物群落、重要伝統的建造物群、景観地、世界遺産、近代遺産などを含むものである。

野外博物館の展示は、野外すべてを展示空間とすることが可能であり、したがって自然との融合展示を形成できることが野外博物館の最大の特徴といえるのである。本章は野外博物館の中でも、北欧を濫觴とする民家移築・収集型野外博物館に焦点を当てて、その展示の歴史、概念、具体を論ずるものである。

第1節　野外博物館の展示史

(1) スカンセン野外博物館の展示

野外博物館の嚆矢はスウェーデン王国に見られるもので、その後も北欧を中心として欧米諸国に発展を遂げたものである。北欧の野外博物館誕生の要因は、19世紀の産業革命が伝統的民俗文化の衰退を招き、それに対する危機感から保存活用に取り組んだものであった。同様に我が国の野外博物館誕生に於いても戦後の農地改革や高度成長による開発により、伝統的建築物が取り壊されていくことに対する焦燥感からの保存意識が大きな要因となったものである。世界で初の野外博物館であるスカンセンは、1891年にアートゥル・ハセリウス（Artur Hazelius 1833～1901）によってスウェーデン国内の異なった地域の過去の生活や仕事を現代の人に如何に伝えるかを目的として、ストックホルムのユールゴーデン島に設立された野外博物館である。

ハセリウスは1833年、ストックホルムに生まれた語学教員で、1872年の夏にスウェーデンのダラーナ地方を長期旅行し、伝統的農業社会が急激に変化しているのを目の当たりにする。ダラーナ地方に滞在中、急激な変化で消失していく田舎が、如何に魅力的な地域であるかを記録し、先ず古い農業文化を後世に残すために必要な衣装、ありふれた家具、手作りの玩具などから収集を始めた。これらのコレクションが歴史博物館への最初の大きな寄贈コレクションとなり、その後も収集活動は続き、より大規模なコレクションになっていった。衣装のコレクションを借家で公開したのち、ストックホルムの中央、ドロットニングガータンの南北2つの展示場に資料を移し、1873年10月24日にはスカンジナビア民族学博物館（The Scandinavian Ethnographic Collection）として展示公開を始めた。これは現在のノルディカ博物館（Nordiska Museet）へと成長展開していくが、これらの伝統的な博物館展示はハセリウスの教育的意図を満たすものではなかった。自然環境を伴う展示、つまり自然の中で飼育された動物とともに、その時代の衣装を身に着けた人々や調度品が備わった家の展示で歴史観を強調したかったのであった。

1878年パリ万国博覧会に於いてハセリウスは、スウェーデンの農民の暮らしを中心とした平面的展示から脱した技法を取り入れた展示を行ない、世界的な評価を得て金メダルを授与された。ハセリウスが長く抱いていた野外博物館展示構想は、1885年にダラーナ地方で一般にモラ小屋と呼ばれていた建物を入手することによって確実な姿となり、1891年にはスカンセン初の用地購入が実現したのであった。古い農場を再建し、過去と同じように家の中に住み、猫はストーブの前でゴロゴロと喉を鳴らし、犬は犬舎の前で日向ぼっこをし、草原では家畜が牧草を食むといった、日常生活すべてを生き生きと描くといった、先駆的な展示発想が野外博物館設立へと導いた原点となったのである。

(2) ハセリウスの展示理念 ―複製展示・飼育展示―

ハセリウスは「私の考えは、調度の整った博物館から離れた、他の如何なる博物館とは違った、即ち民俗学と文明の歴史を目的とした野外博物館である」[1)] という言葉を残している。1892年、スカンセンはボルナスの家、牧場、ヤムトランド地方のハスヨウから来た鐘楼の複製を主とした建築物からの展示で構成されていた。ハセリウスはオリジナルを移築したかったが、強い反対に遭ったため、複製で満足せざるを得なかったのである。1893年には、オスターゴットランド地方のビョーグヴィックから壮大な貯蔵庫の複製が、その翌年にはオスターゴットランド地方北部のハレスタッドからスウェーデンで最も高い鐘楼が移築されて展示に供された。

このように、野外博物館に建築物の複製を展示することは賛否両論あろうが、ハセリウスはその地方、その時代の形式と典型的な建物が重要であるとして、建築物の移築が不可能であったなら、稀少な存在の実物資料を移動させるよりはむしろ複製を作る方が良いと考え、あえて実物を収集せずに複製を造って展示を実践したのである。それは資料の保存という概念よりもその建物が置かれている地域性やその建物の形式を重視したからであり、地方の特色ある典型的な建築物を環境とともに展示することで、国民に消失しつつある地方文化や郷土心を育成しようとしたからであった。したがって、建物はオリジナルに固執することなく、複製でもよかったのである。我が国の多くの学識者がスカンセンを訪れ、当時まだ日本にはなかったこのような野外博物館に驚き、深く感動し、是非我が国にもこのような野外博物館の設立を望んだのであった。しかし、この複製

図1　模造建築されたハスヨウ教会

展示について看破したのは棚橋源郎と藤山一雄だけであり、多くの学識者たちは複製展示にまで注意が及ぶものではなかった。

ハセリウスは単に木や花があるというだけの自然空間としての展示だけではなく、鶏や鵞鳥を放し飼いにする展示を実践した。つまり、スカンジナビアに属する動物や植物などの自然現象を展示し、教育的かつスウェーデンの原風景としての役割を担う野外博物館を目指したのである。野外博物館は実際に家の中で伝統衣装を着て、歴史的な品々に囲まれ、草原や森林の環境の中で牛や羊を飼うといった、非現実的空間であるという点に於いて、他の博物館とは本質を異にするものである。殆どの博物館では、来館者はその時代の眼鏡や柵を通して、あるいは描写されたものを通して現在という空間で展示物を見出す。しかし、野外博物館においては過去に踏み込むことが可能で、庭の入口を通って歩き、家々の玄関の中に踏み込めば、現在という空間から非日常的空間への移動が可能なのである。すべての情報が来館者に時の柵を越えて、過ぎ去りし日々にタイムスリップさせ、昔を体験させることができる。来館者の五感を刺激することによって、野外博物館は情報の効果的利用が期待できる場となるのである。スカンセンを逍遥すれば、来館者はスウェーデンの北から南の文化的景観の特徴と形式を見る機会が提供されるのである。

(3) 日本人が見たスカンセンの展示

1　黒板勝美が見たスカンセンの展示

黒板はスカンセンを『西遊弐年欧米文明記』[2)]の中で以下の如く述べている。

> スカンセンはストックホルムなるヂュルガルド大公園の西部を劃して、一千八百九十一年ハゼリウス博士によつて創立された野天の博物館ともいふべき大仕掛のものである、その廣さは凡そ七十エーカーにも及ぶであらう、峨々たる巖山もあれば、清冽なる湖水もあり、彼方の森林、此方の牧場田畝こゝに瑞典一國を凝集し縮寫したものといふも過言ではない、天然の花卉草木はいふに及ばず、處々に鳥獸魚蟲を飼養してよく馴れしめたるなど、大動植物園の設備完きと共に、各州の風俗習慣はその地方地方から移住し來た人民によつて示され、地方特有の服裝で、各その家業を營める様、この大公園の景趣を添ゆること幾千ぞや、カール

十二世時代の軍服を着けた番人に過ぎ去つた國民的自負の名殘を留めたのは瑞典人がせめてもの慰藉なるべく、ブレダブリックの塔上よりストックホルム全市を眺望しながら、一杯のカフェーに渇を醫するは觀光の客が最も喜ぶところであらう。

このように黒板はスカンセンを訪れて、その広大な展示空間は言うまでもなく、植栽や動物の飼育展示、民俗衣装を身にまとったコスチュームスタッフに驚くのであった。そこには休憩所としてカフェの必要性も謳われているのである。さらに「博物館に就て」[3] にも詳細な記述が見られる。

此等のミューゼアムでは古物などを陳列した建物それ自身が古い時代の建築で、既に一の陳列品となつて居るばかりでなく、百花妍を争ふ植物も培養してある、優悠自適せる動物も飼養してある。甚だしきに至つてはその一部にある喫茶店の給仕女が地方特有の服装で御茶を汲む、番人中古武士の服を着けて槍など提げて居るのを観れば、彼等もまた實に陳列品なるが如き心地がせらるる。

移築された建築物には「古物などを陳列した」とあり、当時の生活が再現されていることが読み取れるもので、その建築物そのものが「一の陳列品」として展示を行なっていることが記されている。そこには「百花妍を争ふ植物も培養」、つまり種々の植物を植栽することでスウェーデンの自然環境を再現し、「優悠自適せる動物も飼養」することでさらなる臨場感を創出する展示空間となっていることが容易に理解できるのである。また、前述のカフェと同様の記述と考えられる、地方特有の服装で給仕し、「番人中古武士」なる建築物に相応しい服装のコスチュームスタッフの存在も明記して、それらのコスチュームスタッフも展示物として見ているなどは博物館学的意識の高さが窺えるのである。

「博物館に就て」は、1912（大正元）年の東京朝日新聞に6回に亘り連載されたものであり、欧米の博物館施設を実際に見聞した記述である。前述の如くスカンセンの展示が詳述され、百年前に実践された展示技法は現在でも大きな変化は見られず、今日まで当時の展示形態がそのまま受け継がれてきたと言える。当時から野外博物館の展示はその国の風俗・風土・文化を伝えるものであり、まさに当該国の縮図といえるものであった。

2　棚橋源太郎が見たスカンセンの展示

棚橋源太郎が見たスカンセンの展示は『眼に訴へる教育機関』[4)] に記されている。

> 此處には114の種々な建物で以て瑞典の歴史や民俗が示されてゐる。そして其等の家屋の多くは、全國各地から本物を移築したもので、極めて少数のものは模造したものである。此處には農民の住宅や農舎ばかりでなく、農民及び農業生活に必要な戸外のすべての附属物並に種々な記念碑、鐘楼、尖塔の類が設けられてゐる。そしてその目的の一つは、瑞典の各地に於いて、各時代に行はれてゐた種々な建築法を紹介せんとするにある。この戸外博物館は著しく世間の注目を引き瑞典を始め諸國に於けるこの種の博物館陳列方法の模範となつた。(傍線は筆者)

また、『世界の博物館』[5)] にも以下の如く論述されている。

> 博士の意見では昔の生活状態を示すには、陳列ケース内に物品を羅列したり、或集團式の時代陳列室を設けたりしただけでは充分でない、宜しく館外の適當な土地に昔の建物を移築して、それへ當時使用してゐた本物の家具、調度、衣服、器物の類を配し、取附けなければならぬと云ふのであつた。一八九〇年には博物館前、丘陵の島の上の舊宮廷鹿林の一小區劃が博物館へ下賜され、茲に始めて博士が豫ての理想を實現する機會を得、數年ならずして小規模ながらスカンセン戸外博物館が出来たのである。この庭園は丘陵をなし、流れや湖があり、眺望も絶佳で、戸外博物館に欠くことの出来ない必要條件を備へてゐる。ここへ瑞典、ノルウェイその他の各地から、昔の農民住宅、小百姓の住宅、領主の館（略）百十四の建築物が移築又は再建されてゐる。
>
> （略）併し各建物の内部設備、家具の類は何れも完全して居り、建物の外にもスカンディナビア産の家畜や野獣が飼育されている。（略）例へば製粉所の附近では甘味な粉の香りを、また澁工場の側では鼻を衝く澁の臭を嗅がされる如きもその一つ、そしてこれ等の努力に依り、見物人に對し、それが各家屋や工場に於ける特殊の服装であることを示すばかりでなく、同時にまた舊い時代の大衆の通常服装であつたことをも想はしめるのである。（略）この戸外博物館創設の目的は既に述べた通り、一般の各

國の民俗や、並に文化を紹介し、各時代に於ける建築法や知識としようためであるが、その獨得の陳列方法は、著しく世人の注目するところとなり、更に諸國に於けるこの種施設の模範となつてゐる。（傍線は筆者）

このように棚橋は、動物の飼育展示・臭覚に訴える滟の臭いという野外博物館には重要な要素である五感に訴える展示技法の必要性を指摘したのであった。我が国の野外博物館にも北海道開拓の村のように動物のいない牧場や、博物館網走監獄の人形による展示では時の止まった展示となってしまう。それに対して愛知県三州足助屋敷の牛の飼育展示や、琉球村の水牛の展示は臭覚、視覚、聴覚に訴えるものとなっており、五感に訴える動態展示の好例であろう。これは野外博物館であるからこそ可能な展示であり、積極的に取り入れることが望まれるものである。

さらに特筆すべきはスカンセンに複製が含まれていることを記述していることである。前述の下線部と『博物館・美術館史』[6] においてもスカンセンの展示に複製が含まれていることを論じている。

スエーデンその他の原地から、古い建物を移築して民俗園を設けた。この民俗園の地域は次第に擴張され、それへ原始的な農民夏期居住地山岳地夏季酪農場の復原から始めて、各種の民族資料を歴史的發達の順序に移築することにした。陳列物は原地から移築した本物と復原した物とから成り、すべてゞ百十五の多きを算するに至つた。最初が古式農家の原物・玉石壁の農舍・兵舍・炭焼小屋・製粉風車小舍・製麻小屋・鍛冶工場・ラプランド人の居住部落・夏季別荘・古教會堂・一里塚石等で、内部備えつけの家具用品・地方的服装をした住人・家畜までも建物とともに移されている。（傍線は筆者）

棚橋はこのように、スカンセンは実物資料を移築しただけではなく、複製も展示していることを指摘している。この観点からの指摘は他の研究者には見られないもので、棚橋の博物館学的意識の高さを端的に表しているものといえるのである。しかしこの時点においては、「各種の民族資料を歴史的發達の順序に移築することにした」と僅かにその理念に触れてはいるものの、アートゥル・ハセリウスの複製展示の理念までは言及されていない。

⑷ ノルウェー民俗博物館の象徴展示

図２　ノルウェー民俗博物館の象徴展示となっている Gol 教会

スカンセンと並んで、ノルウェー最大の野外博物館であるノルウェー民俗博物館は1894年に設立され、1898年にビグドーに環境とともに移築された野外博物館である。ノルウェー民俗博物館は初代館長ハンス・アール（Hans Aall 1869～1946）の理念のもと、コレクションの収集と展示が実践された。1946年、ハンスは亡くなる前に野外部門の完成を企て、1950年から60年代におけるオスロの労働階級、農家の小作地、荘重な農家の所蔵品、大学寮、ノルウェー薬博物館などの建築物を収集し中世から維持されている155棟の建物が整然と野外に区分され、移築展示されている。

中でも中心となっている展示は1250年から1300年建築のローランド地方から移築されたGol教会で、それは民俗博物館の象徴展示となっている。野外博物館でなくとも、この象徴展示は多くの博物館で取り入れられている展示技法である。我が国では土井ヶ浜遺跡・人類学ミュージアムのごほうら貝や、特別史跡三内丸山遺跡の遮光器土偶など、多くが博物館の入り口に設えられた象徴展示であるが、野外博物館における象徴展示は、より臨場感のある、見る者を引きつけるという点に於いての効果は大きい。

⑸ 日本の野外博物館の展示

1　日本民族学会附属民族学博物館

我が国に民家園の考えが入ってきたのは1920年代～1930年代にかけてであるが、それは澁澤敬三、今和次郎たちが海外の野外博物館を見学して感銘を受けたことによるところが大きい。澁澤は1922～1925（大正11～14）年にかけて横浜正金銀行ロンドン支店に勤務の合間に、スカンセン野外博物館やノルウェー民俗博物館を見学し、我が国にもこのような大規模な民俗園の実現を強く念願したのであった。1959（昭和34）年11月29日付けの朝日新聞「きのうきよう」にスカンセンやグリーンビレッジを紹介したあとで「わが国にも一つ立派な野外博物館がほしい。東京保谷、大阪豊中、土呂等その他各地に既にその芽ばえを見せている。」と述べている。しかしその実現が困難なことから、小規模でも可能な範囲で着実にその計画を進めたのである。

澁澤は大学1年の頃、東京高等師範学校附属小学校以来の同窓生と三田の澁澤邸内に屋根裏を利用したアチック・ミュージアムをつくり、アチック・ミュージアムの収集資料の増大に伴い、1937年にアチック同人の高橋文太郎の協力により東京府北多摩郡保谷町に約1万坪の土地を得て、2階建て125坪の研究所と事務所が建設された。ここにアチック・ミュージアムの収蔵民具の一部が移され、10月に日本民族学会に寄贈された。1939年にはアチック・ミュージアムの収蔵民具がすべて日本民族学会附属博物館に移管され、博物館が開館した。しかし1942年に官憲の圧力によりアチック・ミュージアムの改名を迫られ、「日本常民文化研究所」と改めた。その後1951年の博物館法の施行により、登録博物館となり、1962年文部省史料館民具収蔵庫の完成に伴い、民族学協会はアチック関係資料を国に寄贈した。1977年、国立民族学博物館の完成と共に、アチック資料はそこに移管され今日に至っている。

高橋は保谷町に日本民族学会附属博物館が建設されるに伴い、博物館としての既成事実を積み上げるために野外展覧の整備を進め、今和次郎にその指導を仰ぎ「Garden　Planning」の相談と、高橋の所有する民家の復元と移築調査を依頼したのであった。1938年に移築復元工事が竣工され、武蔵野民家は日本初の野外展示である「オープングラウンドミュージアム」の第1号展示物となった。その後、今和次郎の設計により絵馬堂も建設され、1939年に「日本民族学会附属民族学博物館」として開館されたのである。

保谷市に移築された武蔵野民家および絵馬堂と、戦後の1950年に野外展示の拡充を図るために建設されたアイヌの住居は野外展示としてオープンしたが、現存していない。さらに1960年に奄美の高倉が移築され、高床はその後武蔵野郷土館に再移築、現在江戸東京たてもの園に引き継がれ、当時の

図３　日本民族学博物館の野外展示　左：武蔵野民家　右：絵馬堂
（拵嘉一郎氏所蔵、『屋根裏の博物館』横浜市歴史博物館・神奈川大学日本常民文化研究所 2002 より転載）

日本民族学会附属民族学博物館に移築された建物で唯一残る貴重な資料となっている。

2　日本民家集落博物館

日本民家集落博物館は大阪北郊の豊中市服部緑地の一角、およそ３万6000㎡の敷地に14棟の建築物を移築保存している野外博物館である。北は岩手県の南部曲り屋から南は鹿児島県の奄美諸島の高倉まで、日本各地の特色ある建築物を収集しているのが特徴である。

我が国で規模的・組織的に見た場合、野外博物館の第１号は1956（昭和31）年に開館した日本民家集落博物館とみるのが一般的であり、現在設立50周年を迎えている。しかし、この博物館の設立年度は論文によって1956年、あるいは1960年とされており統一性に欠くことが多いが、この博物館の歴史には２つの時期があることが錯綜の原因となっているのであろう。１つは前述した豊中市立民俗館の時代であり、２つは財団法人日本民家集落博物館としての時代である。当時学芸大学助教授鳥越憲三郎氏は設立途中で府立博物館にしてほしいとの要望を出しているが、民家が10棟以上になるまでしばらく豊中市の施設にするよう指示を受けて、豊中市立民俗館として開館したものであった。開館と同時に「特別白川民俗展」、「白川芸能祭」が催され、民俗絵葉書や合掌饅頭が販売された。第２期は1959年、民俗館が開館し服部緑地を訪れる人が多くなったにもかかわらず、放置されている公園の開発が遅れていたため、豊中市立民俗館を発展解消し、スカンセンに匹敵する東洋一の野外博物館を建設しようという案が持ち上がった。財政面で府独自の建設は困難なため、財団法人日本民家集落の名称で発足が決定したのである。1960年4月1日から豊中市立民俗館は財団法人日本民家集落に移管され、翌1961年に財団法人日本民家集落博物館と改称されたのである。

このように豊中市立民俗館という日本民家集落博物館の前身時代を経て現在に至ったものである。また、豊中市立民俗館の当時から、民具の陳列館を１棟建設しており、それは移築民家以外の地域の民具蒐集を行なうためであった。日本民家集落博物館は、高度成長期に次々と消えていく町並みと伝統的建築物を保存し、公開するといった偉業を成し遂げたことの意義は非常に深い。その後に続く野外博物館の範になった、我が国最初の野外博物館としての価値は大きいものである。

註

1) 1995『SKANSEN Traditional Swedish Style』SCALA BOOKS
2) 黒板勝美 1911『西遊弐年欧米文明記』文會堂書店
3) 黒板勝美 1912「博物館に就て」東京朝日新聞第九千三百六十三号
4) 棚橋源太郎 1930『眼に訴へる教育機関』寶文館
5) 棚橋源太郎 1949『世界の博物館』大日本雄辯會講談社
6) 棚橋源太郎 1957『博物館・美術館史』長谷川書房

第2節　野外博物館展示の基本条件

(1) 野外博物館展示の概念

野外博物館の概念と定義は、ヨーロッパ・オープンエアー博物館協会（Association of European Open Air Museum=AEOM以下AEOMと略す）において明示されているのが世界唯一の事例である。AEOMは1957年国際博物館会議（ICOM）に対し、Open Air Museumの提唱を行ない、2年後の1959年のICOM第5回総会で承認されるに至った博物館協会組織である。当協会が1982年に表明したオープンエアー・ミュージアムの目的と定義は以下のとおりである。

(A) 文化財及び文化地域にある移動不可能なもの、及び移動可能な文化遺産を保存する。

(B) 文化財及び文化地域の科学的調査を実施し記録する。

(C) 教育に関連して、文化財及び文化空間自体の歴史を一般市民や民俗研究者に対して公開し普及する。

【定義】

（抄）

Open Air Museum は歴史的に正確な絵になるように自然的、文化的環境をとり入れた展示を通して、夫々の建造物がお互いに関連しあってみられるようにアレンジすることが望ましい。

Open Air Museum は Open Air（戸外）における文化史博物館である。現在あるものの大部分は民族学および民俗学にかかわる博物館である。そして、その中の大部分は伝統的な農家や農村文化遺産を扱っているが、なかには少数ではあるが町並みを扱っているものもある。また、実在物を展示するとなると限界がある。特に先史時代の住民等は科学的に承認されれば再建することもできる。これは、その建物が持つ教育的価値をゆがめるものではない。科学的決定によって高く評価されたものであれば再建、修復、移設等により展示効果をあげることができる。

上記の条文により、AEOM が表明する Open Air Museum とは、建築外に展開する文化史博物館であり、自然を対象外とする人文分野に限定される博物館であることが理解できる。

我が国では棚橋源太郎が Open Air Museum を「戸外博物館」と対訳してきたように、野外に設ける人文系博物館を指すものであった。

野外博物館の語の使用の濫觴は南方熊楠であるが、博物館学的な観点から具体的に野外博物館を論じたのは木場一夫であり、木場はアメリカ博物館協会の戸外教育委員会委員長で国立公園博物館の父と尊称されたバンパス博士（Hermon Carey Bumpus）によって提唱、実践された路傍博物館（Trailside Museum）について次の如く記している[1)]。

さて Trailside という言葉はバンパス博士によってつくられたものであるが、路傍博物館は野外博物館であるということを寫實的に暗示している。すなわち野外博物館の本質的な特徴は、環境が説明されるべき對象を提供していることであり、そこでは自然か地形・地層・野生生物あるいは人類が残した考古學的または歴史的遺跡の展示を供給しているのである。

もっと正確にいえば、路傍博物館は自然観察の細路に沿って発見されるべきであるが、この名稱はおうざっぱに、館外にあるすぐれた展示に對して、單に補助的である展示品をもつ博物館にも與えられている。

つまり、木場はバンパス博士によって名付けられたTrailside Museumを野外博物館と理解しながらも、自然観察路が必要条件ということもあり、Trailsideを直訳して道端、路傍としたものと思われる。木場の言う路傍博物館、即ち野外博物館は自然と人文の両分野に亘るものであり、人文のみに限定されたOpen Air Museumである戸外博物館とはこの意味で区別されたものである。

さらに、野外博物館の要件としては、単なる野外空間ではなく、野外展示空間を有すると同時に核となる室内展示を行なう博物館が同時に併存することであり、また、両者は密接な関係にあるとしている。この理論は1949年に発表されたものであるが、今日においても何ら遜色のない野外博物館の定義を成すものと評価できるものである。その後、野外博物館の概念・定義について明確に論及したのは新井重三で、新井は『博物館学入門[2]の「第8章　野外博物館」で、以下の如く野外博物館を論じている。

（略）展示施設と説示対象物（標本・資料）との位置的相関関係から分類する場合に名づけられるものである。即ち、いわゆる博物館（野外博物館以外のあらゆる博物館）は建物や展示施設を固定的に建設作製して、説示のための資料は、すべて野外から採集（蒐集）してくる方法をとっているが、野外博物館は、その精神（アイディア）においても、その方法においても全く他のあらゆる博物館とは逆で、説示資料はでき得る限り自然環境の中に置き、展示施設の方を運搬移動することによって博物館の展示形態を備えようとするものである。

このように新井の野外博物館の概念は、新井自身が自然科学者であることも相俟って、木場の野外博物館の概念に呼応するものである。したがって、戸外博物館（Open Air Museum）である大半の移設収集型の人文系野外博物館は、この時点での新井理論には含まれておらず、スカンセンの戸外博物館や保谷のアイヌの家と具体的にその名称を記し、「この理論からみると野外博物館の範疇には入らないのである」と決定づけている。なお、新井の当概念は、1989年に「野外博物館総論」において、野外博物館を現地保存型と移設収集型に形態分類することによって概念の改正を図っている。

このような研究を基盤に野外博物館の概念を纏めると、

1．野外博物館とは野外にある博物館を直截に指すものではなく、環境景観といった風土をも移設・再現した野外展示空間を有するものでなければならない。

2．野外博物館は自然系と人文系の両者を併せ持ったもので、さらに総合博物館へと昇華したものでなければならない。

3．野外博物館は野外展示空間を有すると同時に、核となる博物館を有さなければならない。

4．核となる博物館の室内展示と野外展示は関連したものであり、室内展示は野外展示を集約したものでなければならない。

このような4つの概念は、即ち野外博物館展示の特質の基盤になるものと考えられる。まず、1については、野外に展示空間の設定が可能であることから、人文と自然が相まった風土・環境が展示でき得るという野外博物館最大の特質を示している。青木豊は、「野外博物館の現状と展望」[3)] と題する座談会の中で、

故に現地においてそれぞれの資料が、歴史的なものであったり、そこに加えられる自然的要素、要するに風土である。風土が現場に息吹いているということに意義を持たせたものが、野外博物館ではないかと思う。

例えば、江東区深川江戸資料館とか、台東区立下町風俗資料館等の場合は、江戸の建物を実寸で復元しており、房総のむらも同じです。ところが、前者は、建物の中に入っているが、房総のほうは外に出ている。だからあれは野外博物館と言われ、片方は野外博物館として扱われていない。

と述べているように、風土・環境展示が野外博物館の特性であり、それが現

地の保全であっても、また移設された資料に伴う復元であっても同様である。江戸深川資料館と房総のむらが比較として挙げられているが、共に復元家屋であっても後者は明らかに野外博物館であり、前者は通常の博物館での情景復元構造展示なのである。なぜなら、野外に存在することが、風土・環境と併存していることになるからである。植栽等の要素も当然であるが、太陽の動きによる時間の経過と四季の移ろい、天気等も風土・環境なのである。

(2) 野外博物館展示の要件

野外博物館は、その地域の文化・自然を併せ持った風土としての核となるものである。かつて、南方熊楠は明治政府の神社合祀政策に反対する意見書に「大字毎の神社は、欧米の高塔と同じく、村落の目標となる大切あり」「大字中眺望最佳の地にあれば、宗教心と風流を養うのに一挙両得」[4)]と独自の風景論・環境論、さらには生涯学習論をも記している。

中でも野外博物館で南方熊楠の景観・環境論を実現する為の展示に不可欠な要素として植栽がある。換言すれば、風土を形成する基盤である植物を博物館の展示に取り込めるのは唯一野外博物館のみであり、一般博物館では成し得ない要件である。

特に郷土博物館には野外部が必要であり、人と植物の関わりを野外で伝えることで、郷土の文化や伝統を伝えることが可能となるのである。そこには当該地域の植物を展示する植物園を設置し、古くから薬草に使った植物等、植物に依存してきた人との関わりを展示することで郷土博物館としての意義も見出せるのである。

また、蓮を展示すればその花を見に来る人もいるであろうし、栗であれば採集を目的に訪れる人もあろう。このように野外の植物展示と博物館との連携によって、集客力の高揚が望まれるのである。

この点に関して青木は「史跡整備に於ける博物館の必要性」[5)]の中で、原則として原地保存型である史跡整備を野外博物館として捉え、遺跡の時代・性格に関連する学術情報伝達を目的とする植栽の必要性を指摘している。ここで重要なことは、植栽は展示であり、単なる外構工事と捉えてはならないのである。即ち博物館意識に基づく情報伝達メディアであると考えなければならない。したがって、情報伝達の目的によって、選択される植栽樹種は異なってくるのである。ここで想定される樹種選定の要件とは、

1．時代性に基づくもの
2．遺跡・史跡の性格によるもの
3．地域性によるもの
4．集客を目的とするもの
5．その地域の植生復元を目的とするもの

等である。具体的には、1の時代性に基づく植栽は、縄文時代であれば、栗・胡桃・椎等の採集社会の基盤となった樹木を、林床には傾籠・擬宝珠等の所謂山菜を植栽することにより縄文的環境・景観を、弥生時代には島根県荒神谷遺跡博物館のように、弥生蓮や一般に弥生時代を象徴する米（赤米・黒米）を必要とするし、さらに赤松・椚類等の雑木を有した里山を必要とする。また里山に辛夷（田打桜）の大木が存在すれば、季節の中でより大きな臨場感を生むものとなろう。

また、弥生・古墳時代には、溜池も当然のように景観上不可欠であり、そこには自然に発生する水生植物、水生昆虫、ひいては鳥を呼び自ずとその時代らしい環境が形成されるであろう。また菱の植栽を忘れてはならない。

2の遺跡・史跡の場合、例えば江戸期の移設民家であれば柿や桐といった有用樹木を、前栽には季節の移ろいに映ずる萩・山茶花・梅・万作等を、根じめには石蕗・万両・擬宝珠などを必要とするのである。つまり、大阪府服部緑地に所在する我が国最初の野外博物館である日本民家集落博物館のように、民家の庭先の植林が染井吉野では博物館学的深慮は何らなく、その結果不自然であり、ここで意図する環境・景観の復元を目的とする植栽ではないのである。

また、炭焼き小屋であれば、地域によっても異なるが、姥目樫・椚・楢等の混成林を創出すること、あるいは竹細工師の家屋であれば周辺に孟宗竹・真竹・淡竹を、また竹細工に使用しない高野竹・四方竹等も植栽することにより、竹類の種類と模倣とそれらの比較、さらには人間との係わりも伝達することになろう。これが野外博物館のみが出来得る野外展示なのである。

3及び5の地域性によるものは、移設収集型の場合においての植栽による

地域・地方性の強調としての植生環境を意図する。具体的に奄美大島の高床倉庫を移設した場合、まず望まれるのはハイビスカス・ガジュマロ・アダン等であるが、降霜地域での環境展示としての培養が不可能であるものは除き、ソテツ等のイメージし得る植栽を実施するものである。

4の集客を目的とするものは、山菜としての新芽、観賞対象としての花、食用になる果実等の要件を満たす草木を指すものである。具体的には、早春の福寿草や傾籠の花、晩春の蕨、初夏の山桃、初秋の栗・玄圃梨・胡桃等を指し、これらの草木の観賞や採集を目的とする地域の博物館への集客を期待するものである。

以上の5点の目的により形成される野外博物館の基盤となる植栽展示空間は、その地域の風土の縮図であり、現代社会においての“ふるさと”を決定づけるものとなるであろう。今日の社会においてまさに“ふるさと”を確認する明確な場所となるものである。この“ふるさと”の確認、郷土の確認の場こそが本来郷土・地域博物館が担うべき基本使命なのである。この理念の実践は従来の屋内博物館では十分とは言えず、野外は屋内と比較して無限ともいえる展示空間の確保ができ、あらゆる手段で郷土をここに凝縮することが可能な野外博物館でなされるべきである。このような観点が、野外博物館が持つ、博物館としての最大の特質と言えよう。

旅する巨人と称された民俗学の泰斗であった宮本常一は、「ふるさとの象徴はふるさとの年中行事である。そのふるさとが自分の生きざまを教えてくれた大事な世界であった。郷土を見つめることが何よりも大切なことであると思った。郷土の生活の中に民衆の生きる原形がある」と記したように、ふるさとの確認には現代社会に於いては、野外博物館がその任を果たすのである。

さらには植栽のみに限らず、水・石の両者を展示要素として加味することにより、その環境のより一層の復元・再現が可能となり、充実した野外展示空間が形成されるのである。ここには昆虫や鳥類が自然と発生・飛来し、さらなる臨場感が生まれるであろうが、これとは別に一定の意図に基づく展示として動物を配することを忘れてはならない。確かに、野外展示は室内展示と比較して動感を内在する展示であるが、それでも動物を配置することにより、野外全体に一層の動感・臨場感・実在感等が加わるのである。

このような観点に基づき野外博物館における野外展示とは、遺物・遺構・建物・自生物等の主体展示物のみを野外に配置するのではなく、それぞれの資料が有する自然的環境を、それが例え自然物であろうとも復元展示したものが、野外博物館なのである。

以上のことを踏まえて、野外博物館展示の必要要件を纏めると、野外博物館展示とは、その地域の文化・自然を併せ持った風土としての核となるものである。それは野外にあることが第一条件になることは言うまでもないが、現代社会に於いて増加の一途を辿る新規の文化財は野外博物館になる可能性がある。それ故、これらの新規の文化財を保存し、さらに活用するには野外博物館としての機能を持たせ、野外博物館としての役割を果たしていくことが得策となるのである。もともとその文化財自体が野外にあることから、それだけをもって野外博物館と捉えてしまうのではなく、あくまでも核となる博物館が付設されて、はじめてそれらの文化財は野外博物館になることは確認するまでもない。

新規の文化財は当該地域の文化・自然を併せ持った地域文化資源であり、地域住民にとってはふるさとを確認できる場なのである。これら新規の文化財とは、世界遺産、文化的景観、重要伝統的建造物群、産業遺産、湿原、植物群落等であり、それらは原地保存されていることと、環境を伴っていることが重要な必要要件なのである。これらの新規の文化財を野外博物館として確立させるには核となる博物館展示と、さらには学芸員の配置が必要であろう。

この核となる博物館展示と学芸員がいることで、これら新規の文化財は保存されるだけではなく、郷土博物館の役割を果たす施設となっていくのである。地域住民にとってはふるさとの確認となり、他国からの来訪者にとってはビジターセンターとして、また、教育活動も盛んに行なうことができるのである。地域おこし、観光資源としての展開も望めよう。

(3) 野外博物館展示の必要要件の具体

博物館展示を大きく分けると屋内展示と屋外展示に分類できる。屋外展示とは建物の中に持ち込めない大型資料や、ある程度風雨に耐えられることが可能な資料を屋外に置いてある展示形態を指す。この屋外展示に対して野外展示とは、屋外展示のような意図で展示しているのではなく、あくまでも野外を展示空間としているものである。屋内展示を静とするならば、野外展示は動、つまり動きのある動態展示が可能であり、野外博物館だからこそ成し得る展示技法である。

花が咲き、雨が降り、風が吹き、時の移ろいを感じることができるのが野外展示の特徴であり、これが動態（感）展示の基本であることは言うまでもない。さらに動物が飼育され演示者がいて野外展示は臨場感のある展示に近づいていくのである。

1　動態（感）展示の要素

動態展示は動物飼育展示によるものと、人が直接関与するものに分類される。前述の如く、棚橋はスカンセンの動物飼育展示や臭覚に訴える澁の臭いに着目し、五感に訴える展示の必要性を以下のように指摘している[6)]。

> （略）各建物の内部設備、家具の類は何れも完全して居り、建物の外にもスカンディナビアの家畜や野獣が飼育されてゐる。（略）番人はその建物の時代と、元の所有地とに相應はしい服装をし、且つそれ等建物の内の若干では、機織のやうなその時代の家業に従事してゐるが、その多くは家族と共に園内に居住し、児童は通路の水撒きや、動物の飲水の世話をしてゐる。（略）製粉所の附近では甘味な粉の香りを、また澁工場の側では鼻を衝く澁の臭を嗅がされる如きもその一つ（略）

このように、スカンセンでは当時から動物飼育展示が行なわれ、コスチュームスタッフによる演示が行なわれていた。この２つの展示技法を取り入れることにより、野外博物館は臨場感ある、生きた博物館となるのである。これは野外博物館だからこそ成し得る展示であり可能な限り実行すべきであろう。

動物飼育展示　北海道札幌市の北海道開拓の村は広大であり整然とした感を受けるが、その牧場には動物が飼育されていない為、やはり臨場感に欠けた物足りなさを感じる。また同様に、博物館網走監獄の人形による展示も、時の止まった展示となっている。それに対して愛知県豊田市の足助村の牛の展示や、テーマパークではあるが沖縄県恩納村の琉球村の水牛の展示は臭覚、視覚、聴覚に訴えるものとなっており、五感に訴える生態展示の好事例である。

動物園を除外して、博物館に於ける動物飼育は問題点を多く含む。命ある資料管理は飼育、衛生、来館者への安全面等挙げればきりがない。しかし、動物飼育展示を１つ取り入れることにより、展示効果がかなり増大することは足助村や琉球村の事例からも明白なのである。また、北上市立博物館と併設している岩手県北上市のみちのく民俗村では小魚を捕る網を設けるといった工夫が見られ、園内の栗拾いも自由である。動物飼育では兎や鶏などの小動物を飼育しているが、惜しむらくはその飼育方法が金網小屋の中で飼われていることである。もう少し自然体での飼育であれば更なる臨場感のある野外博物館展示となるであろう。

動物飼育展示が充実している野外博物館は韓国民俗村が好事例であり、完成度の高い野外博物館として評価できる。

コスチュームスタッフ（演示者）　スカンセン野外博物館は、開館当初からコスチュームスタッフを配して運営されている。その後に続く多くの野外博物館では多かれ少なかれコスチュームスタッフによる演示が行なわれてきたが、我が国で積極的に取り入れている野外博物館は少ない。コスチュームスタッフとはその地方、その職業で着用していた衣装を身に付けて、博物館に於いて演示をする人であるが、いくつかのパターンに分けることができる。

図４　人と動物を伴う動態展示（琉球村）

先ず、当時の衣装を身に付けて来館者に接客及び案内をするタイプのコスチュームスタッフがいる。博物館明治村の騎馬兵や北海道開拓村の女学生、警察官、薪割りをする農夫などがそれに該当するものであるが、このタイプのコスチュームスタッフは来館者に対してのデモンストレーション的意味合いが強いものである。当時の衣装を着て往時を偲ばせるという役目を担っており、その博物館の特徴をアピールする存在となっているものである。

図５　静謐な展示（北海道開拓の村）

このタイプのものは、テーマパークにも多く見られるもので、日光江戸村の忍者やお姫様などがそれに相当するものである。

次に当時の衣装を身に付けて保存公開している建物で仕事に従事しながら、実演及び販売をしているタイプのものがある。実際にその建物に居住しながら仕事をしている事例はオランダのザーンセ・スカンス野外博物館のチーズ工房をはじめとして、海外の野外博物館に多く見られる事例である。このタイプが最も臨場感あるコスチュームスタッフである。棚橋源太郎が見たスカンセン野外博物館のものと同じタイプの演示である。博物館明治村などのコスチュームスタッフが二次資料とすれば、まさにこのタイプのコスチュームスタッフは博物館に於ける一次資料なのである。伝統工芸・伝統技術の伝承という役割を果たしながら、来館者に対してそれらを展示公開するというサービスを提供しているのである。

また、ボランティア、インタープリター的な要素を含むタイプとして、川崎市立日本民家園の草鞋を編む農夫や野外博物館ではないが、青森県十和田市の十和

図６　明治時代の警官のコスチュームスタッフ（北海道開拓の村）

図7　チーズ工房のコスチュームスタッフ
（オランダ　ザーンセ・スカンス野外博物館）

田郷土資料館の帽子を編む老婦人などがこのタイプである。これらは解説者・語りべ及び教育的な目的が強いものといえる。さらにこのタイプのうち、演示をしながら販売も目的とするものがあり、足助村の紙漉き、博物館明治村の牛鍋屋等がこのタイプである。野外博物館では、このような当時の食べ物や当該地域の郷土食が食べられるということ、またその地方の伝統工芸の製作工程を見た後でそれをお土産として購入できるということが大切な要素となってくる。あくまでも利潤を目的とするものではなく、博物館意識の上に立脚した経営であることが望ましいことは言うまでもない。

2　植栽 －栽培展示－

前述の如く、野外博物館展示に於いて植栽は重要な要素となるが、我が国の野外博物館、史跡整備に見られる植栽は十分検討して植樹されたとは言い難いものが多いのである。風土を形成する基礎要素である植物を博物館の展示に取り込めるのは唯一野外博物館であり、一般博物館では成し得ない要件である。したがって、植栽は展示であり、博物館意識に基づく情報伝達メディアであることから、その植栽樹種は目的によって選択しなければならないことは言うまでもない。しかし、我が国の野外博物館はその目的意識に基づく植栽がなされている博物館が少ないのが現状である。

我が国最古の植物園とされる東京都文京区の小石川植物園（東京大学大学院理学系研究科附属植物園）は、徳川幕府が設けた小石川御薬園から出発し、1877年に東京大学の設立に伴ない附属植物園となり、一般公開されてきたものである。我が国の近代植物学の発祥の地として現在も植物学の教育・研究の場となっている。植物は収集も行なうが、植物分類標本園、薬園保存園、山地植物栽培場などで栽培され、樹林内に育成されている。

小石川植物園の展示形態の特徴の１つに、栽培・展示施設がある。まず植物分類標本園は、植物の分類体系を生きた植物により具体的に理解できるように約500種の高等植物をエングラーの分類体系に従って配列展示している。次に薬園保存園は、徳川幕府時代の薬園からの樹木が残存していることを記念して、当時栽培されていた薬用植物を栽培展示している。このように他の植物園では見られない栽培展示という名称をパネル化して使用している。

また、植物園の中に旧東京医学校本館、旧養成所の井戸、甘藷試作跡、柴田記念館、乾薬場跡等の歴史的建造物史跡を保存し、展示公開していることも野外博物館の理念に基づく植物園である所以である。つまり単に植物を育成し、公開するといった従来の植物園とは違い、歴史的、学術的に貴重な資料を保存・育成・栽培・展示公開していることが高く評価できる植物園なのである。これはユニバーシティーミュージアムの特徴の１つでもある研究を第一義とする植物園であることからも理解できよう。

3　静の展示から動の展示への変換

野外博物館は動態（感）展示と考えられる動物飼育展示やコスチュームスタッフ、植栽が必要であることを述べてきたが、さらに野外博物館展示に於いて必要要件となる展示物による展示効果について纏めていく。

野外博物館に移設された民家などは原地保存でない限り、その環境を失っているため整備された廃屋になってしまう可能性が高くなるのは事実である。廃屋化させない手立てとして、囲炉裏に火をくべる方策が採られる。これは虫害による被害を防ぐという観点からなされるものであるが、それまで人間が生活していた時は日常の生活から出る煙によって家屋は虫害から免れてきたもので、一旦生活から切り離された時点で虫害を受けることになるのである。防災上から考えた場合、火をくべることは非常にリスクを伴うが、虫害から家屋を守るには我が国の伝統的保存意識である煙しかないのである。この煙は防虫の効果だけではなく、移築民家の臨場感という面にも絶大なる効果を発揮することは言うまでもない。囲炉裏や竈に火がくべられた民家に足を踏み入れると、その煙の臭いは臭覚に訴え、さらに煙が目にしみるといった五感に訴える展示となってくるのである。寒い時期であればそこで暖を取ることも可能であろう。湯茶のサービスがあればなおその民家にタイムスリップすることができるのである。さらに水場という展示がなされていれば、臨場感は増していくのである。

川崎市立日本民家園の移築民家の軒先には沢庵漬けにする大根が干され、縁側ではコスチュームスタッフが草履を編んでいる。コスチュームスタッフは動きのある演示になることは勿論であるが、この大根があるかないかでは相当に生活感が違ってくることは明らかである。つまり、この生活臭こそが臨場感であり、動きのある展示となってくるのである。本来静の展示であったものが、動の展示に変化するのは、干し大根であったり、梅干しや干柿、その他の何の変哲もない農家の軒先に吊るしてあるものを展示するだけで効果が出るのである。

みちのく民俗村のたばこの植栽展示は刈り取った後、移築民家の軒下にたばこの葉を干す展示がなされている。このたばこの変遷展示はまさに野外博物館であるが故に完成し得る展示といえよう。また、裏庭の洗濯物もかなりの効果を発揮する。韓国民俗村の民家に干された洗濯物によって、今、野外博物館に居ることを忘れてしまうような錯覚を起こすほどの臨場感がそこには演出されているのである。つまり、自然体が一番の臨場感を生むということであろう。移築された民家は整然と整備するのではなく、如何に生活臭が漂うものにするかによって臨場感の完成度は決まってくるのである。

図8　干大根とボランティアによるワークショップ
（川崎市立日本民家園）

4　点景技法

スカンセンに展示されている建物の多くにはショップが配置され、展示施設や映像機器を有するものもある。ガラス工房などでは体験型展示のワークショップ

図９　野外に於けるたばこの栽培展示と移設民家で乾燥させているたばこの葉
（みちのく民俗村：動感による臨場感を有する変遷展示）

が行なわれ、野外の歩道はガラスチップを敷き詰めることによりその臨場感を高めている。展示の特徴は点景技法が至る所に施されていることである。スカンセンの展示はこの点景一つでその場の空間が非常に生きてくることを示す好事例であろう。中には如何にも故意に感じる点景展示も見られるが、多くは展示効果が発揮されたものとなっている。

図10　荷車を点景とした展示（スカンセン野外博物館）

この点景技法を上手く取り入れている野外博物館として、ハワイのプランテーションビレッジが挙げられる。

5　擬木による展示

擬木は史跡整備や町並み保存をはじめとする野外博物館に於いては勿論のこと、公園や山道、城郭等一般に広く活用される技法である。擬木は無機質の材料から作られ、生木に見せかけた偽物の柱や板の呼称名である。野外博物館のように、風雨に曝される環境に於いては、有機質よりも腐食や虫害を受けにくい擬木を活用することが多い。擬木の最大の目的は自然景観に溶け込み、自然と違和感のない展示を可能にすることであり、最大の利点は無機質であることによる強度と耐久性といえる。

6　ウッドチップの活用

野外博物館の歩道は土やアスファルト、コンクリート舗装が一般的であるが、ウッドチップを活用することでより効果的な展示空間が期待でき、現代社会のみならず未来に向けての利点も多い。

ウッドチップは、アスファルトやコンクリート舗装と比較して柔軟性に富み、クッションが効いているため足に優しい。広範囲に及ぶ野外博物館の見学は屋内博物館よりも体力的な疲労度が大きいが、ウッドチップを敷いたり、ウッドチップ舗装にすることにより、その疲労度は減少し、さらに野外という景観との調和と臨場感の向上が望める。

チップの目を細かくし樹脂で固めるウッドチップ舗装は、車椅子の乗り入れも可能となる。ウッドチップ舗装は砕くことで土に戻すことが可能であり、浸透性にも優れ、築水率を上げてヒートアイランド対策に有効となる。アスファルトやコンクリート舗装は、水を蓄えておくことが出来ないために熱を持つという欠点を有するが、ウッドチップは水を蓄えて徐々に水を蒸発させることが可能であるため、ヒートアイランド現象の抑制に役立つものであり、ひいては地球温暖化防止にも役立つものである。さらに間伐材を利用したウッドチップであれば森林育成に寄与し、アルカリ成分である為に腐敗しにくく長持ちする利点を有している。このように足に優しいことのみならず自然にも優しいウッドチップを福島市民家園、史跡矢瀬遺跡縄文ムラで取り組みがなされている。

註

1）木場一夫 1949『新しい博物館』日本教育出版社
2）新井重三 1956『博物館学入門』理想社
3）青木　豊 2006「野外博物館の現状と展望」『國學院雑誌』94—3
4）南方熊楠 1911『南方熊楠全集7』平凡社
5）青木　豊 2006『史跡整備と博物館』雄山閣
6）棚橋源太郎 1949『世界の博物館』大日本雄辯會講談社

第Ⅵ章　展示形態と分類

山田磯夫

第1節　展示形態

(1) 展示形態

博物館の展示には館種別にそれぞれの特徴があり、さらに同じ館種であっても展示の目的によってその方法は異なる。たとえば、館種の異なる美術館と動物園とでは扱う資料がまったく違うので展示の印象が異なるのは当然だが、同じ動物園であっても、展示形態の違いで評判に差が出る。旭山動物園（北海道）は行動展示という展示形態を取り入れたことが大きな要因になって人気を集めており、展示形態という資料の見せ方を変えることによって入館者が増えた好例といえる。

この展示形態は、何をどのように見せるかという各博物館の展示目的によって各種の展示形態の中から選ばれる。つまり博物館の帯びる設立目的（使命、趣旨）や収蔵資料などに合わせて、博物館の設立時、または改装時に博物館内で決めているから、展示形態はこの博物館設立の目的を達成するための手段の1つだといえるのである。

すでに、博物館学黎明期から様々な展示形態が提唱・実施され、見学者にとって見やすく、理解しやすい展示形態が理論化されてきたが、これらの研究成果を分類という形でまとめたのが青木豊氏であった。青木氏は乱立気味の展示形態に関することばと内容を整理し、主に人文系博物館で用いる展示形態を「展示分類基準」で分類することにより、展示形態個々の概念を分かりやすく説明している[1)]。

ところで、展示には意図があり、「意図なき展示はありえない」と新井重三氏は主張しており、もちろん展示形態にも意図がある[2)]。こういった理論は学芸員からの視点で語られている。とはいえ意図のある展示は見学者から見た場合でも当然見やすく、学芸員からのメッセージも伝わりやすい。

⑵ 博物館設立の目的と展示形態

博物館の展示には、それぞれに特徴がある。館種および専門性により異なるのは前述の通りだが、博物館の設立目的によるところが大きい。設立目的は博物館の種類や専門領域に合わせて制定され、さらに地方公共団体設立による博物館では地域性を重視することが多い[3)]。つまり、一般向け・子ども向け・専門家向け、歴史的に・科学的に、地域限定に・広域になどと、どのような博物館にするかという構想によって設立目的が決まる。

したがって、博物館の展示はこの設立目的の範囲でおこなわれるので、常設展示は無論のこと、特別展示・企画展示の企画にも反映するから、博物館設立の過程ではさまざまな展示形態を組み合わせながら展示の構想を練ることになるのである。

⑶ 展示形態と展示意図

博物館は、設立目的を実現するために常設展示と特別展示（企画展示）をおこなう。

まず、設立目的にのっとり企画を立て、展示の構想（展示意図）を練り、展示の流れをシナリオとしてまとめる[4)]。つづいて展示構想を可視化するために展示資料を選び出して展示資料目録にまとめ、常設展示では主に収蔵資料を展示し、特別展示では借用資料も展示する。

この時、資料に展示意図を具体化するための役割を与えることにより、資料から役割に合った情報を抽出する。情報の抽出とはその資料が持つ情報のいくつかを理解させるために、資料の特定の部分や特徴が分かるように見せることである。このことはコーナーパネルや題簽（キャプション）の解説にも顕著に表れ、概説的な資料説明ではなく展示構想や展示意図にかなった情報を含んだ解説が記されるのである。

また、ここでいう役割とは演出家が役者に演技をつけるように、1つ1つの展示資料の位置づけを考慮し、最適な配置順、見せ方（展示法）を選んで効果的に演出することにより、特定の資料が展示のシナリオを構成する要素になることである。これにより、一般資料は展示用に選ばれた段階で展示構想を表現するための展示資料になり、さらに、役者が展示資料なら演出は展示意図のことになる。展示意図は展示構想の段階でまとめられ、最終的な個々の展示の場で最適な展示形態を用いて具体化するのである。

したがって、展示意図とは担当する学芸員の「何をどう見せるか」という意向と判断によって、資料の持つ情報から展示構想に合った情報を取り出し、見学者に提供することである。具体的には先述のコーナパネルや題簽の解説だけでなく、資料の配列にこそ表れる。配列は展示意図を盛り込んだ展示資料目録の掲載順に並ぶのを基本とするが、資料の形状・バランス・展示空間・施設などを考慮して、最終的には展示室で学芸員の意図により配置がきまるのである。

註

1）青木　豊 2000「展示の分類と形態」加藤有次・鷹野光行・西源二郎・山田英徳・米田耕司編『新版・博物館学講座9　博物館展示法』雄山閣出版、pp.31-73
青木　豊 2003『博物館展示の研究』雄山閣、pp.240-275

2）新井重三 1981「展示概論」古賀忠道・徳川宗敬・樋口清之監修『博物館学講座第7巻　展示と展示法』雄山閣出版、pp.3-343

3）地域性がなくても市民に優れた作品を見せるという条項が入ることもあるため、地域性の乏しい企画展がおこなわれることもある。

4）同註2

第2節　展示形態と分類

展示形態は展示企画の段階で、構想を具体化する方法として検討されるから、展示形態を学ぶことは分かりやすい優れた展示を構想するためには欠かせない。展示形態は単独で利用されることもあるが、複数を組み合わせ、または部分的に取り入れて全体を構成することが一般的で、その上で幾多の工夫を凝らし、よい展示が出来上がる。よい展示とは見終わった時の心地よさや、理解しやすさ、満足感に求められるが、なにより興味を持ち知的好奇心を高めるものであって欲しい。ここでは青木氏の展示分類基準に沿って展示形態を解説する[1)]。

(1) 展示の目的・意図による分類

①提示型展示

展示資料への解説が少ないことが特徴で、解説や説明によって資料を理解するよりも、視覚による理解を重視し、美的感性で資料（作品）を鑑賞して楽しみや心の豊かさを得る感性型の展示形態。おもに美術館での美術工芸作品の美的価値を見せるために用いる。

②説示型展示

１つの資料または複数の資料に対する解説や説明がなされ、資料が持つ学術情報に対する理解度を高めて知識を深める思考型の展示形態。おもに美術館以外の博物館で用いる。

③教育型展示

五感を働かせる経験を通して資料や物事について学び、理解を促す学習型の展示形態。説示型展示に含まれる概念でもあるため、独立した展示形態とすることに否定的な意見もある。

①と②の展示形態は、美術工芸資料の展示を鑑賞展示、それ以外の資料の展示を教育展示と解釈し、両者には展示を見る上で基本的な違いがある、という考えが基になっている。鑑賞展示は美術工芸品を見て楽しむための展示、教育展示は資料を通して学術情報を理解し学ぶための展示と理解でき、「美術と非美術」を基準に展示の目的として明治時代以来大別してきた。

新井重三氏はこれを発展させ「展示の意図」という観点から提示型展示・説示型展示・教育型展示の３つに分け、提示型展示は鑑賞展示と、説示型展示は学術解説展示と説明し、さらに「美術博物館の展示がすべて提示型展示（鑑賞展示）でなければならないという考え方には反対である」とも記している[2)]。提示型展示・説示型展示の用語が定着した今日でも同じ意味で鑑賞展示・教育展示を使うことがあるが、新井氏は教育型展示を別に設定しているから、当然ながら説示型展示を教育展示とは説明しなかった。これに対し、青木氏はこのような展示形態を分類する基準として、新井氏の「展示の意図」に替わって「資料の基本的な性格の差異」によるとし、「美術資料であるか否かの1点に集約される」と「美術と非美術」の基準を再び主張した[3)]。

しかし、多くの古美術品や高麗茶碗のように、もともと美術品として作っていないものがあり、縄文土器や民芸品に用の美を見出し鑑賞の対象とすることもあり、絵巻物のように歴史・民俗資料としての価値を持つ美術品もある。絵画作品にも歴史的情報や学術情報があり、出土遺物にも造形美を見ることができるから、美術イコール鑑賞展示という図式は成り立たない。歴史・考古・民俗資料イコール説示型展示ともいえず、ひとたび美的なるものと評価を得れば提示型展示がおこなわれることがある。したがって、展示をする上で大切なのは資料が持ついかなる情報を引き出すのか、ということであるから、展示目的・意図に適合した展示形態、すなわち「展示の意図」で分類した提示型展示か説示型展示かを選択することが肝要である。

さらに、新井氏は、教育型展示についてはアメリカの子ども博物館を例にあげているが、明確な定義をしていない。しかし、提示型展示や説示型展示も教育に活用できると記しているから、これらの展示の教育的要素を強めたものと理解できよう。つまり、子どもの夏休みに合わせて、博物館では子ども目線で考えて答えを出す、作り上げる、楽しみながら学ぶ、観察するといった意図を持つ企画展が多く開催されるから、これらは教育型展示といってよいだろう。さらに教育普及事業にかかわる体験学習・ワークショップなどの子ども向けだけではなく、用語の解説や技法・漆塗りの工程の紹介（図1）などの一般成人向けプログラムも教育型展示に含んで考えられるのである[4)]。

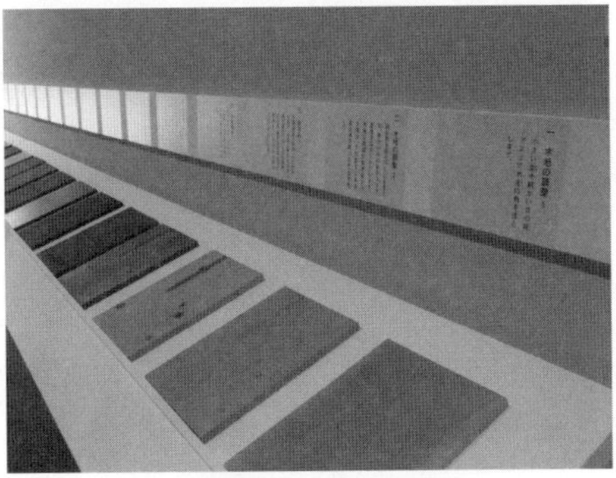

図1　教育型展示（豊田市美術館）

(2) 展示の学術的視座による分類

①単一学域展示

総合展示の内容を単一の専門領域に限る展示形態（図2）。

②複合学域展示

総合展示の内容を複数の専門領域によりアプローチする展示形態。

③総合（学域）展示

複合学域展示が高じて、より多くの学域による学際的研究が反映した展示形態。専門領域といっても、一般の見学者が理解できないような難解な専門性をいっているのではなく、あくまで一般の見学者が楽しめる水準の妥当性が必要である。

この分類は青木氏が提唱し、総合展示を中心にいかなる館種、領域にも共通する概念として整理したもので、以下のように貝塚から発見された鯨骨を例に分かりやすく説明している[5)]。単一学域展示では、「鯨骨であれば、考古学という一学問分野の中で類例・比較などの研究がなされ、その考古学のみにより得られた知見をもって展示を行うものである」。複合学域展示では、「考古学はもとより、大型海獣の捕獲例の多い北方民族に重点を当て、民族学・人類学の視点から当該貝塚出土鯨骨を媒体として鯨に関する考古学・民族学・人類学的情報を展示するものである」として、2・3の学問分野による分析・解説を用いた展示のことと説明した。さらに総合（学域）展示では「本資料が基本的に帰属する動物学、遺跡出土であるゆえに考古学、さらに民族学・人類学、鯨と日本人という観点から歴史学・民俗学・海洋学・絵画・工芸史に至る諸学を統合して、鯨に関する展示を実施するものである」とまとめて

図2　単一学域展示
（秋田大学工学資源学部附属鉱業博物館）

いる。

これらは総合展示、すなわち人文系博物館の常設展示を主に想定したもので、単一学域展示よりも複合学域展示、さらに総合学域展示が望ましく、見学者の興味を引き出し博物館展示の、加えて博物館そのものの独自性を確立できる。つまり、総合学域展示こそが総合展示のあるべき姿であると主張しているのである。

これらの形態は主に常設展示において用いるので、互いに組み合わせる場合があり、後述する二元展示・二重展示においては基本となるもので、博物館展示の企画の際にも考慮される。一方、特別展示ではその性格上１つのテーマに絞ることが多いので、特別な場合を除けば単一学域展示が多い。

(3) 見学者の展示への参加の有無による分類

①受動的展示[6)]

博物館が提供する展示を受け手である見学者が一方的に受け入れるもので、展示の基本となる展示形態。美術館はその最たる施設で、作品をじっくり見て、作品に囲まれた環境に浸れば、たとえ資料が動いていようと止まっていようと受動的展示になり得る。

②能動的展示

一般に体験（触覚・聴覚）・参加（知的参加）を通して身体全体で感受する展示形態。新井氏は体験展示を「身体全体でとらえること、すなわち体験を通して感受したり理解してもらう展示が必要になってくる。このような趣旨・目的のために開発されたものを体験展示と呼ぶことにする」と定義している[7)]。さらに、青木氏は体験展示の中から参加型展示と称する形態を取りだし、「参加型展示は、体験展示を細分し知的参加に限定した展示形態を指すものとする」と定義した。

青木氏によれば、体験展示は体感型であり、磨石と石臼によるドングリ・トチなどの堅果類や穀粒などの粉砕、高機による機織り、シミュレーション映像、人力作用による発電などの科学原理に関する展示、氷点下を体験させる展示を挙げ、また参加型展示はクイズ形式の展示、ミュージアム・ワークシート、ミュージアム・ショップを列挙している。体験・参加型展示には資料と見学者の間の双方向性が必要なのである[8)]。

ところで、参加型展示に示されたミュージアム・ワークシートとミュージアム・ショップは展示行為とはいいがたい。しかし、見学者が博物館の展示に能動的に参加できる機会は少なく、ミュージアム・ワークシートを用いて問題を解決し、資料をよく見て興味を持ち、ミュージアム・ショップで興味ある資料（複製）を購入して身近に置いて楽しむ、という点に注目すれば、両者は展示に参加できる手段であり、博物館資料への理解を支援する方法として、参加型ということになろう。これらについては後述する。

また、前述のように美術館の展示は受動的展示が中心なのだが、作品を鑑賞する行為そのものが美術と相対する体験によって成り立つ、と解釈すれば体験展示ともいえる。さらに、作品そのものに体験するという要素が含まれているものもある。いわゆる現代アートには体験型・参加型と呼ばれる作品があり、作品に触れる、またはセンサーが反応することにより、光の明滅・音や音楽・モーターによる動き・映像などが始まるものもある。加えて、見学者が作品の一部を自由に置き換えるものや、作品を構成する素材や部品を用いて遊ぶもの、構築的な空間内を移動し作品そのものを体感するもの、またこれらを組み合わせたもの、展示品のイスに自由に座れること、などと枚挙にいとまがない。

さらに、美術館でおこなう鑑賞目的のギャラリートークには作品を解説し質疑応答をおこなうほかに、知識を理解することから離れて作品を見て味わう楽しみ、作品から直接得られた美的興奮や知的興奮を深めていく見方を提唱する「対話による美術鑑賞」という方法もある[9)]。このような美術鑑賞も知的参加、問題解決という意味では参加型と考えられよう。

ところで、美術館や博物館での「参加」に写真撮影も含むと考えたことがあるだろうか。とかく館内での写真撮影を禁止している博物館は依然多いために、撮影してはいけないものと考えられている向きがある。しかし、国公立博物館には撮影できる施設が増えており、美術館においても、許可制も含めて撮影できる施設は多い。ストロボや三脚の利用は保存管理上問題があり、見学者への迷惑にもなるから論外であるが、撮影によって資料への愛着は高まり、展示または博物館への参加意識は高まるであろう[10)]。撮影できないのは著作権や所有権に抵触する場合がほとんどなので、借用資料の多い特別展では撮影禁止が一般的だが、常設展では借用資料の撮影はできないものの館有資料の撮影ができる場合は多い。しかし、理由不明の撮影禁止や、屋外の誰もが入れる場所に常置する彫刻を撮影禁止としている県立美術館さえある。

a　ミュージアム・ワークシート　博物館での見学において、資料や展示内容に興味を持たせ、かつ理解を深めるために用いる自学自習用のプログラム。見学者に対し展示室および展示品の「どこ」を、あるいは「なにを」見れば「どういうこと」がわかるというようにするために、見方を誘導する質問に答えさせながら、展示品または展示テーマに引き込んでいく。したがって、ミュージアム・ワークシートは展示および展示資料に対して注意を喚起し、観察させ、知的好奇心を刺激するように編集したい。

青木氏は一般に教育活動に含まれるミュージアム・ワークシートを取り上げ、その効用から参加型展示の１つと主張した[11)]。

ミュージアム・ワークシートは近年盛んに利用されており、初期のコピー作りのシンプルなものから始まり、カラー印刷のものや、ワークシートならぬワークブックといえそうな冊子式など工夫を凝らしたものが多い。主に小中学生向けで、対象学年・年齢、興味により内容や表記方法を変え、いくつかのテーマに沿って作成し配布する。見学する児童・生徒はミュージアム・ワークシートの提供を受け、展示を見ながら設問の回答を探すことになる。

小学校の団体見学では、学校の授業にあわせた内容のミュージアム・ワークシートが用いられる。この場合、教諭が作成することもあるが、博物館であらかじめ用意したものの中から、教諭が選ぶこともある。近年目立つのは博物館のウエブサイトでの公開であろう。博物館では対象学年・展示テーマにあわせた内容のミュージアム・ワークシートを複数用意し、教諭はこれらから授業や見学の目的に合わせてダウンロードして児童に配布する。事前学習を済ませてから見学に臨めるから効果的である。一方、博物館としても事前に見学マナーや基本の学習が済んでいれば対応がしやすくなり、またミュージアム・ワークシートの印刷から解放され、経費を抑えることができる[12]。

ミュージアム・ワークシートの内容は展示の目的・見所、資料の意味・形等が理解できるようにし、学校の授業内容を考慮しつつ発見の喜びや見学の楽しみが引き出せるようなものでありたい。また、体裁は言葉・文章・図・絵などの書き込み式（資料を見る位置・角度にも注意を払う）、資料を探し出す発見式などがあり、形式にはゲーム・探検・クイズ感覚で答えを探すもの、テーマに沿って調査をするもの、資料（写真・図・絵など）から内容を読み取るもの、一問一答式などがある。これらは博物館作成のミュージアム・ワークシートであるが、教諭作成のものには調査式が多いようだ。いずれも、単に解説文や資料名を写すだけではなく、資料そのものを観察できる内容を求めたい。

b　ミュージアム・ショップ　博物館にあって当該博物館の関連品が販売される店舗のこと。ICOMの『MUSEUM BASICS』はミュージアム・ショップについて、「入館者が記念品を持ち帰る機会を提供し、コレクションについての情報を深める助けとなり、職員と直接、接する場ともなり、もちろん博物館は収入を生む。このように、これらは重要な広報活動を行い教育的役割を担っている」と記し、「記念品を持ち帰る機会」と「情報を深める助け」を基に教育的役割に言及している[13]。つまり、この指摘は博物館資料への興味を支援する方法として記しているから、本項目で取り上げる妥当性がある（図3）。

1990年に開店した東京国立博物館のミュージアム・ショップでは国内の文化財をモチーフにしたオリジナルグッズが多く、その「和」の味わいが外国からの見学者にも人気があり、海外への土産や記念品としても購入される。また、特別展の会場にも開設し、展示資料の関連商品を販売する。特別展開催中の限定販売品や一般の店にはない気の利いたミュージアム・グッズがあることからミュージアム・ショップへの注目度は高い。このため、ミュージアム・ショップに力を入れる博物館が増えているが、定番商品の品揃えは当然のこと、常に新たな商品開発や情報の収集が必要になる。博物館直営は少なく、とりわけ公立博物館では友の会や運営協力会、民間の運営会社が携わることが多い。

品揃えは各館、館種によって異なるが、共通するのは当該館発行の図録・報告書・目録などの冊子や関連書籍、館有資料等に関連する絵はがき・写真・複製画や記念品（キーホルダー、ストラップ、ネクタイピン、文鎮、栞など）。その他、歴史系博物館の地場産業に関連する民芸品や工芸品など、美術館の外国製の文具・置物や作品をあしらったスカーフ・バッグ・ネクタイ・Tシャツなど、自然史・科学博物館の恐竜や動植物のフィギュア・ぬいぐるみ・パズル、天体もの、鉱物標本・昆虫標本・模型など。館種によって品揃えには傾向があり、それぞれに楽しく目を奪われるものが多いが、収蔵品と地場産業に関連する品々を除けばいまだ独自性は少ないようだ。しかし、土産用の菓子類や地元の名産品など、観光地の土産物店と何ら変わることのない施設も多く、このような品揃えでは、ミュージアム・ショップを「参加型」に連ねるのに十分ではない。

図3　ミュージアム・ショップ（江戸東京博物館）

ミュージアム・ショップで販売される商品をミュージアム・グッズというが、売られているものすべてがこう呼ばれる訳ではない。青木氏はミュージアム・グッズの商品としての必要条件を、ICOM職業倫理規定やアメリカのミュージアム・ストア協会の倫理規定を基に、以下のように提言した[14)]。

1．当該博物館の収蔵資料の形態・意匠・色彩・配色等々をあくまで素材としたものであること。
2．それぞれの博物館の収蔵資料、中でも展示資料に関連する性格を有するもの。
3．売れる商品でなくてはならないこと。
4．ミュージアム・ショップの個々の商品には必ず当該商品の学術的情報や由緒を記した由緒書（コメントカード）をつけ備えなければならない。

参加型ミュージアム・ショップに必要なのは収蔵品を題材にしたもので、

他館にはないものをあつかうことだが、それには1点ものの優れた資料を生かす魅力的な商品化が不可欠である。

(4) 展示の動きの有無による分類

①動きがない―❶静止展示

展示の基本として普及しており、静止ゆえに最も熟覧できる展示形態。固定・固着展示ともいい、資料を観察・鑑賞するためには最適といえるが、時間経過や臨場感を表すことは難しい。

①動きがない―❷動感展示

青木氏の唱えた動態展示に含まれる「動感を持つ展示」を抜き出して筆者が独立させたもので、あくまで固定・固着展示ながら静止展示では不足する前述の弱点を補う展示形態として加えた[15)]。民族舞踊の動きの一瞬が写り込んだ写真であれば、資料そのものに動きがなくとも動いているように感じ、絵画などの平面作品にも錯視的効果により動いているように感じさせるものがある。動感とは、あたかも動いているように見える、または感じることを意味し、実際には資料は動いていない状態をいう（図4）。

②動きがある―❶動態展示　動く、または変化していく展示形態のことで、何らかの動力を得て資料自体が動くか、展示装置が資料と共に連続的に動くことをいう。かつては動力展示ともいい、電力・風力・水力を用いて動きを演出した。具体的には縮小模型の列車が線路上を軽快に走り、転車台に乗った本物の機関車がゆっくりと方向を変える展示であり、美術作品の風力で動くモビール作品や機械仕掛けのキネティック・アートと呼ぶ作品の展示もこの展示形態に入る。

図4　動感展示（琵琶湖博物館）

②動きがある―❷映像展示

映像には静止画と動画があるが、静止画は「動きがない展示」なので、映像展示では動画を対象とする。青木氏は「博物館のアミューズメント性の一翼を担うものとして期待される」とまとめている[16)]。

具体的にはIMAX、OMNIMAX、サーキノビジョンなどの大型映像、16㎜、70㎜などのフィルム映像、マルチスクリーン、ビデオ映像、マルチビジョン、シミュレーション映像、マジックビジョン、インタラクティブ映像、バーチャル・リアリティーなどがある。

映像の多くは自然の環境、人々の生活や神事、芸能などを理解するための記録映像としての補助的な性格を持つ資料（二次資料）が多いが、美術館では映像そのものを作品（一次資料）として展示することがある。そのため、モニターに映す作品や一部屋全体を暗室にして液晶プロジェクタを用いて投影する作品があり、上映にあたっては音漏れへの配慮が求められ、暗室を仮設する場合には、消防法による制約があるため構造を工夫する必要がある。

②動きがある―❸演示（実演展示・実験展示）

展示に人が介在することによって、展示資料に関わるさまざまな情報を視覚・聴覚・触覚等による体験を通して理解することができ、双方向性を持つ臨場感豊かな展示形態（図5）。具体的には科学博物館で開く液体窒素や果物電池などのサイエンスショー（科学実験室）、解説員がおこなう展示機器操作の指導などがある。

図5　演示（東芝科学館所蔵）

静と動を扱う展示形態。資料の多くは壁面、床面、ケース内に固定し、動きの伴わない展示となるが、これでは展示に変化が乏しく見学者の注意を喚起しにくい。しかし、静止した写真パネルでもトライビジョンやスライドビジョンのように次々と写真が変われば、また工業製品の製作工程を示すフローチャートに作業の順を指示するように光の点滅があれば、資料そのものに動きがなくとも動いているように見え、これにより注意と理解を促すことができる。さらに、動態・映像・演示と、資料に動きや人が加わることにより、資料に対する理解はおのずと高まる。

たとえば動力のない模型飛行機を展示台の上に配置しただけでは静止展示であるが、これを頭上の展示空間にテグス糸やワイヤーでつるして固定すれば臨場感が高まり、さらに少し機体を傾ければ動感が増す（動感展示）。また動力の付いた模型飛行機であれば、つるした支点を中心にして円を描くから、視界に入りやすくなると共に臨場感はさらに増す（動態展示）。加えて本物の飛行機が飛ぶ様を映した映像や操縦シミュレーターを用いれば飛行機への興味や満足感が高まる（映像展示）。最後に模型飛行機製作者や操縦者がリモコンを操作し、飛行機のパイロットや技術者が持つ技能の一端を解説しながら見せることにより、一般の展示では得られない経験をすることができる（演示）。

これらの展示形態は複数を組み合わせることによって、資料を見せるだけではなく、資料への理解をも段階的に高めていくことができるもので、見学者の年齢や経験の多寡による展示理解の差を補うことができるのである。

⑸ 資料の配列法による分類

①象徴展示

当該館や特別展示の特性を強調する展示形態で、シンボル展示ともいう。

屹立する成島毘沙門堂兜跋毘沙門天立像（岩手県立博物館）（図6）、ドーナツ状に重なる展示室の中央に据えられた菱垣廻船（なにわの海の時空館：大阪府）、1/10スケールの戦艦大和（呉市海事歴史科学館大和ミュージアム：広島県）、ナウマンゾウとオオツノジカ（野尻湖ナウマン象博物館：長野県）、狛坂磨崖仏（栗東歴史民俗博物館：滋賀県）、宇宙から見た地球の姿を映し出すジオ・コスモス（日本科学未来館：東京都）、開墾の絵と樹木と切り株（北海道開拓記念館）など。博物館のエントランスホール、展示室の中央、展示の始まりなどに印象深い資料を展示する。エントランスホールでは単独で据えられ、ほかの展示から独立して設置することが多いため、他の資料との直接的な関連

図６　象徴展示
（岩手県立博物館所蔵・花巻市東和町北成島 毘沙門堂原蔵）

づけは見出しにくいが、文字通り博物館や展示室全体の象徴となり、さらにその地域の文化的象徴を展示する場合がある。象徴となる資料は大きさ、迫力、意外性、なによりも入館者に強い印象を与えるものであることが必要なので、実物でなくても構わない。その効果は博物館や地域を強く印象づけ、展示への期待感を高める。また、展示室では象徴資料の周囲に展示を展開することで、象徴資料を中心とした構成にでき、コーナーが変わっても象徴資料との関連を紐解いていくことができる。

これらは主に常設展示で用いるが、特別展示でも展示室の入口近くの目立つ場所に象徴的に展示することがある。この場合、見学者の期待感を高め円滑に展示へと導く役割を担っており、特別展示を代表する最良の資料の１つが展示される。

②単体展示

単体というと他の資料と切り離され、独立して展示された状態を想像するが、１点だけを展示するということではなく、次項の集合展示に対する概念で、複数の資料を１点ずつ確実に熟覧できる展示形態のことをいい、展示を構成する最小単位となる。

1964年の「ミロのビーナス」展（国立西洋美術館・京都市美術館）、1999年の「ドラクロア『民衆を導く自由の女神』」展（東京国立博物館）は１点だけの展覧会がおこなわれているが、むしこれは例外である。2009年の「興福寺創建1300年記念 国宝 阿修羅展」（東京国立博物館、九州国立博物館）はまるで阿修羅像１点だけのような展覧会名であるが、他の八部衆像や十大弟子像なども展示されていた。阿修羅像は他の仏像と離れて孤立していたので、まさに単体展示というところで、他の作品もそれぞれに１体ずつがしっかりと鑑賞でき、これらも単体展示であった。展示は資料の集合によるものだか

図７　集合展示（堺市文化財課提供）

ら、展示の目的を果たすために複数の単体展示を駆使して表現するのである。したがって、単体展示は個体展示ともいうように１点１点の資料を観察・鑑賞できる状態をさすので、博物館展示の基本に位置する展示概念といえる。

③集合展示

前項の単体展示に対するもので、複数の資料を一所にまとめる展示形態。この展示形態も展示全体を指す概念ではなく展示を構成する形態の１つである。つまり、同種同属の多数の資料を、本来単体展示できる資料であっても一括して展示し、資料の数と量感を見せる。資料の多さへの驚きや物質的な豊かさを示すのに有効な展示形態といえる。木の実、土器片、陶片、黒曜石、石鏃、銅銭、飯蛸壺《いいだこつぼ》（図７）などを何点あるかも分からないくらい山盛りにし、さらに百人一首や貝合わせなど、もともと１組になっているものを無作為に羅列する。このような場合、一括あるいは１件の資料と数える。

また、美術館での展示の際に、しばしば「集合と分離」という言葉が唱えられる[17]。つまり、美術作品は１点１点を独立した単体の作品と見なされ、特に注目する作品は他の作品から「分離」して独立させ、一方、展示のリズムに変化をつけるために、同種、同形、同大の小品や版画、写真などを一個所に「集合」させることをいう。これも単体展示と集合展示を組み合わせているわけで、まさに単体展示と集合展示の集合体が展覧会である。

④時間軸展示

1981年、新井氏が提唱したもので、以下のように定義した[18]。

時間軸にすべての事物・事象を位置づけて展示する方法を総称して時間軸展示と呼ぶことを提唱する。時間の流れを除いては成立しない内容、時間の流れを重視した展示構成であるが、歴史展示と同義語としては扱えない。

したがって、歴史的な年代順の展示は無論のこと、動植物の成長の記録、形質の変化、製作工程、形態の変遷、美術様式の変遷、制作年順など、自然科学、人文科学を問わずあらゆる専門性の中で用いられる事物・事象の推移を示す展示形態である（図8）。

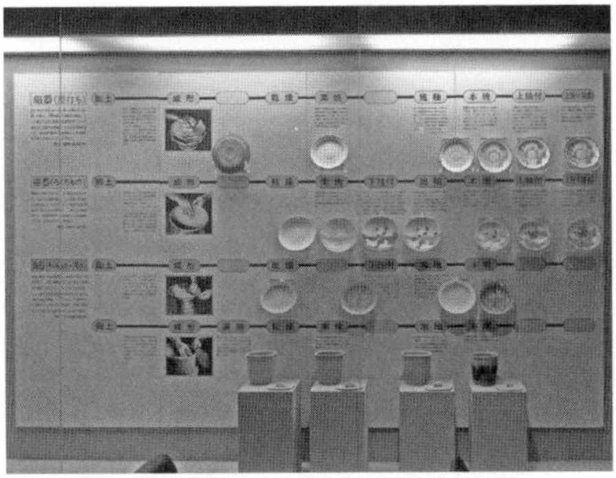
図8　時間軸展示（佐賀県立九州陶磁文化館）

時間軸という概念では時の流れに沿うことも、反対に遡上することも可能で、事物の成立過程の説明や謎解き式に製品から原材料へ遡る説明もできる。現物資料・写真・模型・解説パネルによる流れの説明、動く模型、製作手順を表す模型、光による演出など、時間軸を用いる展示は多い。

(6) 資料の組み合わせによる分類

複数の資料を特定の展示目的・意図により組み合わせる展示形態。前述の集合展示〈(5)-③〉はその典型であり、単体展示〈(5)-②〉も組み合わせないという意味では組み合わせ展示の1つといえる（①単体展示、②集合展示は前述（5）-②③参照）。

③構造展示

複数の一次資料を組み合わせることにより自然発生する情報を示す展示形態。梅棹忠夫・佐々木朝登の両氏による対談で佐々木氏が述懐する中で梅棹氏の話を説明したもので、以下のように記している[19]。

> パイプはそれ自体独立して存在するものではない。パイプがあって、たばこがあって、マッチがあって、灰皿があって、パイプの掃除道具がある。こういうものがセットになって存在する。これで一つの構造を持っている。（中略）それが構造である。文化にはそういう構造があるのだ。そういう構造からきりはなして、単品を展示しても、あまり意味がないというお話しで、わたしはそれでわかったような気がしたんです。

さらに、このような展示を「文化の構造を示す展示、いわゆる構造展示」と述べている。

互いに関連のある複数の一次資料をそれぞれ単体で展示して、全体としての用途を解説する展示法はしばしば目にするが、構造展示はこのような遠回しな表現を避け、視覚に訴えることで直接的な理解を促す。つまり、資料を実際に用いるのと同じ状況で組み合わせ、その機能を示すもので、とりわけ人形を用いて作業の中途を表せばより臨場感が増す。

具体的には、縄文時代の石皿上に磨石と木の実を置く。江戸時代の帳場格子の内側に帳場机、その上に帳面・算盤・銭枡・銭箱などの商家の帳場道具一式。たらいの中に洗濯板を立てかけ、洗濯物と固形石鹸を置く。さらに昭和30年代の家庭の台所や居間の情景などと大型化する。これほどに構造展示の利用範囲は広い。

構造展示はそれぞれ単体で成立する資料であっても、本来使われていた環境や組み合わせの中に置くことで互いの緊密なつながりが見えるから興味深く、個々の資料の意味が正確に理解できるのである。

④組み合わせ展示

前述の構造展示は複数の一次資料を組み合わせたが、組み合わせ展示は一次資料とそれに関わる二次資料（パネル・模型・映像など）を組み合わせるもので、一次資料への理解を深めるには最も一般的な展示形態である。

たとえば、展示台上の住居跡から出土した遺物（一次資料）に対し、発掘状況の写真や実測図、さらに住居の復元図など（二次資料）を背後の壁面に掛ける。近年では壁面だけでなく、展示ケース外の下部に小さめの解説パネルをせり出して設置することがあり、手すりを兼用する場合もある。したがって、この展示では必然的に明白な説示型展示になり、十分な解説が特徴となる。見学者は多くの解説の中から必要な情報を取捨選択することになるが、多すぎる情報はしばしば資料を観察する妨げになりかねない。頻繁に指摘されることであるが、小学校の団体見学の際に、解説ばかりを一所懸命に写し書き、一次資料を見た気持ちになって意気揚々と引き上げる児童は実に多いのである。

⑤三連展示

組み合わせ展示に含まれる展示形態だが、一次資料と情景模型（二次資料)、さらに二次映像を加え、三位一体となって理解を深めるところに特徴がある。提唱者の青木氏が述べるように、民俗資料の使用環境や方法を示すのに適している。たとえば千歯扱ぎや唐箕などの農具を展示し、その近くに田畑や農家の庭先で農具を用いて脱穀や籾とゴミの吹き分けなどをおこなっているところを俯瞰できる情景模型を置くことで、全体のつながりや配置を理解でき、さらに農具を用いる映像をモニターで見ることにより、具体的な作業内容を理解させることができる。多くの解説パネルがなくても、より確実に情報を伝える方法といえる。利用にあたっては関連のあるまとまった数量の資料と、それが展示できる十分な空間が不可欠となろう[20)]。

(7) 展示課題（明確なテーマ性）による分類

①ジオラマ展示

展示物（模型や人形を含む）と周辺環境や背景を組み合わせ、立体的に表現した展示形態。直径を開口部とする球体の四半分を用い、両側面から正面、さらに天井部までを背景として風景が描かれ、その背景に囲まれた床面に擬木・擬石・植物の模型・鳥獣の剥製・建造物の模型などを設置し、景観や人の生活などを再現する。特定の自然の一部が切り取られたかのように自然環境などを再現する装置で、組み合わせ展示に属する。球体の四半分を用いる形状が基本だが、この形にとらわれない大規模な町並み展示などもある[21)]。

②部分パノラマ展示

本来パノラマは360°の全周を背景とし、背景画の前に種々の事物を配するものだが、この一部分を切り取って設置する展示形態。青木氏によって提唱された[22)]。

内容はジオラマと混同されるほどに類似の特徴を持つ。ジオラマは球体の四半分を用いるので、直径の中心部から背景に対し等距離で見るために遠近感が強調される。一方、パノラマは直径が大きくなればなるほど湾曲した背景は平面に近づくので、部分パノラマはこの緩い曲面を用いることになるから、実際には平面で表現することがある。そのため見学者はジオラマのように円の中心から見るのではなく背景やその前景の事物に対しておよそ平行に移動しながら多視点から見ることになる。

ジオラマ・部分パノラマ共に縮小模型や実物大模型があるが、いずれも現実感のある多種の情報が細部に至るまで表現される。実物大で規模が大きな場合、あたかもその環境の中に身をゆだねたかのような気持ちになれるが、このように内部を歩けるものをウォーク・スルー・パノラマと呼ぶことがある。写実的ゆえに理解しやすく、細かく観察すればするほどさまざまな発見ができる。たとえば樹木にとまる小鳥や昆虫、竹竿の端にとまったトンボ、屋根の上の猫など博物館のこだわりや遊び心を見つけるのも楽しく、多くの情報を手に入れやすいことが特徴である。自然史・科学・歴史・民俗などの多くの博物館で採用されている。

③建造物復元（移築）展示

実物大の建物を復元、または実際の建物を館内に移築する展示形態。単独での復元を単独復元（移築）展示、複数が集合する場合は町並み復元展示と、青木氏によって提唱された[23)]。さらに、構造展示の側面もあるので、農家であれば農具や生活用具を配置することが求められる。前者の例は、円覚寺舎利殿（神奈川県立歴史博物館）、中村座（江戸東京博物館：東京都）など。後者では、草戸千軒の町並み（広島県立歴史博物館）、町並みの想定復元（江東区深川江戸資料館：東京都）など、いずれも実物大で再現した。さらに移築では漁師の家（横須賀市自然人文博物館：神奈川県）、富江家住宅（琵琶湖博物館：滋賀県）等がある。臨場感はもとより、その場で生活した人々の息づかいを感じることができる。

④室内復元展示（時代部屋）

建物の実物大の外観を重視する前項に対し、展示を室内に限定する展示形態。昭和30年代の家庭を復元したものをしばしば目にするが、地域性や時代性の表現に趣向を凝らしたものがある。たとえば、日の出とともに室内が明るくなると、家具やちゃぶ台上に並ぶ食器、畳の上に広げた新聞紙が見えてくる。柱時計が時を告げ白黒テレビが世相を表す映像と音声を流し、台所での朝食の支度の音とともに親子の朝の１コマの会話がお国言葉で聞こえ、１日が始まる。その時代、時々の情景が目に浮かび郷愁を誘う。さらに、人形を用いたり、部屋に上がれたりすることもある。

ちなみに、精巧な人形は見学者の目を奪うが、資料観察の妨げになることもある。その場合、人の形が分かる程度の単色の人形やシルエット（ひとがた）を用いれば印象を和らげることができる。

図9　室内復元展示（北九州市立いのちのたび博物館）

また、このような特定の時代を表すものだけではなく、いわさきちひろのアトリエ（ちひろ美術館：東京都）、奥野健男の書斎（白根記念渋谷区郷土博物館・文学館：東京都）など、画家のアトリエ、小説家の書斎、科学者の研究室などがあり、さらに、黄金の茶室（MOA美術館：静岡県）、国民学校の教室と防空壕（埼玉県平和資料館）など、室内復元展示を設置する博物館は多い（図9）。

⑤歴史展示

歴史観に基づく展示形態。歴史博物館に限らず、美術・自然史系・理工系の博物館でもありうるもので、時の流れに即した展示をいう。先述の時間軸展示〈(5)-④〉に含まれる展示形態。

⑥科学展示

諸科学的思想に基づく展示形態。科学博物館だけではなく、人文系博物館でもおこなうもので、ものの機能や仕組み、素材の組成を解明するなどの展示がこれにあたる。人文系博物館では資料の修復にかかわる化学分析なども展示されることがある。

⑦比較展示

ものの比較は諸学研究の基本である。特に博物館では視覚を始めとした五感に訴えることにより理解を早められるので、適切な展示法としてすべての館種で頻繁に用いる展示形態。複数の資料の大きさ・重さ・形状・色・手触り、さらに資料の内容や機能の時代差、生物の個体差など、多様な性格を持つ資料から比較により共通性や特性を明示することができる。

⑻ 展示の多面・多重性による分類

文字通り多面的・多重的に見せることで、さまざまな知識レベルをもつ見学者の誰もが満足できるように工夫した展示形態のこと。

①二元展示

1950年に棚橋源太郎氏が「資料の二元的排置」として発表した展示形態[24]。棚橋氏は一般向けの「陳列館」（展示室）と研究者向けの「貯蔵室」（収蔵庫）に分離すべきだと主張し、収蔵庫での収蔵保存方法について具体的に説明しているから、まずは不十分な収蔵庫の拡充と機能の充実を訴えていた。その上で全資料を研究者用と児童一般大衆用に分け、研究者用を収蔵庫に、一般用を展示室に展示することにより、見学者のレベルに合わせた対応ができることを述べている。また、「二元的排置」以前には観衆に倦怠を感じさせるほど資料が多かった状況に対し、資料を全部展示するのではなく厳選し、資料数を減らして展示し、残りは収蔵庫に収めることを主張した。

棚橋氏の「二元的排置」は展示室と収蔵庫での展示と理解でき、収蔵庫での展示とはいわゆる収蔵展示（後述）のことである。今日では二元展示と呼ぶが、これは常設展示室に加え、より多くの資料を保管する収蔵庫との組み合わせにより、専門的知識を持つ見学者をも満足させることができる効果的な方法といえよう。

従来の二元展示に対し、青木氏は新しい二元展示を提唱した（以下、新二元展示と略称する）。この新二元展示は二元展示を発展させたもので、総合展示に収蔵庫のように多くの資料を持つ展示室を組み合わせ、専門家の利用に耐えうる内容にするというもの。つまり、二元展示のように展示室とは別の場所に設置した収蔵庫ではなく、総合展示室の近くに収蔵庫の雰囲気（収蔵展示）と豊富な資料とを備えた展示室を開設するのである。展示空間の一画に専門性の高いコーナーを設けることにより、「博物館にはたくさんの古いものや珍奇なものが所狭しと羅列されているといったイメージ」を展示室内で実現することが目的となる[25]。

一方、提示型展示が主な美術館では、保存管理の観点から収蔵庫での公開はできないが、これを補うために利用されたのが細部まで再現できるハイビジョン映像であり、パソコンによる作品検索システムである。つまり、「本物」ではないが、収蔵作品から任意の作品を探し出せるので、美術館における収蔵展示にあたるのではなかろうか。

②二重展示

1958年、新井氏が提唱した二重配列（Double arrangement）のこと[26)]。見学者の知識レベルに合わせて展示を2段構えにおこなうもので、総合展示と分類展示とに分ける展示形態。いわば概論と各論の関係と見なせばよかろう。新井氏の挿図（図10）[27)] にあるように1階には総合展示、2階には分類展示が設置され、1階の「地学展示室」に対しては2階の「地学展示室」と「植物展示室」、「生物展示室」には「植物展示室」と「動物展示室」を分類展示室として位置づけており、「植物展示室」は2つの総合展示にまたがるようになっている。

1963年に鳳来寺山自然科学博物館（愛知県）で新井氏が初めて実現したように自然史系博物館に適した展示形態である。また、歴史博物館でも総合展示室に続いて部門別展示室（民俗・自然・考古・歴史美術）を設置した福島県立博物館、総合展示室の周囲に部門展示として自然史・考古・歴史・美術工芸・民俗を設置した沖縄県立博物館・美術館など部門展示として二重展示の

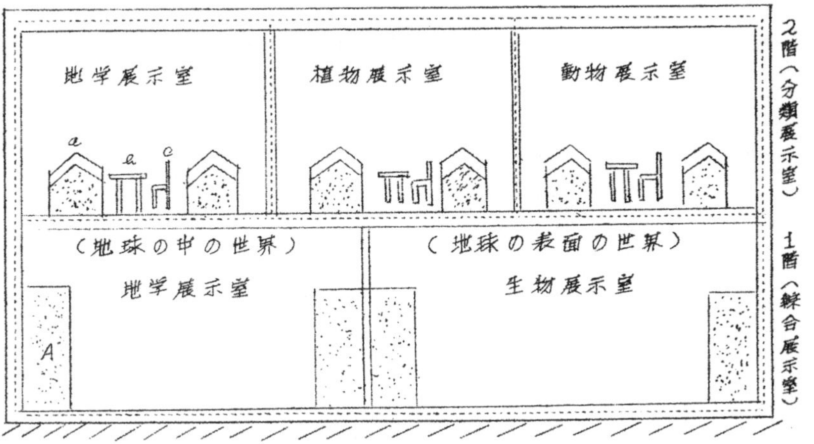

図10　二重展示を採用した自然科学博物館（断面図）

理念が生きている。これらは先述した一般向けの総合（学域）展示と、より専門的な単一学域展示（または複合学域展示）を組み合わせたものである。

③三重展示

1977年に加藤有次氏によって提唱されたもので、名称からも推察できるように、二重展示に第3の要素を加えた展示形態[28)]。つまり二重展示の総合展示と分類展示にテーマ展示を加えたもので、第1次を総合展示、第2次をテーマ展示、第3次を分類展示とした。テーマ展示は「学術専門分野（人文科学系・自然科学系）別、あるいは学問の交差する領域の研究成果が1つのテーマとして展示する部門」と述べ、3部門は相関性を持たなければならないという。加藤氏の述べるテーマ展示とは「特別展示もしくは企画展示」なので、期間を限った展示を意味している。特別展示は博物館設置の目的・使命を実行するための一手段であるから、おのずから常設展示（総合展示）を補い、かつ調査研究の成果を含み、各論的で専門性の高い内容になる。また、期間限定ゆえに夏季の子ども向け企画展示やアミューズメント性の高いテーマ展示を盛り込めるため、展示に変化と新たな発見をもたらすことができる。

(9) 見学者の知識レベルの差異による分類

①概説展示

博物館の展示内容を簡潔に表現した展示形態で、内容としては総合展示が望ましい。この形態は概論に対する各論にあたる展示がなければ成立しがたい。つまり二元展示の収蔵展示や二重展示の分類展示にあたるものが必要となる。また二重展示・三重展示の総合展示に近い概念であるが、専門的ではなく入門展示としての妥当性が必要である。

②収蔵展示

二元展示〈(8)-①〉で述べたように、一般向けの常設展示室に対し、専門的知識を持つ見学者にも満足を提供するため、より多くの資料を見せようとして収蔵庫内を見学できるようにした展示形態。

たとえば、致道博物館（山形県）は重要有形文化財収蔵庫を「文化財の保存管理にさしつかえない範囲」で公開しているから、庫内を見学できるようにした収蔵庫なので、文字通り収蔵展示の形態を取っている。このような展示形態は民俗系博物館や埋蔵文化財センター等で見ることがある。また、規模の小さな博物館では、いわば展示室兼収蔵庫というような形態も見られる（図11）。

図11　収蔵展示（みちのく北方漁船博物館）

一方、北海道開拓記念館では常設展示室とは別に、地階に「学びの部屋」の一部として「収蔵陳列室」があり、資料には題簽を付し、多くの引き出しでの展示やケース内の展示が充実している。飾り気はなく、演出もない素っ気ないもので、剥製など資料の前後の重なりはあるものの、常設展示室とは違った多数の資料を見せる収蔵展示の体制が整っている。しかし、随時展示替えをおこなっており、展示替えをした資料は別の収蔵庫へ移すのだろうから、収蔵庫でおこなう展示ではなく収蔵庫に見立てた展示室での展示だから、先述の新二元展示に近い位置づけとなる。

⑽ 展示場所による分類

①屋内展示

博物館の展示場所として最も一般的な建物内でおこなう展示形態。展示室は無論のことエントランスロビーや通路でも資料の展示がおこなわれることがある。ここでは保存管理上、屋外の環境の中で展示できない資料のすべて、およびもともと屋外に存在した資料でも屋内に持ち込める大きさと素材の資料ならば展示することがある。展示に際しては、資料の環境に対する耐性にもよるが、主に資料に適した人工照明を用い、温湿度や空気の管理をおこなう。さらに環境に対して繊細な資料は展示ケース内に納め、保存環境を整えて展示する。一方、自然光の下でも展示できる資料へは、有害な紫外線を除去して自然光を当てることがある。たとえば静岡県立美術館のロダン館では彫刻を鑑賞するための楕円形のガラス天井から光が降り注ぎ、大阪市立東洋

図12　屋外展示（岡本太郎記念館）

陶磁美術館では磁器を鑑賞するために天井がガラス張りのウォールケースがある。

②屋外展示

屋内展示が主体となる博物館において、資料が建物に付随する屋外（屋上も含む）に展示される展示形態。自然環境への対応において屋内展示とは対極にある資料を展示する。すなわち、保存管理上自然の環境の中で展示できる資料、およびもともと野外に存在した資料または復元資料や模型のうちで屋内に展示できない大きさと保存状態の資料を展示する。展示に際しては、資料の自然環境に対する耐性があるので、太陽光の下または直射日光を避ける覆屋内などが用いられる。たとえば、埼玉県立川の博物館にある全長173mにおよぶ荒川の1/1,000の縮小模型と直径23mの大水車はとうてい屋内には設置できないから屋外展示となる。そのほか博物館の敷地内に岩石園・移築家屋・復元住居・石碑・石棺・蒸気機関車・彫刻・オブジェなどを設置することがある。

③野外展示

屋外展示とは異なり、自然環境の下に展示された資料が「主」であり、建物（管理棟など）は「従」となる野外を展示空間と定めた展示形態。主に野外博物館や野外美術館でおこなわれる。野外博物館は遺跡・町並みがある現地で保存する現地保存型（埼玉県立さきたま史跡の博物館、地底の森ミュージアム：宮城県など）、建造物や遺構を1個所にまとめて移築する移設・収集型（北海道開拓の村、博物館明治村：愛知県など）、新たに創造建設する復元・建設型（耕三寺博物館：広島県、立山博物館：富山県など）がある[29]。また、野外美術館では主に彫刻の野外展示がおこなわれ、彫刻の森美術館（神奈川県）・ときわミュージアム（緑と花と彫刻の博物館：山口県）などがある。現地保存・展示型では作家個人の居宅が登録有形文化財に指定されており、美術館として公開されている朝倉彫塑館（東京都）・碌山美術館（長野県）などがある。

④移動展示

博物館外の施設でおこなう展示形態。博物館から遠く離れているため来館がしにくい地域へ出向き、博物館が当該地域の公民館などの生涯学習施設において期間を限って資料を展示すること。アウトリーチ・プログラムの一環として捉えることができる。

⑤巡回展示

前項と類似のアウトリーチ・プログラムの１つで、改装した大型車両内に資料を展示し、博物館からみて遠隔の地域や学校・老人施設等へ出向いて見学の機会を提供する展示形態。近年では同一内容の展覧会を、離れた地域の複数の博物館で順次開催することをいう場合が多い。同じテーマを共有する複数の博物館が各館の収蔵資料を集めて共同開催するもの、展覧会の企画内容に共鳴した複数の学芸員が所属博物館でおこなうもの、新聞社・テレビ局・企画会社の企画による展覧会を各地で開催するものなどがある。

⑾ 展示期間による分類

①常設展示（常設展）

収集・保管している資料を展示するために、博物館の設立目的にのっとっておこなう、恒久性があり博物館展示の中心となる展示形態。人文系・科学系博物館では大型の装置に頼る展示になりやすく、見栄えは良いが簡単に展示変更ができないため「いつ行っても同じ」という批判の温床ともなり、新しい研究成果を反映しにくい。一方、ロンドンの大英博物館やパリのルーヴル美術館に出向く多くの見学者はいつでもそこにあるという安心感から、常設展示の有名資料を見るために出向くのだから、「いつ行っても目的の資料が見られる」という安心感も常設展示には必要である。

とはいえ、展示目的を変更せず可能な範囲での定期的な展示替えは必要で、美術館の常設展示（コレクション展示）のように年間数度の展示替え（作品保護の目的を含む）とはいかないまでも、部分的な短期間の特集展示（コーナー特集、スポット展示、コラム展示など）をおこない、常設展示であっても「変化」を心がけるべきである。また、長期的には10年程度で展示全体の見直しをおこなうのが理想的で、そのためには大型の展示装置を含めた改廃および移動可能なシステムを作っておきたい。

②特別展示（特別展）・企画展示（企画展）

常設展示に対し、期間を限定して、特定のテーマに絞っておこなう展示形態。特別展示・企画展示を展覧会と呼ぶことがある。本来、博物館による独自の企画が望ましいが、共催展示や巡回展示＜⑽-⑧＞もおこなわれる。特別展示室を持つ博物館では規模の大小はあるものの1年間に4回前後おこない、専用の展示室を持たない博物館では1年間に1～2回で、常設展示の資料を撤収してから同じ展示室で特別展示をおこなうことになる。前述した、「いつ行っても同じ」という批判や、同じように「特別展示がなければ博物館は何もおこなっていない」という誤解を覆すために特別展示をおこなう訳ではなく、学芸員の研究成果を市民に還元する場として、多くの市民の興味を喚起し、さまざまな情報を発信して博物館活動を楽しんで理解してもらう重要な機会として催すのである。

③新着展示

規模の大小にもよるが、常設展示の特集展示として、または特別展示・企画展示の1つとして位置づけられ、当該年度に収集された資料を公開する新収蔵品展や、当該地域で新たに文化財指定された資料を公開する新指定文化財展などの展示形態。その他、文化庁が主催する「特別陳列　平成○年度新指定重要文化財」・「新たな国民のたから―文化庁購入文化財展―」・「発掘された日本列島」がある。

註

1）　青木　豊 2000「展示の分類と形態」加藤有次・鷹野光行・西源二郎・山田英徳・米田耕司編『新版・博物館学講座9　博物館展示法』雄山閣出版、pp.31-73

　　青木　豊 2003『博物館展示の研究』雄山閣、pp.240-275

2）　新井重三 1981「展示の形態と分類」古賀忠道・徳川宗敬・樋口清之監修『博物館学講座第7巻　展示と展示法』雄山閣出版、pp.35-70

3）　同註1、青木 2000

4）山田磯夫 2012「博物館における展示形態の再検討―提示型展示・説示型展示・教育型展示について」『早稲田大学會津八一記念博物館研究紀要』13、早稲田大学會津八一記念博物館
5）同註1、青木 2000
6）青木氏は受動態展示・能動態展示と呼んでいるが、これは文法上の用語で一般的ではないので、ここでは受動的展示・能動的展示と改めて記す。
7）同註2
8）同註1、青木 2000
9）上野行一 2011『私の中の自由な美術―美術鑑賞で育む力』光村図書出版株式会社
10）青木　豊 1999「ミュージアム・サービス」加藤有次・鷹野光行・西源二郎・山田英徳・米田耕司編『新版・博物館学講座 12　博物館経営論』雄山閣出版、pp.157-170
11）同註1、青木 2000
12）博物館によっては展示解説シートをワークシートと称している場合もあるが、これとは異なる。
13）Timothy Ambrose, Crispin Paine 著・日本博物館協会訳 1995「サービスの提供：ミュージアムショップ」『MUSEUM BASICS　博物館の基本』日本博物館協会、pp.53-56
14）同註10
15）同註1、青木 2000
16）同註1、青木 2000
17）永井隆則 2001「展示する―実践―」並木誠士、吉中充代、米屋優編『変貌する美術館 現代美術館学』昭和堂、pp.134-143
18）同註2
19）佐々木朝登・梅棹忠夫 1980「展示のドラマトゥルギー」梅棹忠夫『博物館の世界』中公新書 567、中央公論社、pp.41-60
20）同註1、青木 2000
21）ジオラマは明治時代初期に見世物として舶載され、1912（大正元）年、棚橋源太郎が初めて通俗教育館に設置した。
22）同註1、青木 2000
23）同註1、青木 2000
24）棚橋源太郎 1950「資料の二元的排置」『博物館学綱要』理想社、pp.139-142
棚橋源太郎 1953「資料の二元的排置」『博物館教育』創元社、p.119
25）同註1、青木 2000
26）新井重三 1958「博物館における展示の基本的な7つの問題点とその解決法

―再び Double Arrangement について―」『博物館研究』31―3
新井重三 1963「Double Arrangement System の採用―鳳来寺山自然科学博物館の完成」『博物館研究』36―2・3
27）　同註 26、新井 1958
28）　加藤有次 1977「展示の構想試論」『博物館学序論』雄山閣出版、pp.96-106
29）　落合知子 2009『野外博物館の研究』雄山閣、pp.127-220

第Ⅶ章　博物館展示の構成

小西雅徳

第1節　はじめに

博物館における展示活動が、館運営上の基本・骨格を成すことは改めて述べるまでもない。ただし現状での博物館展示は館種や規模、地域等によって多種多様な展示構成と手法とが使われており、その展示定義や展示方法・考え方は一様でない。最近の展示手法は多様化・複雑化した観があり、このことは日本における展示が単に高度化し複雑化しているという次元とは別に、今あらためて基本とすべき展示姿勢への問かけ、博物館展示とは何かという原点回帰への模索が始まったと考えることもできる。博物館学芸員は、常にこの迷いを持ちつつ、よりよき博物館展示の到達点を目指すことを求められているのである。

私の経験から言わせてもらうと、展示とはゴールの見えない競争のような部分があると同時に、他の学芸員や他館の動向も意識している側面を有している。実際、良くも悪くも学芸員としての個性・人格が端的に現れる事象が博物館展示であるから、展示が博物館の顔という表現で表すなら、実はその顔の投影が学芸員自身ということであり、有形無形の形で展示の評判が学芸員のもとに届く。だからこそ面白いと感じるし、辛いとも考える。博物館活動の延長にある展示の実際が、実は自身の学芸員像と考えると、責任が重くのしかかってくるのは当然のことである。本稿では企画展（特別展）開催までの過程を、基本を歴史系博物館に置いて博物館展示の構成要素について紹介する。

博物館展示を大別すると常設展示と企画展示との２種に分けることができる。常設展のない博物館は基本的に存在しないはずであるが、美術系博物館ではどちらかというと企画展専用構造とする場合が多く、これは館運営上の重点を常設に置くか企画に置くかとの基本方針に則っている。大方は建物構造に起因し、特に小規模館でこの傾向が強い。最近では狭隘施設のみならず、施設の指定管理者制度導入により展示活動そのものを、展示回転数を多くして集客性を見込める、企画展重視に動く風潮も見える。常設展より企画展の方が集客性をはかれるという意味において、この考え方や方針は決して間違いではないが、当初から指摘されてきたように、不十分なコレクションと狭隘な施設環境から、あえて常設空間を除くという選択肢で選ぶのでは、それこそミュージアムでなく、ギャラリーではないかとする見方もでてこよう。この点について日本社会の世相現象とも絡み単純化して見ることは難しいが、欧米の有名な大規模博物館群と比較するのはフェアでなくても、日本の博物館発達史上の負の側面、事実として認識したい。

さて、展示を企画することは学芸員活動にとって一番楽しく花形の世界である。日本の学芸員は、その役割の大半を常設及び企画展活動に置いている関係上、展示活動を主体として行うことが求められている。展示のために資料収集、分類研究が付随する観もあり、海外の学芸員とはこの点で若干異なる部分もある。海外においても企画展を展示活動の花形と見ている。しかし、日本ほど頻繁に展示活動を行わないので、この点では比較にならない。日本の学芸員の展示活動実態とは、博物館学課程を終えた学芸員自身が即戦力としての活躍を期待されている側面があるから、普段からの努力と実績の積み重ね、更に重要なこととして対人関係を中心とした対外交渉力への強い心構えが求められる。

第２節　基礎調査

企画展に限らず、博物館では日常的に常設展をふくめた展示実施過程での出展資料抽出や選択作業、文献面での補足などの基礎的調査が求められる。これが学芸研究の根幹である。最初に基礎調査の元となるのが企画書（構想書）で、企画書がないと資料調査を行うことや展示の方向性を見出すことも難しい。企画書はその点での指針となる。

企画書には展示の趣旨や理念、展示ストーリー（展示構成）、教育普及活動等が盛り込まれ、その内容について時間経過（調査実績）と共に取捨選択を行い展示の完成度を高めていく。企画書と基礎調査とは表裏一体を成すものであるから、この考え方は当然、常設展示設営と運営にも当てはまる。ただ、常設展と企画展における基礎調査の相違点を端的に示すなら、前者の方が時間と規模の点で当然長大となる一方で、基礎的調査の方法論を含めた展示行程や手法において両者にそれほどの相違点はない。これは長期（常設）か短期（企画）の展示か否かということであり、例えば歴史系博物館が地域史展示において普遍性を提示し、地域史資料の重要性と希少さ等の価値性を有した目玉資料など優先した内容を常設展に配する一方で、企画展ではスポット的に新発見例のようなエポック的要素を加えたものを使用するという違いにある。常設展とは、本来入念な基礎調査や企画展等の博物館活動の研究成果を通して反映して行うのを理想とするが、現実には多くの博物館では新規開館に合わせて準備しており、結果的に学芸員が理想的とするような展開を望めない部分も多々ある。その課題を克服する方法としてリニューアル展示があり、その結果として以前と比べて格段に良い常設展を構成するのもこうした理由からくるのである。企画展に比べ新規展示更新が難しい常設展の場合、10年から20年程度の展示可変性のある内容とすることを念頭に置きたいが、近年ではそれ自体が益々困難となりつつある。

展示への第一歩は、実施企画書（案）、構想書（案）を提示することから始まる（図1）。

特別展「当世具足　大名とその家臣団の備え」（案）

1、主　旨

社団法人日本甲冑武具研究保存会との共催事業。同保存会が平成23年に創立50年を迎えるにあたり、当館と共同で江戸時代の当世具足（甲冑）を集め特別展を開催する。

板橋には、中世戦国時代にあって赤塚城、志村城、板橋城その他中世城館址の存在が確認されているが、それらは遺跡としての存在を認めるのみで、残念ながら実資料を含めた歴史的な物証性に欠けている。当然甲冑武具の遺存例もない状態であるが、本展を通じてかつての戦国時代の世界に思いを馳せ、その中心的存在であった武家―サムライの装束・甲冑・刀剣等を通じた日本独自の武士の世界観を提示する。しかし、本展の狙いは、戦国末期から江戸時代に盛行した当世具足が、発生期・展開期・盛行期と時代的推移による年代の相違やその来歴等を念頭に置きながら、特に関東及びその周辺における大名及び家臣団の遺存する具足及び附属品を中心とした展示構成で紹介する。また、研究保存会会員所持の具足等も加えて、数量の面からも今までにない武家・具足の世界を提示したい。

展示は武家の当世具足とその附属品を中心に構成するが、時代的変遷、武家階級差に起因する甲冑具足の相違や工芸的側面、美的側面での甲冑への見方の変化及び鎧下に纏う衣装や小道具等の諸道具を併せて、複合的な展示構成を試みる。

2、会　期

平成24年2月4日(土)～3月25日(日)　月曜休館　祝祭日開館

3、会　場

板橋区立郷土資料館　常設展示室・企画・特別展示室の2室を使用

4、展示内容

1）プロローグ　当世具足の成立
2）装う　大名とその家臣団の当世具足
3）武家の備えもの　装束と小道具
4）エピローグ　鎧再発見、当世具足の評価と活用を考える

5、観覧料

有料　大人300円　小人100円

6、啓発事業

1）特別講演①　2月5日(日)午後1時半～　藤本巌氏（日本甲冑武具研究保存会元会長）
「甲冑の歴史と武将の鎧」
2）特別講演②　2月11日（土）午後1時半～　宇田川武久（国立歴史民俗博物館名誉教授）
「鉄砲の普及と当世具足の出現」
各講演会とも、当館講義室　先着100名
3）展示解説　2月4日、2月18日、3月10日、3月24日　各土曜　午後1時半～

7、共催

社団法人日本甲冑武具研究保存会

図1　企画書

少なくとも企画展構想は、通常、博物館内において企画展を実施する前年度秋に固まっていなければならず、ましてや大規模巡回展の場合では数年前から企画構想が練られる。これは担当者のみならず博物館組織内部での合意（了解事項）と、巡回展に合わせた複数の博物館担当者との打ち合わせを効率よく進め、同時に入念な企画を図るための展示意図や効果を含めた企画展内容の提示が必須となる。その調整に意外と時間がかかる。企画書で提示する内容は、次に示す内容項目を最低限盛り込むようにする。

企画書の意図の第一は学芸員としてどのような展示を行いたいかの提示であるから、中途半端なまた安易な企画書提示を避けたい。学芸員としてのポリシーを提示する、それが企画書（案）であり、展示意図のわからないものは往々にしてあまり良い展示結果とならないことが多い。結果的に入館者（来館者）数の多寡により企画展の可否を判断するわけではないが、不人気な展示に共通するのは企画書自体に大きな欠点を抱えている例を散見する。単に学芸員自身の思い込みだけでは失敗する原因となるから、第三者の意見を取り入れつつ、観覧者の立場に立った入念な企画を練ることが成功への第一歩である。

(1) 企画構想書の内容と要点

企画書（案）の形式に定型化したものはないが、概ね会期会場展示構成等の基本的事項を盛り込みながら、準備途上で更に各項目や個別内容（特に展示内容と資料関係、資料一覧、教育普及）を充実化させていく。当初１枚ペラ程度の企画案が、やがて冊子状態へと膨張していく場合も少なくなく、その最終的な成果が展示図録であろう。

構想段階では普通、A4 用紙１枚程度に箇条書きするのが一般的で、これは資料借用先等の相手側に基本的な考えを最低限伝え、調査訪問時に説明不足分を口頭で相手の疑問・質問に答える形でその詳細を伝達する。当初から大部で詳細な内容提示を行うと、却って展示意図が伝わらなくなる。相手側が求めているのは、展示目的と何（資料）を貸して欲しいかであり、その資料の貸出し期間及び保安上の問題点につきる。折衝上で得た指摘事項を後日、正式な借用依頼状の中に盛り込み課題をクリアするので、当初の企画書は簡潔にまとめるようにする。

(2) 企画書（案）を作成する

企画書に盛り込む内容として以下の項目を最低限掲げる。企画展名・趣旨(主旨)・会場・会期・時間・休日・展示内容と主な展示資料・観覧料金・教育普及・共催者等である。趣旨の部分では箇条書き程度でなく、意図（狙い）とその効果を盛り込むようにする。見た目も大事で、用紙全体にバランスよい構成にすることが肝要である。

次に項目毎に最低限盛り込むべき内容を例示すると、

① 展示名…副題（サブタイトル）を付けるとより効果的になる。
② 趣　旨（主旨）…400から600字程度で簡潔に。意図、効果、出展する主な資料とその構成について述べる。抽象的な内容でないこと。将来的な展望も示す。
③ 会　場…企画展示室のみか、あるいは常設展を含む全館かを示す。
④ 会期・時間・休館日…祝日の扱いに注意する。
⑤ 展示内容（項目）…起承転結形式に展示構成を示す。展示コーナー毎の主題や主な出展資料を提示する。簡潔に同時に目玉展示資料を示しておきたい。
⑥ 観覧料…有料か無料か、大人・子供料金等を提示する。
⑦ 啓発事業（講演・体験学習・実演・その他）

以上の企画書内容は、展示直前の段階でより詳細な内容へと推移すると述べたが、例えば1つの変更点として「⑤展示内容」を大項目・中項目・小項目と細分化して展示の展開を提示するのも一計で、出展リスト及び展示資料配置図を添付し企画展全体を俯瞰提示する。その時の企画書は数ページに及ぶ詳細なものとなる。

(3) 展示資料の収集、リスト（目録）化への準備

企画書の展示内容を具体化するため、電話やEメール等で相手方（借用希望館園・個人）に企画内容を説明し資料調査や借用打診を行う。この交渉段階で資料閲覧を行うか、後日閲覧調査する日時を調整する。実際に借用する

か否かにかかわらず事前に相手側を訪問して調査研究を入念に行いたい。その時に資料借用しなくても、将来的に役立つことが多いので丹念な資料調査を心がけたい。資料調査には自分の七つ道具を持参する。

企画展は借用する資料（出展資料目録）が固まらなければ、そこから先に進めないから、この辺の準備には入念な準備とスピーディな行動判断が求められる。事前の借用打診は早いほうが良い。会期直前の交渉となると相手の心象を悪くすることがある。貸し手としての館側学芸員の立場には、館内での通常業務に加え同様に調査研究と他館への資料貸し出しもあって多忙であり、そうした条件下で諸々の案件と調整することもあるので、早い時期での交渉が望ましい。特に国宝や重文クラスの借用となると数年前から始まる場合もあり、最低でも半年前には交渉しなくてはならない。一般的な資料においてさえそうであるから、展示を前提として数年前から資料調査を行うことも決して珍しくない。

この展示資料の目録化にあたり、基本は文献調査が前提となる。図録・研究論文等から該当するものを取捨選択し、また心当たりのある館園の学芸員に打診して情報を入手する。学芸員同士の何気ない会話から思わぬ収穫を得ることも珍しくない。これは学芸員とのネットワークがものを言う世界であり、学芸員という職種柄、初めての電話でも案外気軽に情報を得ることも出来るので普段からの交流を心がけたい。

展示資料候補では、最初に棒リストといって該当資料をランダムに上げてリスト化する。情報処理の手順から考えると例えばエクセルなどの表ソフトで行うと扱いやすい。そこでの項目として以下の内容を羅列する。項目を多くすると一見便利に見えるが、経験則からすると図録の巻末につける目録程度にしておいた方が扱いやすい。① No.、②資料名、③時代、④作者・所持者・銘文、⑤形態・大きさ（法量）、⑥所蔵者、⑦文献その他、⑧備考、である。

この項目を必要に応じて図録の出展目録にも使い、さらに資料解説文を作る際の編集にも応用できる。資料の梱包運搬及び設営を依頼する美術梱包業者にも同様のデータを写真付きで送ると梱包箱に付けるラベルに転用できるメリットもある。ここで仮に出展資料数を100点とした場合、棒リスト段階で2割程度多めに選択し、徐々に出展するものを絞り込む。この過程で展示ストーリー上での資料配分を行い、再度構成する。例えば起承転結風に構成するなら、起点で20点、承の部分で20点、転回で40点、まとめの結で20点とし合計100点となる計算である。この段階でのリストでは展示空間の資料配置も考慮する。見せ所を考えるのである。学芸員としてはこの段階が最も楽しい部分で、リスト化された資料を事前に閲覧および調査し展示上の課題、特に展示に耐えられる状態（保存あるいは資料自体のコンデションの状態）か、効果的な演出に向くか（地味かハデか）、空間配置的に可能なものかを見極めていく。再度今の過程をなぞると、

①　棒リスト（調査・研究段階）を作成する。
②　リスト資料を絞り込む。
③　展示構成を考える。
④　資料データを収集する。
　　計測、写真、状態（コンデション）確認（事前調書作成）。
⑤　借用資料を確定、借用先に最終確認を行う。
⑥　借用先ごとに類別、借用証を準備する（出展依頼状）。
⑦　美術梱包業者に借用データ一覧を送付する。
⑧　借用資料の保険金額を確定する。
⑨　保険加入と美術梱包業者を確定し、打ち合わせを行う。
⑩　借用に向かい、リストと確認を行い、最終資料調書を作成する。

以上の過程を踏まえ、準備後半で企画展宣伝・普及効果を高めるポスター・チラシ・図録の作成、展示造作依頼等に着手する。これは企画展上の行程にあたるが、常設展においても同様の手順で行われる。要は企画展が常設展を短期間に繰り返す作業の延長線上にあると考えるとわかりやすい。実際、ほとんどの学芸員は生涯のうちで新館建設における常設展示に関わる機会がほとんどない中で、多くの企画展活動を通じて実績を積み重ねているのである。その反動から却って常設展を疎かにしていると指摘されるが、これは否定できない部分であろう。

館活動の重点を常設に置くのか、企画に置くのか、日本の博物館活動における課題である。昨今では、企画展回数や経費の減少に伴い常設展のあり方を再考すべきとの声もあがる。これは当然の帰結ともいえ、常設展こそが博

物館における展示活動の原点であるとしながら、事が簡単でないことを現場の学芸員がよく知っている。ジレンマを抱えながら展示活動を行っているのが日本の学芸員像かもしれない。

(4) 展示予算と展示進行表

企画展を実施するためには予算が必要となる。館運営にあたり企画展に限らず何事も予算（資金）がないと動けない。ここでは中規模展示で、予算が1,000万円の例で概要説明したい。ここで例示する数字は参考数値で割合を比較しやすくするために掲示したことを断っておきたい。この程度の予算規模でも、公立博物館平均値より上位である。歴史系あるいは総合系の博物館より、美術系の方で一般的に予算規模が大きい傾向にある。当然大規模館ほど予算が多く小規模館で少ないのは、施設運営経費に対する積算基準が相違するからである。

さて、予算内容やその科目（項目）の組み方は、各自治体や博物館により若干異なる場合があるが、ここでは東京都内中規模クラス博物館での例で説明したい。博物館予算は前年度の秋に総枠が決まり、通常翌年の1月～2月頃議会で承認・決定される。一般的に秋の財政部局との折衝を通じて予算枠の大筋が決められるので、余程のことがない限り議会で否決され、予算が付かないという事態に陥ることはない。4月以降の新年度になり、随時企画展に合せて予算を執行する。しかし、年度当初の4月から始まる展示では、前年度予算において執行する。例えば4月15日から始まる展示の場合、新年度予算を事務執行し充当する時間が、事務手続き上、物理的・時間的に不可能だからである。そのため2月中旬までに業者等の契約を済ませ、3月末に納品・展示設営という形式をとる。5月以降は新年度予算で執行が可能である。このような予算を弾力的に運用するには財団方式が良いとされた時期もあるが、要は事務執行を何時の時点に持ってくるかの違いであり、両者のメリット性の比較はひところに比べあまり話題にならなくなっている。むしろ指定管理者制度の導入によってシビアな現実に直面している。

展示の準備にあたっては進行表（スケジュール）も用意する。短期間の展示準備であっても、手元に用意しておくと便利である。最初に企画展にかかる諸経費の概要を参考値として提示しよう。

(5) 企画展規模と諸経費について

企画展を行うためには以下のような大まかな経費を必要とする。仮に年4回このような展示を行うと想定した場合、単純に4倍掛けることになるが、昨今の博物館事情を見ると各企画展にもランク付けを行い、予算上の増減を行うのが一般的である。その理由として企画展全てに満足のいく予算を確保することが難しいことがあり、館内部で予算規模の大枠を決めて企画展（規模）毎に予算配分する仕組みを作っている。

例えば学芸員が2名（A学芸員・B学芸員）いたとして、年4回の展示を行う場合には、単純に1人の学芸員が2回担当することになる。一般的にA・B・A・Bと3ヶ月周期のローテーションを組み、これを均一の予算配分にするかとなると、前述したように現状では企画内容に応じて増減を行い、仮にA学芸員が大規模・小規模の企画展を、B学芸員は中規模・小規模の企画展というように予算範囲内で配分執行する。翌年にはA・B各学芸員の企画展規模を交換して行い、バランスを保つようにする。次に、展示にかかる諸経費の概要を、先の1,000万円で例示してみよう。

展示には以下のような主要項目（大項目）の費用がかかる。電気光熱費や消耗品・受付・監視等の経常経費を取り除いた分の計算である。つまり建物維持管理等にかかる年間ランニングコストを除いた以外の経費という意味である（職員人経費も除く）。

a）展示諸経費（展示設営）—400万円

内容としては、展示室の設営費（造作）や美術梱包費が主要なものである。400万円の費用の内、200万円が展示設営、残りが美術梱包に当てられる。特に、美術梱包費（役務費—運搬費）の場合、遠隔地や資料の大きさ・重さ・困難さによって費用幅が大きく、ここでは関東を中心として一部関西方面での借用（往復）とした時、このぐらいの費用と考える。これらも一般的には競争入札となる場合があるから、仕様書の作成には具体的な指示を必要とする。抽象的な表現を仕様書に盛り込むと、落札価格の幅が大きくなり、展示作業に大きな支障をきたすこともあるので注意したい。何事も信頼のおける業者に依頼するのが理想であるが、昨今は如何ともし難い事態が生じている。

次に展示設営費（委託料）の中には、解説パネル・キャプションはもとより、演出効果を高めるための造作を凝ると、この予算内で収めることは困難である。200万円の規模であれば、通常の展示ケースを使用しながら、若干の工夫を加える程度で精一杯であり、更にこの規模の予算ならば自前でキャプションをある程度自作し、浮いた費用で解説パネル類の数と種類や造作（雰囲気作り）を充実させる。展示小道具はこの時に多品種を作っておくと便利である。いろんな展示で使える小道具を作っておくことは学芸員としての努めである。よく美術梱包業者が用意する小道具の範囲内で済ませる例を散見するが、本来は館側が用意すべきものであり、他人任せにしない。かつては日本の博物館でも工作室を設けて学芸員自身が小道具をあつらえていたものだが、昨今ではそのような教授自体の経験がなされていない現状にある。欧米では館内に専門の設営セクションを設けて自前で展示ケース作成や小道具をそろえることが普通で（大規模館に限るが）、残念ながら日本では過去の遺物と化している。ここで改めて工作室の必要性を強調しておきたい。また作成するパネル類についても何回か使用するなど、環境負荷に配慮したい。これらの品々は転用することなく、大概が1回で廃棄されもったいない。収納スペースの問題もあろうが工夫して欲しいところである。展示室の雰囲気作りは担当学芸員の性格や考えが反映されるから細心の注意を心がけたい。

b）図録作成等印刷経費—400万円

印刷製本費とされるものである。内容として図録・ポスター・チラシ（パンフレット）等の印刷作成で、デジタル記憶媒体を含む場合もみられる。しかし、電子メディア再生を考えるとあまり進められない。大部の図録を持ち歩くより軽くて良いと、欧米では重宝されているとも聞く。ここでは概ね、以下のボリュームを想定する。印刷費は年々安くなる傾向があるものの、凝った作りとなると相当の費用を必要とする。印象に残るデザインを試みたい。

・図録　100ページカラー印刷、2,000部、デザイン込み

・ポスター　A2判1,000枚、A3判2,000枚（地域掲示用）、カラー印刷

・チラシ　通常は1枚ペラで両面カラー印刷　10,000枚程度

通常の印刷物の場合は、入札して業者を決める。デザイナーの有無や、印刷技術を考えて複数の印刷会社からの見積もりを行う。特に図録の仕様については入念な打ち合わせを行うことが望ましい。印刷技術・コストの点で、地方と大都市圏とで相当の差がある。半永久に残るものであるから中途半端な作成をしないようにしたい。

c）講演会等普及関係経費—100万円

教育普及分野の経費である。一般的には、記念講演・講座・シンポジュウム・実演・体験学習があり、これらは通常、謝礼（人件費）に含まれる。大学教授クラスの講演の場合、2時間3～5万円前後で、遠隔地からの招聘の場合、交通費・滞在費を加える。実演あるいは体験学習の謝礼では一括して支払う（現在は口座振込み）。実演人数を勘案して算定する。この他、学芸員の出張費等をこの項目で考えておく（学芸員の調査・借用・返却にかかる出張費は地外旅費として別途計上する。海外飛行機の場合はエコノミー料金算定で、格安料金設定ではない。国内旅費も通常費用で算定する。一般的に欧米への出張には滞在費込みで1回につき50万前後となるので、この規模では国内展示しかできない）。

d）資料賃借料（土産を含む）—100万円

ここでは資料借用のための謝礼・土産が主である。謝礼金は1点で計算するか、一括で計算するかを事前に調整する必要がある。仮に1点5000円で、何点と決めておく方が無難であろう。公的な機関には謝礼金でなく、土産にする（最近では互いに礼を廃止する方向にある）。また、写真撮影及び使用料もここに含める。写真撮影に伴う遠隔地出張の場合、カメラマンの交通費・滞在費を含める。写真1枚いくらで計算しながら、更に一括でいくらとカメラマンと交渉して決める。最近はフィルム系からデジタルのメディア系を注文する傾向にあり、写真単価も随分下がっている。大型のポスターを作るなどの、高精彩な印刷を求める場合は大型のフィルム系が良いが、今はラボが少なく不便なのでデジタルを使用する方が無難である。デジタルではその場で

写真の仕上がりが確認できて使い勝手もよく、今後の主流を占める。画像を調整しやすいので便利であるが、まだまだ高精彩な印刷に耐えられるレベルではない。日々技術革新が行われており、今後はデジタルが印刷媒体の全ての必需となるのは充分予測がつくところである。

(6) 展示進行について

企画展を実施する時には、進行表を作成すると便利である。単年度実施はもちろんの事、特に複数年の準備期間を必要とする企画展ではなおさらである。一般的にスケジュールと呼ばれる展示進行表は、学芸員にとって不可欠な道具である。展示進行表のスタイルに特に定型化はないが、ノートに挟む大きさが良い。壁には大きなものを作成し、準備（行程）の進行及び消化状況を確認する。内容として図２のような項目を盛り込む。項目内容は展示に合せて変更する。

展示進行が予定通りに進行している時には問題ないが、未消化状況が顕在化した場合、対応手段を考え新たにスケジュールを組み直す。このような展示進行表を作成する場合、例えば自分１人が担当する時にはそう問題化しないが、複数の館園との共同企画展示では、この進行表を基に互いの進捗状況を確認する手段とするため重宝される。企画案のみで相互の共通理解を得るのは意外と難しい（図3)。

単年度・複数年度の展示進行表を常に見比べて作業手順を確認すること、それがまた自己の管理にとっても有益であり、結果として優れた企画展へとつながる。実際、博物館内部での学芸員の仕事は煩瑣で多忙の限りである。そうした日常の中で企画展を進めなければならない。結果的に成功への道標

(1) 年度・月の時間軸
　最終到達点（実施日）
(2) 準備期間の概要
(3) 展示計画
　プラン・資料データ・展示レイアウト・打ち合わせ）
(4) 資料選定・借用
　資料のリスト化・借用先リスト・交渉・写真撮影・原稿依頼
(5) 印刷
　図録・ポスター・チラシ等の作成・業者選定・発送手順
(6) 演示具
　展示レイアウトと業者選定・解説・デザイン・展示設営期間
(7) その他
　広報活動―マスコミ動員と対応・講演会等の準備・依頼

図２　進行表の項目

アイヌ工芸展 「サハリンアイヌ民族誌—明治～大正期における当児湯人類学会の調査とその軌跡—」進行表

項　目	平成19年下期（8・10・12）	平成19年度上期（3・5・7）	平成20年度下期（9・11・1）	平成21年度（4・6・8 11）
準備・展示期間				
平成21年秋～22年冬				
展示（3館巡回）				○—○
展示計画				
(1) 展示プラン策定	○…………	…………➤		
(2) 事前資料調査	○…………	…………➤		○
(3) 展示計画の具体化				
①ストーリー作成		○…………➤		
②略図作成			○	
③展示資料概要			○	
資料選定・借用			資料選定	
(1) 資料選定・借用依頼			○…………➤	写真
(2) カード作成・写真撮影			○カード化　○……	……➤
(3) 資料運搬				……➤○
印刷			仮見積起案 見積起案	契約
(1) 見積・起案・契約			○➤　○➤	○➤○ 納品
(2) 立案・原稿作成・校正・納品			○……➤○——	——➤○ 4
(3) 発送作業			立案　原稿	校正
①ポスター巻き・封筒詰め				○
②発送				○
演示具			見積	起案　契約
(1) 見積・起案・契約			○➤	○➤○
(2) 原稿作成・校正・納品				○
(3) 飾りつけ				○➤
(4) ネーム・キャプション作成				……➤○
その他				
(1) プレス関係				○
(2) 講演・シンポジュウム等			○講演者候補	○

・主催　財団法人アイヌ文化振興・研究推進機構（北海道札幌市中央区北1条西7丁目プレスト1・7　☎ 011-271-4171 担当K・A）
・共催　帯広百年記念館　（北海道帯広市緑ヶ岡2番地　　☎ 0155-24-5352　担当U）
〃　八戸市博物館　（青森県八戸市大字根城東構35－1　☎ 0178-44-8111　担当S）
〃　板橋区立郷土資料館　（東京都板橋区赤塚5－35－25　☎ 03-5998-0081　担当K）

図3　進行表

として、管理全般を容易にするのが展示進行表なのである。学芸員が頭でイメージを重ねて企画展像を描くとしても、自己管理の徹底化や、他の職員との連係・コミュニケーションを図るためにも展示進行表の作成を薦める。

第3節　展示シナリオ

企画展の展示シナリオの流れは、先の企画書である程度の内容を概要提示したところである。ここでは箇条書き的に展示が完成するまでの行程・手順を例示して説明する。展示テーマの要因は非常に重要である。館活動として展示を重要な柱に据える館と、そうでない館（一因には費用の問題が絡んでいる）とでは雲泥の差を生じる。学芸員の最初のスタンスとして、企画展活動の盛んな館を選ぶのは当然のことである。以下の内容は、文化庁が主催する学芸員養成課程で使わないテキストを参照、例示した。

①　展示テーマの決定（要因・勘案事項）

a）館のコレクション、収集・目的

特別展・企画展・普及展・常設展かを選択し展示する。

b）従来からの展示継承（テーマ展）と今後の方向性

c）学芸員の専門・能力・経験・好み（オールラウンドプレイヤーの存在）に起因した動機

d）他からの持込要請

主催・共催・後援・協賛（新聞社・放送局・企業）

e）他館・コレクションの紹介・交換展（姉妹都市提携・博物館交流）

f）開館・周年記念展等の展示（開館特別記念・10周年・100周年）

館の空間・展示ケースの形、大きさ

以上の内容に沿って次に個々の資料を検討してグルーピング（分類）し、展示ストーリを作っていく。

↓

◆点である個々の資料を如何に構成して1つにまとめるか

↓

◆系統性をもったテーマの追求と、展示のシリーズ化

↑

予算規模を常に勘案すること

②　出品リストの作成

a）出品予定数は、展示面積を考慮する（例：美術館では一坪一点の見当であるが、歴史系ではかなり綢密性が高い場合がある）

b）展示テーマに関する全作品をあげ、総体を考える

c）展示の目玉となる資料を決める

指定文化財（年間出品期間の限定）の扱いに注意。

d）出品予定資料の情報を収集する（論文・掲載文献等・保存状態・法量・保管場所の事前調査）

e）複製資料（レプリカ）利用の可能性を考える

　これは展示理解の一助や代替品として考える。

f）写真の有無を考える

　所蔵館・出版社・カメラマンとの調整

③　出品依頼の手続き

a）依頼書の作成―趣旨書・願書・承諾書・返信用封筒（切手添付）―

　出品先依頼（国・公立・私立・財団・個人）による方法、書式の相違等に対応する体制つくり。初めて借用する場合には、自館の環境調査等のデータが必要となる。

b）依頼先別の出品フォーマットの作成及び把握（請書）

c）写真撮影・写真掲載許可等の依頼

　＊指定文化財の扱いや、消防法、警備についての事前調整（重文公開認定施設か）

④　図録作成の手順（基本的に小規模な展示では作成しないことが多い）

a）編集方針の決定

b）本文編（総論・各論）、図版編　作品解説、図表の執筆・作成

c）図録掲載資料の写真撮影・写真借用の確認及び手配

d）編集・レイアウト　⇒印刷会社のデザイナーとの打ち合わせ

e）　校正・印刷・製本（納期や仕様確認）

⑤　パブリシテイ（広報活動）

a）ポスターのデザイン（チラシ・パンフ等）

b）広報活動（新聞社等のマスコミ対応）

　役所の広報が一括して行う場合と、館が独自に行う場合がある。公正・均衡のとれた対応を心がける（但し、特殊な場合はこの限りではない→専門誌）

c）　発送（招待状など）

⑥　展示構成の作成

a）総合的なプロデュース（趣旨の徹底）

展示業者との意思の疎通

b）動線計画の設定（展示ケース等の配分）

入館者の第一印象を想定、動線の基本は右から左である（逆でも可）。

c）題箋（キャプション・ネーム）・解説パネルの検討

d）展示資材のリスト

常備品に不足はないか確認（小物類）。

e）照明計画

ディスプレイ（照明デザイナーの役割）。

f）　講演会・その他（教育普及）案内・集客・講師対応

⑦　資料借用

a）出品者の所在地に合わせ集荷案を立てる（借用行程）

b）借用リストと借用書を作成する

図４　企画展設営変更前の常設展示状況

図５　企画展会場となった常設展示室

図６　企画展に模様替えした
常設展示室の壁面ケース

図７　企画展終了後、常設展へ普及した状態

c）資料現状調書（コンデション）を作成する

付属品・箱についてもチェック。

d）美術品輸送業者と詳細な打ち合わせを行う

日程・保管・宿泊場所等。

e）出品者と最終打ち合わせを行う（確認）

集荷通知及び日時の確認。

f）資料を梱包する

学芸員が主導し、美術梱包業者任せにしない（おかしな点は遠慮せず指摘）。

⑧　資料の展示

a）解　梱

解梱及び展示終了後の収納は、同一人物が望ましい（業者に指示）。

b）資料の確認・点検

展示期間中も資料のコンデションに注意（学芸員の責任）。

c）展示・点検

照明を終えて展示は完成するが、机上と実際上では違う。

⑨　資料の返却

a）出品者の所在地に合わせ返却案を立てる（返却行程）

b）借用書を回収する

調書で返却時の傷等の有無について確認。

c）謝礼を渡し、受領書を回収する

現金か土産かの判断（この辺の判断は借用交渉段階で決めておく。個人で動くわけでなく、館で決められた予算の範囲内で行う）。

⑩　整理とお礼

a）礼状の発送（関係機関・個人その他）

b）今後の名簿のフォロー

次回に借りる時に効果的な場合があるので資料提供者とのまめな連携は必要である。

⑪　レセプション

関係者を集めた開館前の宴会

日本では景気の影響や飲食が公費で支出してきた問題があり、近年少なくなっている。アメリカでは盛んに開かれている（レセプションに対する考え方の相違）。

第4節　展示の設営

(1) 展示法の選択について

展示の形態を常設展示と企画（特別）展示の２種類に大別し、常設展と企画展の大きな差異は、展示室の作り方と展示する資料等を固定化するか否かとによる。常設展の場合では、そこで展示する対象物は長期間にわたり固定する方法がとられるのに対して、企画展では多種多様な展示物が短期間で入れ変わる。そのため企画展示室の仕様も、主とした対象物に合わせて作る必要がある。わかりやすく言えば、美術館仕様（提示型展示—鑑賞展示）か、歴史系博物館仕様（説示型展示—学術解説展示）かということであり、動植物園や科学博物館ともまったく違う仕様となる。ここではわかりやすく美術と歴史分野の比較で簡単に例示する。

美術館の場合は大きな箱状の空間に壁露出とし、仕切り板（パーテション）を用いて空間を自由自在に変化する。絵画等作品を壁に掛ける展示を中心とすると壁面が重要な要素になるが、歴史系では展示ケースに収納することが多いので、壁面には周回する固定ケース（大型）を作り、中央部分に移動（可動）可能な小型ケースを設置する方法が取られる。美術館でも壁面に大型ケースを設置する例は多い。要するに企画展示室は可動性（展示自在性）のある空間に仕様するのが昨今の博物館展示仕様となりつつあり、その方がベストではないが使い勝手が良い。

(2) 設営の段取りとその方法

企画展を担当する学芸員の最大の楽しみは展示設営にある。自分が考えるイメージを展示という形で一般公衆に披露するからである。図録は最終的な成果として後世に残るが、展示は限られた時間の中の花である。会期を終えると全てが無の状態となり、次ぎの企画展に引き継がれる。展示設営には通常1～2週間の時間を設けて、例えば土曜から始まる展示に備える。設営に手間取り時間的に厳しくなると徹夜になることも珍しくない。体力勝負の世界でもある。設営にあたっては、美術梱包の業者や展示設営業者に委託・指示して行う場合が少なくないが、それは大きな展示会であり、一般的には学芸員を中心に館職員や博物館実習生やボランティアと行うことが多い。1人で行うこともある。展示規模にもよるが、大規模展、中小規模展に応じた展示体制（人員配備）をとるためのマネージメントも学芸員の重要な仕事である。その設営体制を示す（図8)。

① 展示室での資料配分や展示ケース配置を想定する（イメージ)。

② 展示空間の大きさ（規模）によって、出展資料の数量をある程度決める。一度で展示できない場合、何時頃展示替えを行うかを指示する。

③ 出展資料をケース毎、壁（壁面展示―絵画等）毎に配分する。

大英博物館等で展示担当していたマーガレット・ホールの「ディスプレイ」には、企画展に関わる多様な人々と業種のあり方を、この図の中で紹介している。上図の4名は展示チームと題して①学芸員と②展示デザイナー、③編集者と④第三者としての関係市民、職員とが連携して企画展内容を調整。次に下図では展示設営関係者が出てくる。①～④の人物は既に紹介したが、⑤グラフイックデザイナー、⑥照明デザイナー、⑦企画展マネージャー、⑧大工（工作)、⑨ペインター（塗装)、⑩電気、⑪警備会社、⑫ワーダー（解説文作成者)、⑬コンサベーター（保存)、⑭教育普及、⑮広報、⑯写真、⑰印刷、⑱販売、⑲プレパラーター（資料管理）で構成されている。日本の大規模博物館ではこのような陣容を抱えるか発注できるが、小規模館では相当の部分を1人の学芸員で担わなければならない。

図8　展示設営関係者相関図
（マーガレット・ホール『展示論』より）

④　展示する。資料の配置空間と展示説明パネル・キャプションの空間を考慮する。

⑤　ケース等に資料・パネルが収納したら固定化する。

⑥　ケース外観の指紋等の汚れ、ごみを除去（掃除）する。

⑦　照明を行う。

⑧　監視員の配置を決定する。防犯上の問題点がないか検討する。監視員からの死角を少なくするよう心がける。また、観覧者の足元等、安全にも配慮する。

第５節　パネルの種類

企画展で使用されるパネル類は、特に定型化した形式と内容があるわけでないが、概ね展示予算と展示室規模とによって一定程度の規格性をもっている。常設展と違って、企画展で用いるパネルは常設展ほど稠密でなく、むしろシンプル指向に傾きがちである。これは学芸員自身のスタンスとも密接に関わる事項で、また博物館全体の意志を反映させる場合もあるが、これは少数であり大概は学芸員個々人の性格や姿勢がはっきりと示される。そこに展示の面白さがある。

企画展が千差万別であるように、パネルも同様のことが言えるのである。博物館では数多くの展示経験を通してパネルの種類とその制作が、館種や規模の大小等各館毎に一定程度の傾向が固まってよさそうなものだが、実際はそうはなっていない。とどのつまり、未だにパネル作りのあり方は進化途上にあるとも言える。そのことは博物館展示における展示解説や説明がどうあるべきかとの問に対する、永遠の課題に近いものがある。

さて、博物館現場でのパネルの種類や制作はどうなっているのであろうか。これは展示に関わる予算と密接に絡む事項なので、先に触れたように企画展規模の大小により大きく変化する。そして次のような種類を最低限必要とし、同時に数量も予算を勘案しながら学芸員みずから工夫を凝らして取り組んでいる。ここで最初に解説あるいは展示雰囲気つくりのパネル類の時代的な変遷過程を俯瞰してみると、大まかに以下のような時代的推移を見てとれる。

① 手書き解説（書道）パネル→寺社仏閣宝物館時代の盛行
② ポスター形式の手書き解説パネル→殖産振興地域博物館の勃興
③ 看板屋を含む展示専門業者等参入（大規模展への対応）による、グラフィックパネルの普及⇒デザイン性の追及→高度経済成長と並行する博物館群の出現
④ 過度な文字情報を制限（限定情報→文字が多いと読まないとの前提）して、グラフィックな意匠性を目指す→画一的な展示方法への反省。教授する方法から鑑賞への流れ
⑤ イメージ情報化→テレビモニター等の映像媒体によるインスタレーション導入によるパネル等展示解説の削減方向性
⑥ 多様化する展示解説（音声ガイドの普及）導入と最小限のパネル導入への試行錯誤（インタラクティブ化）→展示パネルのあり方を再考する方向性

以上のように展示説明内容やパネルは時代的な発展推移を経て、今日の博物館展示に連綿と引き継がれている。近年の傾向としては、ハード面（映像等使用に対しして）での普及進化と共にパネルのあり方に変化をもたらした傾向を読み取れる。これは展示の見せ方とも関連しつつ、昨今の予算削減のあおりを受けてオーソドックスなパネル展示へと回帰踏襲する例にも反映している。過度な装飾や凝った作りを排除したシンプル指向への流れである。パネルも時代背景を映す鏡なのである。

(1) パネル制作の基本的姿勢

企画展においては、展示構成と展開とによって使用するパネル類の種類・数量が変わると述べたが、基本的な構成や種類というものはほぼ共通している。展示ストーリーとも呼ばれる展示会場の導線やパネルを単純な形で置き換えるとするなら、例えば「起承転結」式の考え方で展示シナリオと展示法の選択時点でその方向性は固まっていると考え、規模の大小にかかわらず次のような「**導入展示→課題展示→展開展示→まとめ展示**」の４ストーリーを

前提として説明していく。展示意図・背景を導入部分で設定し、次に展示コーナー毎に解説パネル、補助解説パネルを用いるのが一般的で、パネルの掲示には文字情報のみならず地図や写真・図解を入れたり、イメージデザインを背景に使用しつつサイン類も考慮して展示効果を高める工夫をする。

① 外部発注と内部製作

解説パネル等の大型パネル類は外部発注する場合が多く、骨枠素材として木製枠かアルミ製かウレタンか等をあらかじめ決めておく。今日ではウレタン製のハレパネ素材が多いが、長期間使用には向かない部分がある。最近ではフラッグ（旗）系の活用が多い。

② 小型の補助解説類（キャプション・ネーム）

自前で行う場合がある。大型の解説パネルと同発注して制作するケースも一般的である。手間をかけたくない場合には外部業者に発注したほうが手軽であるが、費用的に厳しい場合には館内部で作る。

③ 地図・写真・イメージ背景画等

見た目を考えると外部発注が望ましい。この場合、展示雰囲気やメッセージ性を込めたデザインとする。

④ 予算とのバランス

a）大規模展（巡回展を含む）では、ほとんどが外部発注である。

b）中小規模の展示では、予算に応じて外注か自前かを工夫している。

小規模な展示（予算不足という前提）では、自前製作が主である。

パネル等の製作コストはデータ処理の普及により年々安価になっている。それでも小規模クラスの展示予算でも高コストと思う場合がある。パネルも手間が掛かる分、価格が高くなる状況に変わりはない。

(2) 展示パネルの制作意図と種類内容

展示パネル情報伝達としての展示解説の役割を認識することを第一に簡潔な文章を心がけ、文字情報は少なくしたい（長文だと読まない。これについての反論もある）。また、文字は大きく、読みやすく（ルビの配置及び高齢者、児童への想定）し、照明効果を前提に考える（展示室は全般的に暗い）。展示対象者に応じて、文字の大きさや文字種を考えた文字情報のパターン化→パネ

表1　展示パネル

1）導入（展示の目的を説明し、タイトルをのせる）
a）開催挨拶
b）導入のイメージ　写真や図等により展示への期待感を演出する
c）謝辞
2）展開（展示小単位の構成、展示の規模により、構成を細分化）
a）コーナー解説（セクション解説）　中・小見出しと解説により構成
b）補助解説　中程度の情報提供
c）写真・図（地図等）・模型
3）キャプション（個々の展示解説）
a）展示資料名・時代・大きさ・所有者・小規模の展示解説（キャプション・ラベル）
b）上記に解説文のないものを、ネームプレートという（資料名のみ）
4）展示背景造作（展示室の雰囲気を高める効果のために）
a）仕切りパネル類、衝立・スクリーン・フラッグ
b）案内サイン

ルの大きさの定型化を考慮しつつ、いつでも参考となる良いパネルを真似ることが肝心である。

展示解説に伴うパネル類は、展示の目的やその製作意図によって多様な選択・変化を求めることができる。展示の導線とその展開を考えると、表1のような種類を必要とする。漢字にはルビをふり、平易な文章化に努める。

(3) 解説文の注意点

①　対象者は誰か

一般的には小学校6年生以上中学生程度としているが、その概念は極めて曖昧である。今日では高齢者あるいは障害者にも優しい解説方法が求められている

②　難しい解説をさける

表題（資料名）・専門用語等（漢字）には必ずルビをふる習慣をつけたい。小学校低学年やそれ以下を対象とした文章（解説）の作成は大変難しいから小学校教師のアドバイスを受けるようにしたい。

③　情報の選択と文字数の統一

文章（解説）は短く、簡潔に。文字の大型化（高齢者・児童向け）。同時にパネルの大きさにも反映させる。文字色は濃い目にする。淡い色彩の色文字は遠めでは見えにくい。文字数については確たる根拠はないが、概ね以下を

目安とする。

a）開催挨拶文⇒ 800 字程度

b）コーナー解説⇒ 800 字程度

c）キャプション⇒ 100 ～ 200 字程度

d）ネーム⇒ 20 ～ 50 字程度

第6節　解　説―展示説明ギャラリートーク―

(1) 解説の現状と課題

常設・企画展開催中には、学芸員による展示解説が不定期・定期的に行われる。常設展解説の場合、館によっては訓練された展示解説員やボランティアが行うこともある。こうした行動様式を解説、ギャラリートークと呼び、大規模館ではさらに音声ガイダンスという携帯型端末を用いた展示解説も一般化しつつある。人間か機械かという違いがあれ、展示会場での解説は日常的で、むしろ展示解説の頻度は年々増加しているとみていい。

しかし、学芸員の中にはこうした行動を好まない者も少数ながらおり、また展示解説が茶番的な内容になっては却って逆効果な場合もある。解説する行為にはある程度計算された訓練が要求される（図 9）。

さて、展示解説とは何か。解説には伝える媒体によって 3 種類に分けられると真坂オリエは述べている。人・文字・機器からなり、人とは学芸員・展示解説員・ボランティアからなる肉声を通して展示内容を伝える方法を指し、文字とは説明パネルの解説文で最後が機器であるという。当たり前と言ってしまえばそれまでであるが、要するにこの 3 種の手法は観覧者への展示解説を巡る表現の

図９　企画展における展示解説

違いに発している。静かに観覧したい者は、説明パネルか音声ガイド等の機械を好むかもしれないし、展示の迫真性を学芸員の口から語られるのを希望する者もいるかもしれない。世界的に見て、現在の博物館では専門家としての学芸員自身からの語り口を希望する傾向にあるようで、企画展を担当する学芸員にはある程度の話術も必要とされよう。専門家として学芸員の説明には迫真性を伴う。

展示解説あるいは展示説明（ガイダンス）を自在に行いうるのは、その展示を担当した学芸員であれば当然のことである。こうした行動は博物館にとっても集客性という点で、また展示を見に来る来館者にとっても楽しみである。特に展示担当者からの高い知識に裏づけされた迫真にみち、話題の富んだ話し方は、展示解説文や映像等の機器からは伝えられないもので、来館者の反応を見ながら状況説明を話すのは学芸員が適任である。一方で、常設展の場合、常勤・非常勤の解説員やボランティアが行うことも珍しくない。こうした活動は大規模館園で多い。中小規模の館園では学芸員が行うのが一般的である。日本ではこのように学芸員活動の一環として展示解説、ギャラリートークを行うことが常態化しているが、欧米の大規模博物館では、分業制度の延長としてドーセント（dorsent）あるいはインタープリター（Interpreter）と呼ばれる職種の解説員が存在する。こうした役割をボランティアが行う場合が多い。アメリカでは特にこのような傾向が顕著である。これは常設展において見られるが、企画展では学芸員が行う一方で、教育普及部門のエデュケーターが行う場合もある。欧米では複層階にわたる幅広い人材を活用した展示解説が一般化しているのである。

機器類活用では企画展の場合、音声ガイドが一般的であるが、こうした機器も大規模館か新規開設館で導入しているだけで、既存の中小規模館園ではあまり普及していない。ひと頃色々試みられたICカード・端末系は思ったほど普及しなかった。今後は携帯・ブック形式のタブレット端末に連動するシステムを導入した展示解説が導入されることも充分予測されるところであるが、その技術は先進性や可能性を示してはいるものの、現状の中小規模館園での導入は費用及び人材の点で難しいかもしれない。

(2) 博物館教育専門職とその役割

日本の博物館学では、制度的に博物館教育専門職の設置を念頭に置いていない。将来的には現行法での改正が望まれ、従来の①研究学芸員、②保存科学担当学芸員、③教育（展示）学芸員を便宜的に区分して配置しているだけで、以上の３種類の学芸員職制も確たる位置付けにあるわけではない。広範な守備範囲を持つのが日本の学芸員象である。

欧米では早い段階から学芸員の専門職制が発達しており、ここで取り上げる教育普及部門でさえ、Museum・Educator、Museum・Teacher、Instractorという職種が存在する。彼らは学芸員（Curator）の下位に位置付けられていたが、最近ではむしろ独自性を強め、待遇面でも改善されつつあるという。特にアメリカのEducatorは博物館運営上重要な役割を担い、その活動内容として「教育キュレーターは、博物館教育の全プログラムを用意する最も重要な人である。言葉で美術作品を通訳し、展示解説し、展示室講演、講師、ボランティア案内者の養成・指導、教員の実習、定期講座シリーズ、映画会、討論会、セミナー、屋外活動、ラジオ・テレビプロダクション、学校への巡回展、その他の教師としての活動の研究と実践者である」とその役割の重要性を指摘している。このような内容を日本の学芸員も行っているが、欧米の強みは専門の職員がいる点につきる。兼務状態で大変な日常を送る日本の学芸員との彼我の違いに驚くばかりであり、声高に教育普及活動の重要性を強調してもヒト不足では何にもならない。

1976年のデータであるが、アメリカの主要な３館の美術館が教育普及に費やした費用の比較で、シカゴ美術館で2,900万円、クリーブランド美術館が3,200万円、メトロポリタン美術館では２億円であったという。当時の日本では大規模な博物館でさえ100万円程度であったと推定されている。

費用の問題に留まらず、博物館の規模と職員数で教育普及部門を比較すると表２のようになる。

日本では体制的に教育普及の充実を唱えていても、充分な効果を生み得る状況にないことは一目瞭然である。それでも何らかの形で取り組まなければならず、それには館職員のみならず、外部からの助力を得ながら地道な活動

表２　主要博物館における職員数構成（京都新聞社 1997）

1）ルーブル美術館	1,600 人（学芸 65、文化・教育活動 120）
2）大英博物館	1,030 人（学芸 120、教育 30―増員中）
3）エルミタージュ美術館	1,500 人（学芸 180、教育 200）
4）ベルリン国立博物館群	1,400 人（学芸 240、教育 25）
5）メトロポリタン美術館	1,800 人（学芸 110、教育 80）
6）ワシントン・ナショナルギャラリー	1,100 人（学芸・教育 110）
7）国立西洋美術館	32 人（学芸・教育 10）
8）東京国立博物館	118 人（学芸 50）
9）京都国立博物館	44 人（学芸 16）

を広げなければならないと考えられる。

日本の博物館学では、制度的に博物館教育専門職の設置を念頭に置いていない。将来は大学院での専門的な教授方法によって、新たな教育普及のあり方が模索されようが、高齢者や幼児教育及び障害者への対応など、心理学を含めた広範なより専門的な教授方法の上で、新たな具体的な実践例が生まれるものと考えている。現状では、講演会・体験学習を中心に工作方法や、話術の上達等も含まれようが、更なる学芸員の専門の細分化を推し進めなければならない。

第７節　展示図録・報告書・リーフレット等の出版

（1）出版物

展示の成果物として常設展図録や企画展・特別展図録が発行される。さらに図録とは別に館活動報告の年報や学芸員活動成果としての研究紀要、調査報告書、資料研究及びフィールド調査成果等の報告書を作成するのが博物館活動の本来の姿で、実際こうした研究成果を報告書として定期的に発行する博物館や美術館等の館園は多くない。定期あるいは随時的な調査報告書の出版刊行は、展示図録を補完する意味合いもあり高く評価される一方で昨今の財政難がこれを難しくしている側面がある。

さて、展示図録とは企画展（特別展）ごとに発行し、その成果を世に問い同時に後世に残す印刷媒体であることは説明するまでもない。ひところ大容量の情報と検索の利便性からCD、DVD、メモリー等のメディア系が図録や報告書等の代わりをしていた時期もあったが、今は再び冊子媒体が主役であり続けている。これは本の形に比べ、メディア媒体が技術革新と共に著しく変化して一定の形で安定していないためである。かつては重い図録に比べコンパクトで良いともてはやされたものの、ハードと共に情報を再現提示できないのでは意味がない。

図録は展示毎に作ることが望ましい。昨今の緊縮財政の影響を受けた刊行物発行が困難な館園が増加しており、発刊できたとしてもページ数と発行部数を押さえられている例を散見する。基礎調査や情報伝達の部分で触れたように、学芸員活動の最終的な評価として図録や報告書が残る訳で、予算が厳しくても学芸員のポリシーとして財政確保の努力を惜しまないようにしてほしい。その反面、定期的に図録刊行の予算を確保している学芸員は、出版費用に苦しんでいる博物館学芸員の立場を考えれば、安易な形での図録や報告書作成に注意すべきことは当然であろう。ある一例を示すと、関東のある博物館は文書館機能と併用併設した形で年間数回の企画展を開催しているのにもかかわらず、図録を出版する予算がなくチラシ程度で周知している状況で、そのため宣伝効果が弱く入館者が伸びない、よって行政での評価も低いという悪循環に陥っている。展示内容は比較的良いのだが、成果としての図録がないため、後評価という点において評価すべき媒体基準を持たないが故に、結果として図録発行予算がつかないことの繰り返しとなっているのである。こうした状況下では学芸員としてのモチベーションを維持するのもつらい。

統計上の比較検証がなく根拠に乏しいが、図録等出版物の刊行有無と博物館利用者数とでは、一定程度の相関関係にあるのではないかと見ている。これは感覚的に当たっているのではなかろうか。理想として大部の図録でなくても、何らかの形で図録を出し続けることが博物館という組織維持において重要な要素となるのである。

①図　録　常設展示図録、企画展（特別展）図録、収蔵品図録が主な内容

となる。常設展図録とは常設展専用で、普通長期間にわたり供用されるため、版替えする時を除き頻繁に出版することはあまりない。絶版後要望が高ければ再出版する場合がある。企画展（特別展）図録は、企画ごとに出版するもので、速報性や時代性を反映した内容となる。通常は常設展図録に比べ発行部数が少なく、大規模館で3,000部以上、小規模館では1,000部以下である場合が多く、一般的に1,000部から2,000部である。昨今の印刷状況を見ていると図録のページ数にもよるが、部数の多寡は印刷費用とあまり関係しない。企画展図録の内容構成には、担当学芸員の姿勢と資質が端的に現れる場合がある。改めて説明するまでもないが、誰を対象とした展示かを考えれば自ずと答えが明白であり、少なくとも研究論文と筋論で違うから誤解のないようにしたい。

しかし、最近の企画展図録には学際的、先端的な研究成果を盛り込む側面もあるため、内容の濃いものが多数見られ、その一環として複数の小論文を掲載する例が一般化している。特に大部の図録では、巡回展を行う前提で制作しているため複数の学芸員が連携して行うから概してレベルも高い。稀に科学分析を加えるものもある。やや古い話となるが、とある県立美術館の館長が展示図録には本来出展作品のみを掲示すべきであって、学芸員の研究論文は不要ではないかとし、その分のページを写真増加にあてビジュアル化すべきとする主旨の暴論とも思われる発言をしていた。これは時代錯誤も甚だしいと言わざるをえない。この話は平成時代に入ってからのことで、確かに一理はある。ただ欧米の美術館・博物館の大部の図録でも必ず学芸員や大学研究者の論文と併録する形で、科学分析データと比較検証しつつその作品の真贋、時代判定を加えるのが一般化していた時期にあって、博物館トップの人間として見識ある発言とは思われない。このことは日本の博物館運営や組織上の一端をうかがえるようで寂しい。収蔵品図録とはその名の通り代表的な資料、作品をまとめたものである。残念ながら収蔵資料をすべて図録化する博物館は少ない。

②年報・研究紀要　年報は博物館の年間活動報告であり、紀要は専門職としての学芸員の研究発表の場である。外部に委託して研究論文を掲載することも一般化している。館の事情により毎年出版する場合と隔年で行う場合と

がある。紀要の存在は学芸員の普段の研究成果を公的に発表する場であり、同時に博物館の質を照明する証であることを忘れてはならない。そのため学芸員は必ず自館の紀要への投稿編集を本務とし、さらに館外研究機関への積極的論文投稿を心がけたい。

③報告書・資料集・目録　調査報告書とは資料調査の研究成果を集大成化したもので、県立クラスの博物館の場合、自然・考古学・民俗・歴史の各分野から刊行される場合ある。市町村クラスではこのような体制を組むのは難しいが、不定期ながら個別案件の調査ものを出す例が見られる。東京都豊島区立郷土資料館では、戦時中の学童集団疎開に関する資料集を長年にわたって調査刊行しており、これはその館の活動重点を示す好例である。目録は収蔵目録である。古文書等の目録を整理して定期的に刊行する博物館は多い。資料の翻刻を行う資料集もこれに含まれる。近年ではデータベースの普及や経費の問題ともからみ収蔵目録出版不要も聞かれる。しかし、基礎的な調査及び資料研究を行う上で必要不可欠と考えたい。

④リーフレット　パンフレットとも言う。簡単な解説書である。最近はこの種の出版形式を取り入れ、ポケットサイズで安価な価格帯で販売に向いており人気がある。図録や紀要、調査研究報告書ほどの堅苦しさがなく、啓蒙的な性格を前面に押し出し、対象者を児童から大人まで幅広くする。中にはロングランの人気を得て重版出版するケースもある。

⑤ポスター・チラシ　企画展を周知する媒体で、掲示目的に作成される。企画展タイトルや交通アクセス、講演会等の内容が盛り込まれ、またポスターも同様の性格を有しながら、周知目的、ねらい等によって異なる版形を作る場合がある。A版かB版か、縦横サイズ、デザイン等大変ユニークなものが多数作られている。ある意味で企画展の性格や博物館、学芸員個性の現われる媒体かもしれない。一般的にチラシ内容はポスターに準拠し、掲示を目的とするポスターに対して、チラシは配布目的に展示の見所を列挙し来館者の興味を抱かせるものとする。

(2)　ミュージアム・グッズ制作―博物館館の販売戦略―

大規模博物館・美術館では、ロビーの一画にグッズを扱うショップを設けるのが普通で、中小規模クラスの博物館でも一般化しつつあり、このショップではミュージアム・グッズと呼ばれる特徴と共に地域性のある品物を扱い、図録・絵葉書等の印刷物以外の多様な商品を見ることができる。できることなら図録と並行して、展示にあわせたグッズを制作し販売することも博物館の役目であろう。

ただし、企画展にあわせたグッズ制作と販売にも幾つかの課題があり、傾向としては大規模館ほど充実する一方、小規模館で少ないのはそれに要する経費を計上できないジレンマがあるからである。印刷物以外のグッズ制作と販売には、それなりのノウハウと費用を必要とし、その前提条件として博物館全体の意志としてグッズへの考え方、すなわちビジョンと方針を示す必要がある。これについては先述したように小規模館ほど課題が多い実情ながら、徐々にこの分野への取り組みを真剣に考える必要があることは言を俟たない。企画展図録と並行して、小物をふくめたグッズの扱いと販売を意識して、その第一にポスター・チラシ・図録に意匠登録したデザインを用いた絵葉書やファイル、タオル等の安価なものから工夫販売を重ね、質的な水準と種類を増やしていく工夫を必要とする。制作販売のあり方には柔軟に対応することが肝心で、小規模な館ほどそうした工夫を行う一方で、小回りもきく利点を活用したい。

一般的にはショップに置くグッズにはオリジナルグッズと仕入品との２種に大別されるという。本来はオリジナルであることが望ましいが、日本の博物館ではそこまでの品揃えを行っている館は少ない。オリジナルグッズの開発は館のコンセプトと連携し、ロゴを含めた館の顔となるべき要素が占める一方で、歴史系よりは美術系の方が商品開発しやすい傾向を看取する。開発は費用や数量と深い関係にあり、単独館での商品開発は非常な困難が伴うから大規模館でのみ可能な方法ともいえる。一般的にはショップでのオリジナルと仕入れとの比率は前者が20～30％、60％以上が仕入れとされる。博物館とショップの課題は、この比率をオリジナルでどれだけ高められるかにかかっているという。

主な参考文献

大堀　哲・小林達雄 1996『ミュージアム・マネージメント』東京堂出版
小原　巖編 2000『博物館展示・教育論』樹村房
加藤有次・椎名仙卓 1993『博物館ハンドブック』雄山閣
金山喜昭 2001『日本の博物館史』慶友社
チモシー、アンブロウズ 1995『博物館の基本』（財）日本博物館協会
（財）日本博物館協会 2009『日本の博物館総合調査研究報告書』
並木誠士・吉中充代 1998『現代美術館学』昭和堂
Margaret Hall 1987『On Display』Lund Humphries, London

第Ⅷ章　展示空間の構成

小島有紀子

第1節　展示空間の構成に必要な要件

(1) 博物館学の展示要素

博物館の中核機能である「展示」の効果は、展示空間の構成によるところが大きい。展示の意図に基づいた資料の選択、それらの展示を行う空間の発想と計画、展示の意図を伝えるための展示手法が一体となって、初めて展示空間は構成され、完成する。さらに展示空間に求められることは、観覧者が資料の前に立つことではなく、資料が持つ情報で作られた空間に「いる」ことである。

博物館学の視点から青木豊は『博物館展示の研究』の中で、広義の意味で自然界と人間社会の展示行為から博物館展示の必要要件を見出している。これは展示空間の構成を行うに当たり重要な要件であることから、青木氏の展示論における博物館展示の必要要件に依拠して考えていきたい。

まず、展示の必要要件の１つ目は「注意の喚起」である。注意の喚起を呼び起こすものとして必要なものを、青木氏は自然界の受粉の流れを例にとり、以下のように述べている[1)]。

> 博物館展示における蜜とは何か、即ちそれは「月の石」に代弁されるような優秀な実物資料であると断言できる。（略）蜜へのプロローグとして注意を喚起する花として当該資料が内蔵する学術情報に相応する種々の展示技法を駆使せねばならないと考える。

以上のように、展示手法を花、資料を蜜と捉え、蜜にふさわしい花が必要であると述べているのである。つまり、資料の内蔵する情報にふさわしい展示手法が博物館展示には必要ということである。

続いて２つ目の要件は「一定の意図に基づく目的のある標示」である。展示の意図について青木氏は以下のように述べている[2)]。

展示の目的は個々の資料が内蔵する学術情報を研究することにより導き出し、その成果を伝え教育することにあり、それはまた同時に学芸員の研究成果を世に問う場でもならなければならない。

以上の文章から、資料を展示して展示空間を構成するということは研究によって導き出された該当資料が持つ情報を配列の意図に基づき、展示手法を駆使して展示することであり、その展示手法は情報を最大限に引き出すことができる手法でなければならないのである。

続いて３つ目の要件は「展示者と展示に参加するものの同時併存」である。これは展示が行われている空間における、展示資料を通じた展示者側の展示の意図と観覧者の観覧空間を指しているものである。１つ目の要素であった「注意の喚起」により足を止めた観覧者が、その資料の前で見ることが出来る、または知的好奇心に応え得る展示空間を構成する際には、建築学を考慮に入れた上で最も重要な要件のひとつである。

青木はこの同時併存に関して「展示には必ず展示する者と展示を見るものの二者が必要であって、いずれか一方を欠いても展示は成立しない」[3)]と展示の本質を指摘している。

４つ目の要件として「展示参加者の受益」が挙げられている。博物館展示において展示参加者の受益とは、展示技法によって注意が喚起がされ、資料によって知的好奇心が呼び起こされる、または満たされることに尽きる。それは置き換えれば展示の意図や資料が持っている情報が理解できることにより、驚きと発見があることである。青木は展示参加者の受益について、以下のように述べている[4)]。

展示には見る者にとっての受益を必要とすることである。（略）蜜に相当する、見る者にとっての受益要素が不可欠である。（略）博物館展示に置き換えれば、蜜に相当するのが博物館資料と当該資料が内蔵する情報以外の何ものでもない。

最後の要件が「知覚への訴え（展示は視覚のみではない）」ということであ

る。知覚に関しては後述するが、外界の物事によって起こされた様々な事象を、その受容器を用いて把握する事及びその過程を「知覚」と言い、視覚・触覚・聴覚・味覚・嗅覚に加えて、運動知覚・平衡知覚・時間知覚・内臓知覚・空間知覚がある。資料が持つ情報を資料から得るためには視覚と触覚が必要で、展示資料に近づく程、視覚と触覚の情報のすり合わせが出来、資料からの情報が伝わり易いのである。

以上の博物館学の展示要件を踏まえた上で、空間構成において重要な建築学の観点から展示空間の構成に必要な要件を述べておきたい。

(2) 建築工学の要素

日本展示学会は『展示論　博物館の展示をつくる』の中で展示者側の視点として展示を発想し、実現するための行動点として①展示する場・空間に足を運ぶ、②互いの領域に踏み込む、③体験者の動きを予測するという３点を挙げている[5)]。

建築人間工学

建築人間工学は人間工学が建築に応用されたものである。人間工学は、人間の能力や特性に合った機械やシステムを作るための学問で、第二次世界大戦中のアメリカで軍事開発を目的として研究がはじめられた。終戦後、軍事関係のみに限られる事がなくなり、日本でも昭和 30 年頃から研究が開始され、広く一般の産業にまで普及する。「人間の特性を知り、これを工学的にアプライすること」[6)] と定義されている。建築人間工学はこれが建築に応用されたものであり、機械やシステムに限らず「人間の特性を知り、それを有効に適用する事を目的として、建築と人間、空間と人間とのかかわりに関するすべての事を扱う学問」[7)] と定義されている。

建築人間工学は、人間の姿勢・動作・知覚・行動・習性・心理・生理といった人間的側面から、空間量・生理的環境・心理的環境・スケール・特殊環境を分析して割り出している。建築設計は主として「外から内へ」というプロセスか、「内から外へ」という遠心的な方法のどちらかである。博物館の設計建築では、内に来るのは資料と人間である。博物館建築は「内から外へ」の建築プロセスが最も必要なものの１つである。

日本で建築人間工学の研究が行われるようになったのは、1981年からであるが、その当時は「建築学にとっては人間工学は必要条件ではあるけれども、十分条件ではない」[8] という認識を基盤とするところからスタートした。現在でも、「人間工学はある範囲を示すには有効な武器であるが、決定的な一つの数値で条件を限定する事は難しい１面がある。それにも関わらず、しばしば人間工学から出たと称する数値だけが一人歩きをして、いかにも正しそうな錯覚を与えてしまう。それが自由な発想の足を引っ張る恐れがある。」[9] との注意が促されている。展示方法でもこの自由な発想が視覚効果を生む場合も多いが、検討の材料としてはやはり必要な条件の一つである。展示資料を見る場合、知覚と姿勢が重要な要素となる。

人間の知覚

知覚とは、外界の物事によって起こされた様々な事象を、その受容器を用いて把握する事及びその過程をいう。知覚には視覚・触覚・聴覚・味覚・嗅覚に加えて、運動知覚・平衡知覚・時間知覚・内臓知覚・空間知覚がある。この中でも視覚は、短時間に広範囲の多くの情報が得ることが出来るため、人間が必要とする情報の80％以上を占めている。しかし、視覚から得られた情報は、正確さや確信において劣る事があるため、その情報の不足部分を触覚で補うのである。そのため、視覚の次に大切なのが、触覚である。触覚に関しては、それぞれの密度の違いはあるものの、全身の皮膚に触覚センサーが分布している。物体表面の把握は、主に視覚と触覚によって決まるといわれている。物体から離れたところからは色だけが識別される。近づくにつれて表面の模様・凹凸が分かるようになる。物体に触れるほど近づくと、視覚・触覚による認識の違いは少なくなってくる。

つまり資料の情報を資料から得るためには視覚と触覚が必要で、展示資料に近づく程、視覚と触覚の情報のすり合わせが出来、資料からの情報が伝わり易いということである。

人間の視覚範囲

視野を動かすものには、眼球の回転・視線の移動・眼球運動の速度・反応時間の４要素がある。視野を分類すると、動視野・注視野・静視野に分けられる。

動視野とは頭部を固定した状態で、眼球を自由に回転したときに見る事が出来る範囲を指す。注視野はやはり頭部を固定した状態で、眼球運動のみで中心を見つめて見ることができる範囲をいう。静視野も同じく頭部を固定した状態で、眼球運動が静止した状態でくつろいで見ることができる範囲を指す。

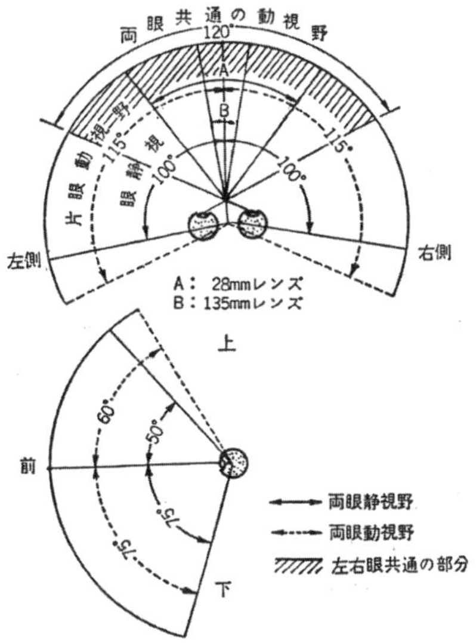

図１　人間の視野（註 10 より）

博物館において壁や空間内での展示場所以外で、天井や床などの場所が展示空間の構成場所として利用がされるようになった理由の１つが、この視野であると考えられる。

図１に表されるように、人間の直立姿勢での視野は、上部が 50°、下部が 75° である。つまり、天井に描くといった宗教・装飾的な絵画を除き、資料（モノ）を展示する新たなスペースとして日常動作の中で視野が広く見やすい床が利用され始めたといえるのである。

人間の動作・姿勢

図２は人間が生活の中で取る姿勢を表したものである。姿勢は、時間によらず一定の形態を保っている静的姿勢と、歩くというような時間によって変化する動的姿勢に分かれる。この図は静的姿勢を、足の裏で地面に接して身体を支持する立位姿勢、臀部と下肢で身体を支持する座位姿勢（椅座位・平座位）、頭部と体幹部・四肢で身体を支持する臥位に分かれる。重力に抗して姿勢を保持する事は、身体に負荷を与えることと同じである。それぞれの

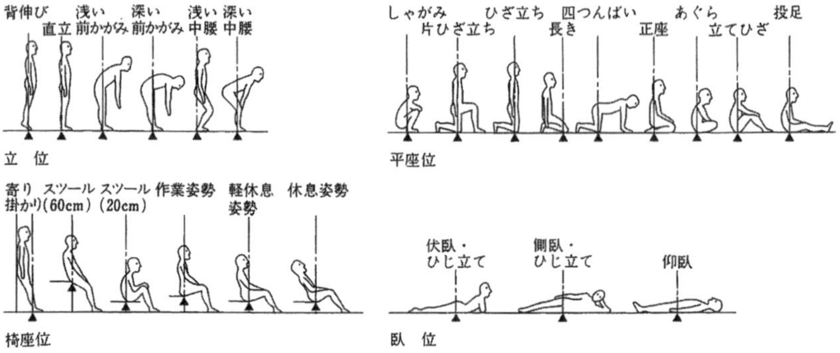

図2　人間の動作・姿勢（註8、P.6より）

姿勢を保持している時の生体負荷は、エネルギー代謝・筋活動量・椎間板内圧・心拍数・呼吸量で測定されている。その結果、立位が一番負荷が大きいことが明らかにされている[11)]。

図3は日常生活の中でよくとられる代表的な姿勢について、主要な筋肉の活動度を調べた結果である。床展示・床下展示を見る場合の姿勢であるが、資料そのものの情報をより得ようとした場合、知覚から考察すると、浅い前かがみ・深い前かがみ・浅い中腰・深い中腰のどれかの姿勢をとるケースが考えられる。図3では、直立が100で基準となっているが、床展示・床下展示を見る際の姿勢の代表的な4種類は負荷が120から170程度である事も明らかにされている。通常の展示を見る際は、図3の弛緩直立で目線が少し下に下がるように展示されているため、負荷は31である。この数値では、床展示・床下展示を通常の展示と同じ時間見ると、身体への負荷は3倍以上になるという事である。

ここでもう1点考察したいのが、天井への展示である。博物館の展示室におけるスペースは、壁と展示ケースを除けば、床か天井になる。では、なぜ天井ではなく床に展示されるケースが多いのであろうか。理由の1つとして考えられるのは、知覚の問題である。床は真下を見下ろす場合でも自分の身長分の距離しかないためしゃがむ事も出来るが、天井の場合は近づく事が出来ないため、情報が床に比べ得にくい。もう1つの問題が姿勢に関してだが、上を見上げるという姿勢は周りの空間が把握できにくくなる為、身体のバラ

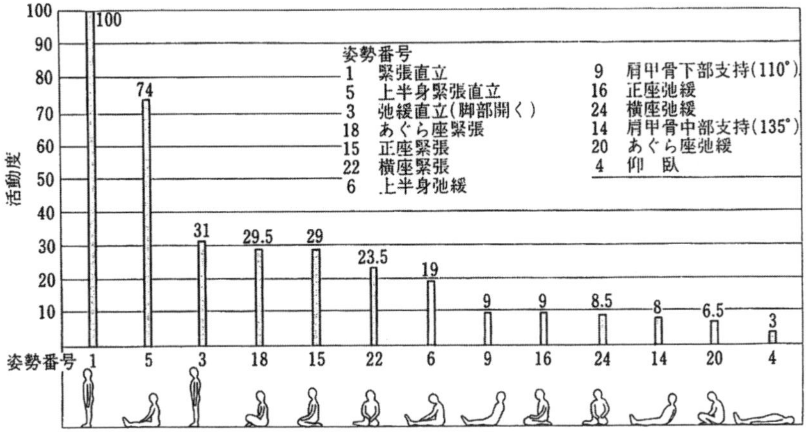

図3　生活姿勢と筋の活動度（註8、P.7より）

ンスをとる中心軸が取りづらくなる。又、姿勢保持が難しく、保持するための負荷が直立の倍程度とされている。これが、壁や展示台・展示ケースへの展示が、天井や床よりも行われることが多い理由の1つであると考えられる。

姿勢の変換が行われる生理的理由

静的姿勢を長く保持できない理由は、4つに絞られる。1つ目は、ある姿勢を保持するために使っていた筋肉が疲れたら交代する為におこる、筋疲労部位の交代である。2つ目は支持点に相当する部位の皮下組織が、血行障害や神経の麻痺をおこすために交代する、圧迫部位の交代である。3つ目が、心臓を中心にして身体が重力方向に狭い範囲に収まっていたほうが、血液を循環させる心臓への負荷は小さいので、負荷を減らすために起こる血液循環系器官への負荷の軽減である。最後が静脈筋のポンプ作用で、静脈の内側に付いている心臓に戻る血液の逆流を防止する弁の筋運動によって、静脈が圧迫されると静脈自体が血液を循環させるポンプの働きをするためである。これが、同じ姿勢でずっといるよりもうろうろ歩き回っていたほうが楽に感じる由縁である。

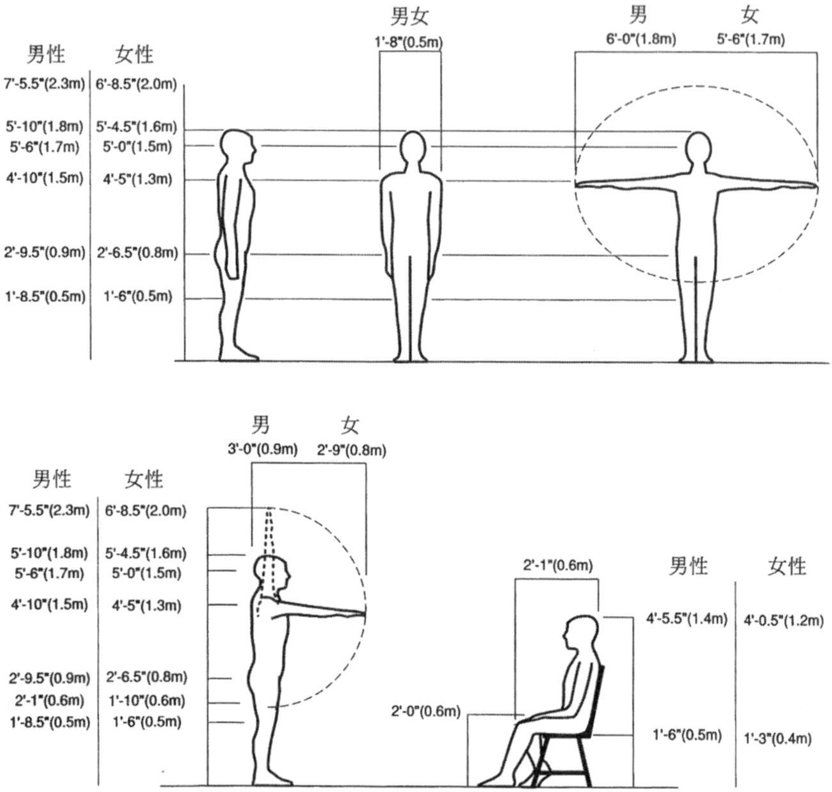

図4　基本的な人間の大きさ（註12より）

人間の動作域

人間の動作域が図4である。ただし、日本人の平均的な人体の大きさは年々変化していることから、この数値はあくまでも参考値であり、文部科学省や厚生労働省が行っている調査を踏まえた上で、常に変更していかなければならない事を述べておく。

展示空間を構成する際には視覚範囲と動作、観覧の際の姿勢を考慮した上で、動作域を展示室に確保する必要がある。この動作域の確保は①資料を見やすくする為、②観覧に際して人体への負担を最小限にするため、③資料保護の為に必要なのである。

まず、資料を見やすく、姿勢負担を少なくするには、視線の平均的な高さに合わせて資料の中心や特徴的な部分を持ってくる必要がある。絵画などは、絵の中心が150cmに取られている美術館が多く見られるが、混雑が予測される特別展などでは、資料から離れた位置でも見やすいように160cm前後の高さで展示位置が設定される。そして資料保護の観点から、展示ケースなどが設置されていない展示の周辺では結界が置かれている博物館や美術館がほとんどであるが、これも人間の動作域を踏まえ、手などが触れない位置に設置されていることがほとんどである。

展示空間の構成に必要な要件が以上の博物館学的な展示要素と建築工学の要素であるが、これらの要件を考慮した上で展示する側の意図にふさわしい展示手法が選択される。

註

1）青木 豊 2003『博物館展示の研究』雄山閣、p.21
2）同註 1、p.23
3）同註 1、p.4
4）同註 1、p.2
5）日本展示学会 2010『展示論─博物館の展示をつくる─』雄山閣、p.83
6）岡田光正 1993『建築人間工学　空間デザインの原点』理工学社、端書
7）小原二郎 他 2000『インテリアの計画と設計』彰国社、p.42
8）日本建築学会編 1999『建築人間工学辞典』彰国社、p.- iv
9）同註 8、p.- iv
10）小原二郎 編 1969『建築室内人間工学』鹿島出版社、p,59 より転載
11）同註 8、p.7
12）デビット・ディーン 2004『美術館・博物館の展示　理論から実践まで』丸善株式会社、p.56

第２節　展示手法の種類と効果

博物館における展示は、1904（明治37）年に前田不二三が『東京人類學會雑誌』に記した「學の展覧會かものの展覧會か」の論文を初めとし、数多くの諸先学者によって研究がなされている。博物館の重要な要素を担う展示を、青木豊は展示学として捉え、『博物館展示の研究』の中で博物館における展示形態をまとめている。この研究書では、それまでまとめられていなかった展示形態に展示分類基準を設けて、展示の形態の分類を体系的に明記している。本論では、その中でも屋内の展示空間に焦点を絞り、展示手法の種類と効果を論述する。

(1) 壁への展示

壁への展示は主に絵画などの２次元資料に見られ、美術館や美術資料に多く見られる展示手法である。壁への展示は、姿勢負担がもっとも少ない展示手法であり、資料との同時併存が長い時間にわたり行えることが特徴である。しかしながら、資料そのものの特徴が際立ったものでなければ、情報伝達が十分に行えるとは言えず「注意の喚起」[1)]を起こしにくい展示手法であると言える。

図５　壁への展示（大塚国際美術館）

また、壁への展示の場合は、展示ケース内であることもあれば、壁面にそのまま展示されている場合もある。壁面にそのまま展示されている場合は、館内の空調を資料に合わせる必要があり、来館者数によっては温湿度が流動的に変化する可能性があることから、空調設備が整っていることが必須条件であるといえる。

壁への展示が主である美術館などでは、可動壁などの空間そのものの構成が変更できる建築手法もとられている。可動壁は天井にレールを設置し、そのレールに壁を吊して移動させ空間を構成する方法である。日本で初めて展示室内に可動壁が設置されたのは、1989年に設立されたBunkamuraザ・ミュージアムである。Bunkamuraはこの手法を取り入れたことにより展示資料による伝達などの博物館機能を補っている。また、近年新設された国立新美術館などの展示室においてもこの建築手法が採用されている。展示シナリオに沿って、展示空間の面積などを変えられ、天井から吊すことによりユニバーサルデザインにも対応出来ることが、この可動壁の最大の特徴である。

(2) 展示ケース・展示台への展示

展示ケース・展示台への展示は多くの博物館に見られる展示手法である。平面資料から立体資料まで、ケースの容量や台のサイズに合わせた様々な資料の展示が可能である。展示ケースの種類は、ウォールケース、単体型ハイケース（行燈型)、覗きケースが主に挙げられ、個別のケースでの温湿度管理などが行えるという資料保存に関する利点がある。

空間構成の方法としては、多種多様な使い方が可能な展示手法である。使うケースの大きさ・高さ・背景や展示台の色・ライティングなどが豊富に選択出来ることにより、自然史資料・歴史資料・美術資料・工芸品に至るまで、展示可能な手法である。

図6　展示ケース使用を中心とした展示
（國學院大學研究開発推進機構学術資料館）

(3) 天井面への展示

天井面への展示は、主に天井に展示されることを目的とした絵画などの2次元資料に見られる手法である。もともとの、天井への展示

図7　天井画の起源
（大塚国際美術館・礼拝堂再現）

図8　天井面への展示
（ルーブル美術館：フランス）

の起源は、礼拝堂などの装飾であったと考えられる。「見る」「見られる」または「視界に入る」ことを意識した場所であったために、装飾として発展を遂げ、それが宗教的な空間（システィーナ礼拝堂天井画など）から日常生活の装飾（オペラ・ガルニエのシャガールの天井画など）へと変遷してきたのである。日本でも元来の天井画は寺社仏閣に多く見られる。

天井面へ展示される資料の特徴は、壁面から一体になっている天井画のように足場を組むなどして直接描かれた資料と、天井に展示することを目的として描かれた資料に分類できる。天井は、先述した博物館学的要素の中では、建築の意匠として捉えられることが多く、また建築工学の要素としては、ゆっくりと観覧する際には姿勢に負担がかかることから、資料そのものの展示という観点よりも、展示空間の雰囲気を構成するための展示手法といえるのである。

(4)　吊り下げ型展示

吊り下げ型展示は「天井から３次元資料を吊るして展示する」という展示手法である。この吊り下げ型展示を行う目的は、工芸作品などの美術資料（図９）では、資料の展示とともに意匠としても効果を発揮することであり、自然史資料などの場合は、躍動感や臨場感という効果を目的として実施されることがほとんどである。吊り下げ展示の発祥は、現代でもそのまま展示として行われているように、建築における照明手法からの変遷であると考えられる。天井面への展示と同じく、意匠という意味を持つ展示から吊すという

図９　吊り下げ型展示の起源
（フランス歴史博物館）

図10　吊り下げ型展示
（兵庫県立考古博物館）

手法を選択肢の１つとし、その手法が本来室内では吊されることのない「資料」というものに応用されたのである。

この展示の特徴は、照明などの美術工芸作品は除き、本来吊されるべきでない「モノ」が来館者の頭上に展示されることによって、「注意の喚起」を起こすことである。その空間に於いて、本来の位置にないということが、資料そのものの蜜の薄さを補うのである。展示空間の中に置かれている「動物の剥製」ではなく、その空間の中で「動いている（動いていた）動物」として展示することにより、空間の再現といったような展示空間の意図を顕著に表すことが出来る。

この展示手法で注意を払わなければならない点は、資料そのものの情報が伝わりにくいということであり、あくまでも空間構成のための手法となる可能性が高い点である。また、空間の広さに対する資料の数や大きさなども考慮に入れる必要があり、全ての観覧者の注意を同じレベルで喚起することが難しいといった問題点も挙げられる。

建築学の要素では、資料の落下がないとは言い切れない展示手法であることからも、観覧者の導線の上には行わないことが第一条件といえる。それらの条件を考慮に入れた上で実施するのであれば、博物館学要素の第１要件である「注意の喚起」を非常に起こしやすい展示手法であるといえる。

(5) 床展示

床展示は「来館者が立ち歩く床と同じ表面を、資料展示に使う展示形態」

図 11　床展示（狩猟自然史博物館：フランス）

である。この場合の資料は３次元の資料を指す（2次元の平面資料の展示は次節の床面展示とする）。

床展示は近年、展示が大幅に見直されたフランスのパリ国立自然史博物館やアメリカのスミソニアンにおいて動物たちの大行進という形で行われている。

来館者が立ち歩く床と同じ表面を資料の展示に使う床展示は、展示ケースなどが使用されていないため、館内の空調設備や環境が整っていることが第１条件であり、劣化しにくい資料であることも必要な要件である。そのため、自然史系の資料や科学系資料が多く見られるのである。また、来館者と同じステージに展示されているため、「まるでそこにいる動物（資料）が、自分と同じ時代を生きている」といったような錯覚や、臨場感などの展示意図を感じることが出来るのが床展示の最大の特徴である。

この展示法はスペースがあれば大型資料などや複数の資料の展示ができ、小さいスペースでも、来館者が立ち歩く床と同じ表面を使うことによる同じ空間に対する同時併存を、もっとも姿勢負担のかからない体勢で、観覧者の意図にかかわらず最も効果的に行うことが出来る展示手法である。

(6) 床面展示

博物館における展示手法の１つとして近年行われるようになってきた展示法が、床面を利用して展示をする「床面展示」である。展示室内の展示は、主に絵画は壁に展示され、それ以外の資料のほとんどが展示台か展示ケース内への展示となるのが一般的であり、床面展示は現在の段階では異例の展示場所とも言えるものである。床面展示の定義は「２次元の資料を来館者が立ち歩く床に展示する展示法」である。ここで区別をしておきたい展示法が床面展示とインスタレーションと呼ばれる展示法である。床展示は先述したとおり「来館者が立ち歩く床と同じ表面を、資料展示に使う展示形態」である。床展示の資料は３次元の資料を指す。この区別は資料が２次元か３次元かという点と、資料を見る場合に観覧者がとる姿勢・体勢の差によって定義付けを別のものとした。

床面展示を行う目的は、展示資料の持つ情報を伝えやすくするために床に展示する場合と、展示スペースが無く床に展示する場合の２つが考えられる。前者の場合は、資料が物理的に大きく平面を必要とする場合や、床面に資料を展開したほうがより多くの情報を資料から読み取ることができる場合で、展示の意図が資料と来館者の間に必ず介在する。後者の場合は展示の意図がなく展開するため、展示ではなく羅列ととることができる。

床面展示は、現在のところ展示資料（技法）を３種類の性質に分類することができる。第１は床面に平面資料を展示するもの。第２に映像や照明によって展示を行うもの。第３が床仕上げ材を意図する形に仕上げて組み込みそれを資料とする方法の床面展示である。

第１に挙げた平面資料の展示が、床面展示の中では最も多く見られる展示である。この技法は視覚に訴える受動態展示[2)]（図 12）の場合と、体験ができる能動態展示[3)]（図 13）が可能である。

平面資料の展示は床仕上げ材の上から資料を敷くまたは広げ、施工が終了したあとに展示ケース内や展示台、壁への展示とともに展示を行うことができる。また、前述した中に設計段階で組み込まなければ床面展示は行えないと述べたが、既に施工が完了している展示室でもスペースがあれば敷く資料

図 12　平面資料の受動態展示
（兵庫県立考古博物館：ネットワーク広場）

図 13　平面資料の受動態展示
（岡山シティミュージアム）

図14　映像・照明による展示
（福井県立歴史博物館）

の展示は行うことができる。但し、展示プランの中にもともと平面資料の床面展示が入っていない場合は、展示室内の通路の幅や広さ以内の資料に限られてしまうため、展示構想段階で計画に入っていないと前述したとおり羅列となってしまう可能性が大きいことが特徴である。

展示資料に関しては、現在の段階では地図の情報を持つ資料がほとんどである。地図を壁に展示する場合、大きな資料になれば上部の地形や文字が見えにくくなる為であろうと考えられる。特殊な展示場所であり、直接靴のまま資料の上を歩行するという事が大きな要素となっていると考えられるが、一次資料が展示されているケースは無く、汚れや破損が生じた際に新たに同じ情報を持つ資料を作成できる事が、平面資料を展示する場合の資料の要件である。展示の段階で、平面資料の固定がしてあることは言うまでもないことであるが、敷く・広げるという性質をもつ資料の利点は、張替が出来るという特徴に尽きると言える。次に、第２に挙げた技法が映像・照明による床面展示である（図14）。照明を意図する形となるように細工をして資料としたものか、映像を流すものが挙げられる。映し出す場合のプロジェクターや照明機器は天井に設置されている場合がほとんどであるが、稀に壁に設置しているものも見受けられる。照明による展示は、展示室内全体の照度との調整を行わないと効果が発揮されず、同じ展示室内にある資料展示との調整も必要になってくる。この性質をもつ資料の展示も、平面資料の展示と同じく、既に施工が完了している展示室でもスペースがあれば資料の展示を行うことができる。また、資料が床面に直接展示されていないため、汚れる・破損するといった事がなく、通常の清掃で十分に対応が出来ることも利点の１つである。しかしながら、来館者が通行や観覧をする際に光線を遮ってしまう可能性は十分にあり、更に資料の上に立つことも光線を遮ることになってしまうため、展示資料の周辺からしか見ることが出来ないという不利な条件も持ち合わせており、視覚に訴える受動態展示となってしまうのである。

最後に、第3に分類した技法が床仕上げ材を意図する形に仕上げて組み込みそれを資料とする方法の床面展示である（図15）。この技法も平面資料の展示と同じく、視覚に訴える受動態展示の場合と、体験ができる能動態展示が可能である。この形態の展示の場合は、床仕上げ材を張る段階で展示構想に入っていないと成立しない展示であり、床面展示の中で、唯一後からの展示が行えない技法である。

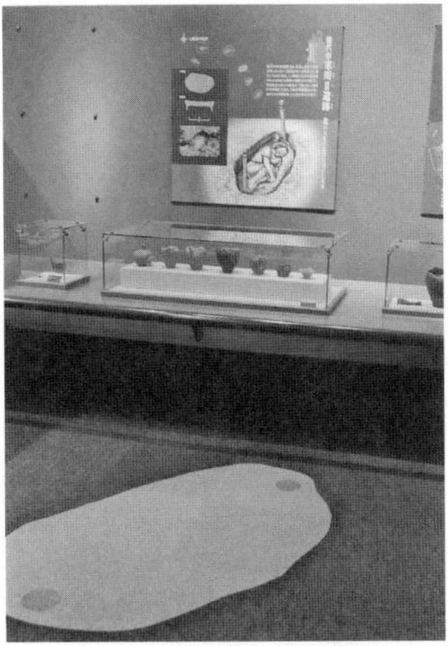

図15　床材組み込み型の展示
（秋田県立博物館）

現在のところ、組み込み型の展示は能動態展示が多く見られる。平面資料の展示と異なり、床材そのものが展示資料と一体となっているため、細かい情報を持つ資料の展示は難しい。もしくは、床材に資料情報を組み込める床材を選択しなければならない。その際は張替が、平面資料展示と比較して難しいという点を念頭に置かなければならず、現在のところは、細かい情報を持つ資料の展示は見受けられない。

床を利用して展示を行う床面展示では資料への距離が非常に近く、触れることもでき、能動態展示も可能であるため、視覚で得た情報と触れた場合の触覚のすり合わせが可能な展示形態である。そのため展示の目的が資料そのものの情報であっても、有効な展示形態である。但し、姿勢負担は通常の展示よりも大きいため、床1面で情報を100%開示できる資料に限り有効な手法であり、身体に負担のかからない資料の展示が望ましい。

⑺ 床下展示

床面を資料展示に使用する「床下展示」は、博物館建築設計の段階で確実に設計図に組み入れなければ成立しない展示である。常設展示では、床面展示と同じく、近年の新しい展示手法であり、特別展示や企画展示でこの展示法が利用されるのはごく稀なケースである。また、床と一体になっている形式の展示ケースを使用した展示のため、通常の建築よりも床の仕上げ材の選択をする際に、展示資料への保存科学からの諸問題を考慮に入れなければならず、来館者への配慮を含めた人間工学の問題も検討しなければならない。

床下展示とは展示室内外を問わず「来館者が立ち歩く床の表面より下にある空間に資料を展示する展示形態」と定義付ける。この展示の場合も２次元か３次元の資料となるが、ほとんどのケースが空間を利用した３次元の資料を展示している。ここで区別をしておきたい展示技法が階下展示である。階下展示は「階が異なるフロアーから下を見下ろす展示」と建築による区分を設けた。図16が階下展示の代表的な例として挙げられるが、この展示の場合は上の階にも展示室があり、更にフロアー及び橋から下の階の展示を見る事が出来る。このように、来館者が立ち歩く床の表面より下にある空間に資料を展示する展示形態でも、建築構造で別区分となるものは階下展示とした。このような階下展示は他にも階段等、建築構造で階数が異なるフロアーから下を見る場合の全てを含んで考えたい。

床下展示を行う目的は、展示資料の持つ情報を伝えやすくするために床に展示する場合、展示スペースが大きすぎる為にその距離を縮めようとした場合、展示スペースが無く床下に展示する場合の展示の３つが考えられる。１つ目の情報を伝えやすくした場合は、資料が物理的に大きく平面と高さを必要とする場合や、床下に資料を展開したほうがより多くの情報を資料から読み取ることができる場合で、展示の意図が資料と来館者の間に必ず介在する。２つ目の展示スペースを縮めようとした場合は、複数の資料が同じ空間に展示された集合

図16　階下展示（江戸東京博物館提供）

図17　世界で最初の床下展示
（オルセー美術館）

図18　日本で最初の床下展示
（江戸東京博物館提供・床下部分）

展示[4]が多く、通常の展示台や展示ケースに展示をしたのではひとつひとつの資料からの距離が遠くなる場合で、こちらも展示の意図が資料と来館者の間に必ず介在する。3つ目の場合は展示の意図がなく展開するため、展示ではなく羅列と採ることができる。

博物館における最初の床下展示は、フランスにあるオルセー美術館の常設展示室にある「le Nouvel Opèra de Paris」という名の床下展示で、オペラ・ガルニエ周辺のパリの街並みの一部が縮小模型として再現されている。1986年にオルセー美術館が開館した際に、駅舎であった構造をそのまま利用して床下の空間を利用した事が始まりである。

日本で初めて床下展示を取り入れたのが東京都江戸東京博物館である。1993年の開館時に常設展示室「東京ゾーン」において鹿鳴館の縮小模型を床下に展示して強化ガラスを張り、通常見る事が出来ない真上からの位置で全体を観覧できる床下展示を取り入れた。以後日本では、博物館展示において床下展示が徐々に技法として使用されるようになり、現在日本では30を超える博物館で床下展示を観覧することができる。

床下展示の手法は現在のところ2種類に分類することができる。第1は床面を掘り下げて空間を作り、その中に資料を展示するもの、第2が床面の上にもう1段高い（資料に合わせた高さの）床を作り、その下に資料を展示する方法である。第1に挙げた、床面を掘り下げて空間を作りその中に資料を展示する形態の床下展示が多く見られる技法である（図19）。この床下展示は、博物館設計段階で確実に組み込まれていなければ成立しない技法である。

図 19　床を掘り下げた床下展示
（群馬県立自然史博物館）

図 20　床面の上に空間を作った床下展示
（福井県立歴史博物館）

床下に空間を作り、駆体を組んで強化ガラスを張るという工法が日本における一般的な建築方法である。ガラス１枚の面積や厚さは各館によって異なり、展示されている資料も様々であるが、共通していることは３次元資料で視覚に訴える受動態展示ということである。床下が透けて見えるということが日常生活では無く、展示台・展示ケースに慣れている博物館の観覧者にとっては、展示手法によって注意を喚起しやすいというのが最大の特徴である。またこの技法は駆体とガラス面に数ミリの段差が起こる場合もあるが、物理的に歩行の邪魔にならないというのも特徴のひとつであり、更に設計段階で展示スペースが確保できるため、大きさのある資料でも展示が可能であるということも特徴である。

第２に挙げた、床面の上にもう１段高い（資料に合わせた高さの）床を作り、その下に資料を展示する床下展示（図 20）であるが、この技法は床面にスペースがあれば行える技法であり、特別展・企画展などで床下展示が行われる際に使用される技法である。展示台の中を空間にし、駆体を組んで強化ガラスかアクリルを張り、横にスロープか階段を付けるという工法である。この場合は建築上、床としての構造ではないためアクリルが使用できる。この場合の資料は、ひとつの大きさが手で持つことのできる大きさの場合や、貸出資料の場合が多い。最大の利点としては、面積の大小はあるが透明な床に乗らずに四方向から資料を見ることが出来るという点である。更に、床下に行かずとも展示替えが出来るという点であると考えられる。

共通して挙げられる不利な条件は、ガラスという素材自体の安全性とそれに対する心理的抑制である。ガラスが割れるということは、床仕上げ材として使用している以上あってはならないことであるが、ガラス内の不純物による破損や硬いものによる衝撃で割れる可能性を外すわけにはいかない。実際「強化ガラスとは分かっていても、ガラスは割れるものである」という心理的抑制が働き、ガラス上部に乗る事が出来ないケースが散見される。

床下展示は、視覚で得られる資料の範囲が上から見下ろした1面に限られるため、情報量が通常の展示の1/2から1/4程度になり、触覚からの情報を得ることはできない。資料の性質で考察すると、資料を見ることができる1面から得られる情報で、その資料の情報と展示の意図全てが伝わるものであるならば有効な展示法である。

床下展示は「資料で見せる」ことを意図した展示においては、その臨場感を感じることが出来る展示手法であり、今まで述べたどの展示手法よりも「注意の喚起」が出来るという効果を持つ手法である。

⑻ インスタレーション

インスタレーション（installation）は博物館展示では主に現代美術に対して使用される用語であり、「様々な物体・道具を配置してある状況を設定し、その展示空間全体を作品とする手法・またはその作品自体を指す」用語である。インスタレーションの資料の場合は、床が作品の一部となるため、資料を展示するために床を使用する展示形態とは全く別のものとなるので、床面展示及び床展示とは区別するものであり、作品自体の手法といえる。

註

1）　青木　豊 2003『博物館展示の研究』雄山閣、p.21

2）　同註1、pp.246-248

3）　同註1、pp.246-248

4）　同註1、p.254

第3節　照明の種類と効果

展示空間を構成するにあたり、最も演出効果（雰囲気）を作り出す役割を担っているものが照明である。資料を「見せる」には光が必要であり、その光によって資料という「モノ」の存在の認識が可能となる。

展示空間の構成および資料保護の観点から、展示にかかわる照明を選択するに当たり求められる要件は、色・光源・照度・照明器具および照明手法による効果が挙げられる。博物館の照明は、建築照明に加えて、展示に影響する視覚効果や、利用できる照明システムの制限、制御や操作に関する特殊技術などの知識が必要とされる。博物館資料に対して使用される照明設備は「紫外線を出さない光源（紫外線除去の蛍光灯や白熱灯）を用いる。文化財の材質に応じて調光可能な装置を備える。」など、文化庁から指標[1)]が提示されている。また、来館者の観覧後の疲労の原因が「歩くことや姿勢保持による疲れ」のほかに、「グレアによる目の疲れ」が挙げられている[2)]。そのため、展示空間を構成するための演出を考えると同時に、資料保護および来館客への影響を考慮する必要がある。

(1) 照明光源の種類と特徴[3)]

人工照明の発達は1950年代頃からであり、人工照明が開発される前の時代の博物館照明は自然採光で、天井を高く取ることなどの設計によって照度を補っていた。現代の博物館で使用されている照明光源は以下の通りである。

①白熱電球：電力の多くが赤外線や熱として放出され、発光効率が良いという特徴がある。

②蛍光ランプ：放電で発生する紫外線を蛍光体にあてて、可視光線に変換する光源である。蛍光物質の種類によって様々な色味の表現が可能であるものの、周辺の温度変化に伴い明るさの低下が見られる。蛍光ランプを使用する場合にはルーバーや乳白色のプラスチックパネル、ガラスなどで覆い、その中に光源を含む照明器具を設置し、光を拡散透過させることにより、

図21　LED照明

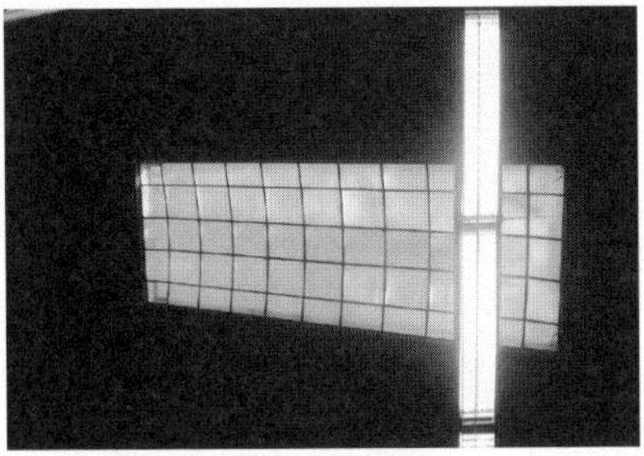
図22　自然採光と蛍光ランプ

天井全体が光源のように見せることが出来る。

③ HID（High Intensity Discharge）ランプ：電極間の放電を利用したランプで、白熱電球と比較し寿命が長い。内部に水銀などの有害物質を含んでいる為、点灯中に破損した場合、それらの有害物質が飛散する可能性がある。

④ EL（Electroluminescence）ランプ：シートの形状をしたランプであることが最大の特徴である。白・黄・緑・黄緑・青緑色などの色が選べる。しかしながら、色によって輝度が異なるため、同時に使用する場合には注意が必要な光源である。

⑤発光ダイオード（LED：Light Emitting Diode）：フィラメントを使用しないため、軽量で衝撃に強く寿命が白熱電球と比較すると長い。紫外線や赤外線を含まない、低温のため発熱量が少ないという点が最大の特徴であり、博物館資料に対する光源としては今のところ、最も望ましい光源である。赤・橙・青・緑などの原色光源があり、色を使用した演出照明も行うことが出来る。加えて、消費電力も白熱電球や蛍光灯と比較すると少ないことなどから、新設されている博物館などで採用されている。

⑥自然採光：博物館での自然採光は拡散光が前提であり、曇り空での自然光の量を基準として考える。自然の光の移り変わりを利用するため、その時々によって資料の表情が変化するものの、光の演出などの制御が難しいという点がある。また、紫外線を除去するためのガラスや、保護シートなどが必要とされる。

(2) 照度

照度とは「物体に照射された光の物質量」であり、国際単位としてlx（ルクス）が使用される。光は、展示室内における資料の劣化の主な原因のひとつであり、資料保護・保存の観点から重視される基準である。本節ではJIS（日本工業規格）に基づく照度基準が表1である。この基準はあくまでも資料保存の観点からであり、展示室内での照度設定値は、観覧者の見やすさにも配慮されていることが望ましい。

また、JIS基準が各国と比較して高いことから、文化庁も照度基準が設けている。版画・染色は100Lx、日本画・水彩画は150Lx、油絵は300Lx、その他の資料200Lxとなっている。

(3) 照明器具

展示室内の照明は、光源と照明器具によって構成される。以下、主な照明器具を挙げるものである。

①ダウンライト（天井）、②ウォールウォッシャー（天井）、③蛍光ランプ埋め込み器具（天井）、④天井直づけ形器具、⑤天井つり下げ形器具、⑥壁直づけ器具、⑦置き型器具、⑧建築化照明器具、⑨光ファイバー

(4) 展示室内の見せ方を変える照明手法[4)]

展示室内の見せ方を変化させる照明手法の例を挙げていきたい。展示空間の構成を行う際の、最も効果的な演出手法が証明であるということは既に述べたとおりである。光源と器具を合わせて行う照明手法は、展示室内の色に合わせて様々な空間を作り出すことが出来る。

①明るく見せる

これは、照明の役割としては最も基本的な機能である。この機能は前節で述べたように照度が関係してくるが、展示室内の色味が黒や茶色などを使用している場合や、逆に全面が白い場合などで感じ方が変化する。前掲の図6のように展示室内が黒味を帯びており、更に照明の照度を落としてある場合は、全体的に資料が見づらい印象を受ける。このような場合

表1　各国の展示照明の推奨照度（註2より）

50 lk	日本（JIS,1979）	フランス（ICOM,1977）	イギリス（IES,1970）	アメリカ（IES,1972）
光と放射に特に敏感なもの 織物、衣装、水彩、つづれ織、印刷や素描のもの、切手、写真、ミニチュア、泥絵の具で描いたもの、壁紙、染色皮革	**150～300 lk** 剥製品に、標本については75～150lk	**50 lk** できれば低い方が良い （色温度2900K）	**50 lk**	**200 lk**
光と放射に感じるもの 油絵、テンペラ絵、天然皮革、角、象牙、木製品、漆器	**300～750 lk**	**150～180 lk** （色温度4000K）	**150 lk**	**200 lk**
光と放射に特に感じないもの 金属、石、ガラス、陶磁器、色付きガラス、宝石、ほうろう	**750～1500 lk**	**特に制限なし** 但し300 lkを越えた照明の必要はない。	**特に制限なし** 輻射熱の考慮が必要	**200～6000 lk** 材質及び色による
全般照明	**75～150 lk**	拡散光で低く		**20～150 lk** 展示品がそれぞれ照明されているところ
その他	映像や光利用の展示部については30～50 lk			

図23　光ファイバー照明（ケース内）

図24　ウォールウォッシャー（天井）

は、資料に直接照射されない壁や天井、床にライトを当てることで明るい印象を与えることが出来る。

②広く見せる

面全体を明るくする方法や、空間が抜けている展示室の場合は明るさや光のパターンを同じものにすることで、空間の先までの一体感を演出することが出来る。また、スポット手法などによる光による区切りを、はっきりと付けないことにより柔らかい雰囲気が生まれ、広く感じさせることが出来る。

③視線を集める

場に光を集中させることや資料に光を集中させる他に、導線を誘導するた

図25　通常の展示室内

図26　光源を増やした展示室内

めに同じパターンの光を配置する方法などがある（図27）。

④象徴する

象徴する照明手法には、光の表現方法や配列などが挙げられるが、特徴的な例が図28である。この展示資料は、かの有名な「サモトラケのニケ」であり、資料そのものの魅力が充分にある。更に、空間構成がその資料の情報を更に引き出す効果を発揮している代表例と言える。ルーブル美術館内の4つの観覧導線が交差する階段の踊り場に展示されており、階段を上がってくる観覧者にはその大きさと美しさとともに、天空光（自然採光）が照らされることによる飛翔感が容易に体感できるようになっている。

⑤領域を示す

展示室内をテーマごとに分割してみせる場合などに使用される手法である。同じ空間の中で照明手法により区別する場合や、導入部などに展示室内とは異なった光源や器具を使用して区別する場合などが挙げられる。

註

1)　文化庁文化財保護部美術工芸課監修 1998『文化財保護行政ハンドブック』ぎょうせい、pp.208-210

2)　日本展示学会 2010『展示論―博物館の展示をつくる―』雄山閣、p.97

3)　中島龍興 ほか 2005『照明デザイン入門』彰国社、pp.48-51
　三浦定俊 ほか 2004『文化財保存環境学』朝倉書店、pp.63-71

4)　照明学会（編） 2008『空間デザインのための照明手法』オーム社、p.48-73

図27　演出と誘導を兼ねた照明
（群馬県立自然史博物館）

図28　象徴させる展示
（ルーブル美術館）

第４節　展示ケースの種類

展示ケースに求められる第１の役割は、効果的な情報伝達が行えることであり、資料そのものの特徴を伝達することである。そこには資料の保護・保存のための空調・照明設備、耐震設備および防犯設備を備えていなければならない。更にケースには、その中に展示された資料に対して余計な情報や心理的・物理的な観覧者に対する壁とならないことが要求され、展示資料に対する競合やそれ以上の影響力を持ってはならないのである。それらの要件を満たした上で空間の構造物であることが求められるのが、展示ケースである。

文化庁「文化財公開施設の計画に関する指針」（平成７年８月）[1]では、展示ケースの方式を３つに分類している。１つめは密閉度の高いケースを用い、調湿剤で湿度を一定に保つエアタイトケース。２つ目が空調によってケース内の温湿度と保つ空調方式。３つ目が自然換気方式である。これは保存に対する管理方式による分類であるが、最も多く採用されている方式がエアタイトケースである[2]。

展示ケースの形式としては①ウォールケース、②単体型ハイケース、（行燈型）③覗きケースが主な形式である。③の覗きケースに巻子本等の平面資料を展示する場合は、傾斜角水平30°以下であることが望ましい[3]。

展示ケースのガラスは低反射ガラスであり、かつ強度が強い種類であるこ

図29　ウォールケース

図30　単体型ハイケース

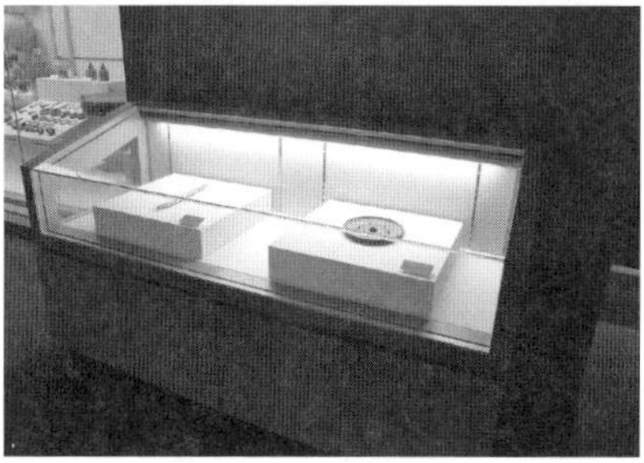
図31　覗きケース

とが望ましく、更に接合面にはパッキンやシーリング等が行われケース内の空間を分断してしまう。それらの点を考慮して、資料の配置を行う必要がある。また、導線や展示シナリオに考慮し、設置する必要がある。

註

1）　文化庁文化財保護部美術工芸課監修 1998『文化財保護行政ハンドブック』ぎょうせい、pp.208-210

2）　高橋信裕 2000「展示設備」『新版博物館学講座９　博物館展示法』雄山閣、p.77

3）　日本展示学会 2010『展示論―博物館の展示をつくる―』雄山閣、pp.90-93

第５節　演示具の種類と効果

演示具に求められるものは、展示効果と安全性の２点である。資料の情報をより正確に伝達するための補助具であり、不安定な資料などを固定する役割を併せ持つ。

演示具や支持具などは、基本的に展示資料に合わせて作製されるものであり、種類は豊富にある。展示空間の構成を行う際に、展示の意図を、資料を

図32　歴史展示における演示具①

図33　歴史展示における演示具②

通じて明確に伝達するための効果が期待できる。

第6節　題　箋

題箋は「キャプション」とも呼称され、資情報伝達手段の一形態である。サインシステムのひとつであるが、博物館内でのサインシステムは①案内表示、②名称表示、③誘導表示、④説明表示、⑤規制表示など[1)]が挙げられ、題箋はそのうちの④に該当する。

展示の解説は展示の意図に沿って行われており、主題、副題、解説、題箋の順番展開されていることが多い。

これらの解説は主にパネルを使用して行われることがほとんどであるが、近年、展示ケースが4方向から観覧できるように作られていることもあり、図34のように、透明なシールに文字情報を印刷した題箋なども作られている。これは、資料からの情報を損なわないように配慮されたものである。
また、展示室内のテーマごとに、その展示シナリオにあった素材で題箋が作られている場合もある（図35)。滋賀県立琵琶湖博物館の題箋は、C展示室「農村の暮らしと自然」がテーマとなっており、導入部分に住宅が再現され、その生活空間の中にある「干されている布団」に文字情報が印刷されている。展示空間をパネルという作られたモノで分断することなく、文字情報の伝達が行われている、現時点では極めて稀な題箋といえるであろう。

図 34　透明なシールによる題箋
（グラン・パレ：フランス）

図 35　展示テーマに合わせた題箋
（滋賀県立琵琶湖博物館）

このように博物館の展示は、空間構成が人に与える影響を考慮して行う必要がある。空間認知は、年齢・性別・個人的好み、観覧している際の心理などによって様々であるということを踏まえ、展示の意図を伝達できる展示構成を行う必要があるといえる。

註

1）　日本展示学会 2010『展示論―博物館の展示をつくる―』雄山閣、pp.124-125

参考文献

半澤重信 1991『博物館建築』鹿島出版社
小島有紀子 2008「床展示・床下展示についての一考察―博物館建築から見た床展示・床下展示―」『國學院大學博物館學紀要』32
小島有紀子 2009「床面展示・床下展示についての一考察―床及び床下を見る行為から博物館展示への変遷―」『國學院大學博物館學紀要』33

第Ⅸ章　展示評価

小島有紀子

第1節　展示評価の時代別傾向

(1) 博物館法公布までの展示評価

日本で初めて「展示評価・改善の手段としての来館者調査」として展示評価に関する研究が行われたものが、朝比奈貞一が1932年に発表した「博物館に於ける実物実象教育効果測定の一方法」[1)]である。これは現在の国立科学博物館にて3種類の資料の陳列順番が変わることにより、観覧者の資料に対する理解度がどのように変化し、結果どの順番で展示するのが良いのかを実測により研究した内容である。測定対象人数については記述がなく、展示の配列について「改善が必要である」と朝比奈貞一は述べている。ただし、実際に展示の改善につなげたという記述はなく、その後の報告なども見当たらない。しかしながら、教育効果の測定として来館者調査が有効な手段であると結論づけられている。

この研究の最大の特徴は、「展示における教育効果」を評価対象とした点である。日本で初めてといえる展示評価研究の評価対象を展示の教育効果としたことは、この時期における展示が教育を目的としていたことの裏付けにもなるであろう。

(2) 博物館法施行後から1971年博物館法一部改正（相当施設の許可・認可の変更に関する法改正）まで

展示評価に関する研究は、その後も断片的に行われているものの、1955年博物館法一部改正（学芸員区分・講習廃止及び国家試験の実施・相当施設の明確化）までの時期に関しては、博物館法改正の動きが活発に行われていたことにより、日本博物館協会の展示理念に関する議論が沈静化していたことも相俟って、展示評価に関する研究は発表されていない。1955年以降は3本の展示評価に関連する研究が行われているものの、教育効果、来館者研究、展示効果を目的として研究された論文であり、研究史としての傾向は見られない。

(3) 1971年から1999年独立行政法人法公布まで

1971年に相当施設の許可・認可の変更に関する法改正に関する博物館法の一部改正が行われた後、展示論や展示理念に関する議論が活発化し、1980年代に入り展示評価研究は増加傾向を見せる。特に1980年代からは、展示評価に関する方向性は展示手法に特化した傾向が見られる。

この時期に研究された展示評価は、理論として研究が展開されているものが10本、実践的評価に基づく研究が20本となっている。しかも、展示手法に特化したことを象徴するかのごとく、実践調査の評価対象の評価対象学問が建築学である研究が12本となっているのである。更に、展示理念に対する議論が失われてきたことと同時に、教育効果を評価対象として行われている研究はわずか2本（10%）に過ぎないのである。その他の評価対象の内訳としては、来館者研究目的が4本、展示学・展示論などが7本、評価方法論が4本、資料論が1本となっている。

実践調査としての調査方法の特徴としては、来館者調査が5本、来館者の行動調査が9本となっている。第Ⅷ章「展示空間の構成」で述べた、博物館学の展示要件の3番目に挙げた「展示には必ず展示する者と展示を見るものの二者が必要であって、いずれか一方を欠いても展示は成立しない」[2)]という展示の本質を理解した評価方法であるといえる。

展示手法に特化した展示評価が行われていたのがこの時期の特徴であるものの、関係者の評価や批評に偏らず、来館者調査によって「展示の評価」を行う方向性は評価できる点であろう。しかしながら手法に特化し、展示理念や展示目的に対する評価の実施はほとんど見られず、実践的な展示評価においてもこの時期に展示理念が見失われていたと言えるのではないであろうか。

一方、理論としての博物館評価の研究は、展示を価値的にする試みが榊原聖文の「展示（品）評価の視点について」[3] で見られる。この論文で榊原は、博物館における展示の位置づけを試みるものの、展示品を評価する際の方法論としての分類を結論として導き出し、結局は展示評価の視点ではなく、展示資料の評価に関する方法論となってしまったのである。

また、大塚和義が1996年に発表した「展示の理念と評価の方法」では、展示理念に関して「展示を行う側の理論のみを展開しているといってよく、展示を見る側に立った発想や叙述はされていない」[4] としており、フランスにおける来館者調査による展示評価の事例などを述べた上で、展示評価に関して「評価の積み重ねが博物館内部に蓄積され、さらに蓄積された情報が博物館相互に交換されてはじめて、より客観的な来館者調査が行われ、その結果が展示に生かされることになるだろう」[5] と述べている。これは、博物館側の一方的な評価体制を批判し、来館者側からの目線での調査が必要であることを訴えたものであった。実際に実施されてきた来館者調査を踏まえた上での論述であったものの、先述したようにこの時期の来館者調査の調査目的が「展示手法」に特化していたことに端を受けていると考えられる。

この時期における展示評価理論は、前半ではその意義や必要性などに触れられることはほぼなかったと言ってよいであろう。後半に入り、文部省生涯学習審議会における学芸員制度に関する再検討などを踏まえて、来館者の立場に立った調査法の必要性が訴えられた時期であったといえるであろう。

⑷ 1999年独立行政法人法公布以降

1999年に独立行政法人法が公布されたことにより、博物館は評価時代に突入する。この時期には、展示評価関係の研究は38本発表されており、時代区分として区切った ⑶ における発表本数からの大きな増減は見られない。しかしながら、⑶ における区分が約30年であるのに対し、独立行政法人法公布からの約10年間でほぼ同じ本数の研究が発表されていることから考えると、博物館の評価とともに展示に対する評価が議論の時代に突入したとも言えるであろう。それを表すかのごとく、展示評価の手段として来館者調査および関係者による調査が行われた件数が17本であるのに対し、事例研究や方法論的研究が21本に達しており、研究内容が理論へと移行していることがわかる。

理論時代に突入した要因の１つとしては、博物館評価時代への突入に伴い、諸外国特にアメリカにおける博物館評価についての事例研究が見られるようになってきたからであろう。このアメリカにおける展示評価に関しては、三木美裕が発表した「アメリカでの展示の検証と評価の応用」[6]があり、これはその後に出版された『キュレイターからの手紙〜アメリカ・ミュージアム事情〜』[7]に再集録されている。

上記文献によるアメリカの展示評価は「評価もしくは検証」という形で行われることが多く、三木は展示評価を「来館者の期待値を計ること」[8]としている。そのために、展示の評価・検証にはその中心に常に来館者を想定して論じることが必要であるとしている。この文献が独立行政法人法公布以後における初めての展示評価論であったが、その後の展示評価に関する研究は、三木の論述の一部を読み取ったがごとく、実践で行われた調査のほぼすべてが来館者調査で実施されているのである。来館者との対話の重要性が述べられているばかりに、来館者とのコミュニケーションを確立するための展示評価がイコール来館者調査となり、期待値を直接来館者から聞く手法となってしまったと考えられる。そのため、目視による行動調査などを含めた「言葉としての意見」を集めること以外の手法は行われることがなく、記述式アンケートと実際の会話による方法が「対話」として認識された可能性は否定できない。また三木は、来館者の期待値を計るとして満足感を例に挙げている[9]。展示評価に対する来館者調査などの調査項目に「満足度」といった項目が近年に至るまで散見され、展示の評価指標として満足度が使用されることに異論がないまま現在に至るのであり、三木が発表したアメリカにおける展示評価の影響が本来行われるべき展示評価の目的を変化させたことは否定できないであろう。

そのため実際の博物館展示においても、展示が博物館教育の第一義であるといった展示理念が見失われ、満足度を追及する展示構成が見られるようになってきたと考えられる。実際に、展示の教育性を学問的もしくは実践で研究する論文は４本しか見受けられないのである。

一方、日本の展示評価理論としても、上記に偏る傾向が見られる。佐々木享は特定の展示・教育プログラムに対する評価法として「評価とは、ミュージアム・エバリュエーターと呼ばれる来館者についての専門家の徹底した調査による定量的・定性的分析が伴うものであり、計画中もしくは開催されている展示や教育プログラムの内容に関する検証作業である。したがって、専門家は企画担当者と来館者との間に立つ来館者側の代弁者であり、両者間のコミュニケーションを受け持っている。」[10)]としており、アメリカにおける展示評価法をそのまま論じているのである。

しかしながらそれらの事例とは別に、展示評価の調査目的論が展示理念に基づく形で登場した時期でもある。山田英徳は「利用者と最もかかわりのある「展示」について、その教育的効果や娯楽的効果などを科学的・分析的に調査し、評価した例は国内にはこれまでにあまり例がない」[11)]と述べており、ここに調査目的に対する、その時期の展示評価の方向性について指摘している。言い換えれば、山田は展示に教育効果がなければならないと認識しているということであり、来館者の展示に対する満足度や感想を聞くだけの調査への問題を提起しているのである。

(5) 2008年6月博物館法改正以降

抜本的見直しが行われた博物館法改正以降であるが、教育基本法と社会教育法の改正に基づき第3条において「生涯教育」の用語が明文化されたものの、博物館理念や機能に関する項目に関しての変更点は見られなかった。更に、国立博物館は独立行政法人制度、公立博物館では指定管理者制度、私立博物館における公益法人改革などによる博物館運営における問題点などに早急に対処する必要があり、博物館および各機能に関する理念や議論が停滞している、さらには見失われた運営が行われ始めているといえるであろう。

事例研究と理論的な研究が発表されているものの、学問的な展示評価の位置づけに関しては論じられず、実践研究も事例紹介にとどまっているのである。

⑹ まとめ

展示評価の研究史は、博物館学の中でも研究対象としての歴史は浅く、取り上げられた回数も非常に少ない分野であると言える。初期の展示評価において展示の教育性を目的として実験、検証されたということは、今後の展示評価に対する指針として明らかにする必要があると考えられる。法制定以降の展示評価史は、日本博物館協会の展示理念とほぼ同じ流れであると言えるであろう。1980年代には展示手法に特化した評価が多く発表され、手法や構成の評価は行われたものの、それぞれの評価対象が情報伝達や展示による教育ではなかったのである。評価に対する方法論もこの時期から活発になったものの、実践に反映させることを主目的としており、学問を目的とした評価論は発表されていない。また、1999年の独立行政法人法公布以降は、博物館評価時代であり、展示に対する評価は本来は何を目的として行われるかという議論の場をもたないまま、アメリカの展示評価・検証に引きずられた傾向が見えるのである。

全体を通した問題点としては、博物館学の研究のための展示評価が行われることが少なく、また展示理念に沿った「展示の教育効果」や「教育性」に関する検証・評価が少ないという点に尽きるであろう。展示の本質が見失われた現状において、展示評価に関する議論が活発化したことが、最大の問題点であると言える。

註

1）　朝比奈貞一 1932「博物館に於ける実物実象教育効果測定の一方法」『日本諸学振興委員会研究報告』15

2）　同註1、p.4

3）　榊原聖文 1984「展示（品）評価の視点について」『博物館學雑誌』9・1・2合併号、 全日本博物館協会

4）　大塚和義 1996「展示の理念と評価の方法」『日本民俗学』208、日本民俗学会、p.32

5）　同註4

6）　三木美裕　1999「アメリカでの展示の検証と評価の応用」『Museum Date』44、丹青研究所

7）　三木美裕 2004『キュレイターからの手紙』㈱アム・プロモーション、p.39

8）　同註 7、p.185

9）　同註 7、p.114

10）　佐々木　亨　2000「博物館と社会に関わる調査法」『新版　博物館学講座　第1巻　博物館学概論』雄山閣、p.184

11）　山田英徳「展示計画から完成まで」『新版博物館学講座 9　博物館展示法』雄山閣、p.150

第2節　展示理念・教育性評価のための実践的展示評価の方法

⑴　展示構成の段階

博物館展示の評価は、一般公開後に行われることが多い。しかしながら展示に関わる評価は、本来は構想段階から何段階にもわたり行われるべき項目である。その各段階に必要な評価・検証を述べるうえで、展示の構成に関して触れておきたい。

博物館の展示を作る際にまず必要なことは、博物館そのものの構想や計画、それに基づく基礎調査である。これは新規の開館やリニューアルの際の見直しが含まれる。次いで、資料の収集と資料の研究、研究成果による展示構想（展示シナリオ）である。資料の収集に関しては、博物館運営の中で常に行われている博物館機能の１つであるため、２番目とは限らない。

展示シナリオの構想が出来上がると、次に展示設計に入る。この設計段階では、既存の展示室のリニューアルなどでは面積の変更などが難しいため、主に展示手法や情報伝達の方法、パネルなどの種類に関する選択が行われ、これに伴い空間が構成されるのである。そして、最終段階として制作に入り、完成、一般公開を迎えるのが一般的な展示構成の段階といえる。

展示の評価段階はシナリオの構想段階から行われることが望ましいと考えるが、これはすでにアメリカにおける展示評価・検証でも「プランニングの初期段階で実施する」ことが推奨されている[1)]。

⑵ 展示構成における評価プロセス

本節では、先に述べた展示構成段階を、評価を実施する時期によって以下5つの区分に分けて述べていきたい。

1　展示シナリオ構想段階での評価

資料の学術研究を踏まえた上で作られる、展示に対するシナリオや構想が展示評価における第１段階である。博物館の展示資料そのものに対する研究と、その成果を発表すべき展示では、「博物館の展示では、学術的に見て間違いは許されない。調査、研究に裏打ちされた理論が厳存しなければならない」[2)] と佐々木朝登が述べたように、研究が行われた上で明確に裏付けられたシナリオが存在しなければならない。その意味では、展示を完成させるためには、資料に対する研究が最も重要であることは言うまでもないことである。更に佐々木は「展示（Exhibition）は単に「もの」があればできるのではなく、「意図＝構想」があって、はじめて「もの」が生かされるのである」[3)] と述べており、資料の学術的研究を踏まえた上で、当該資料のどの情報を伝えたいのか、そのためにはどのような展示テーマを持って資料を展示するのかという構想がなければ「展示」ではなく「陳列」となってしまうのである。

この段階でまず評価・検証しなければならない点は、展示シナリオやテーマに関しての観覧者の認知度、テーマに対する印象、展示による情報伝達の中で誤解を招く可能性についてという点に関して、評価しなければならない。更には、そのシナリオの中に優秀な実物資料が展示される場合には、その効果が十分に発揮できるかも検証しなければならない。

2　展示設計段階での評価

展示の設計段階では主に、展示手法や情報伝達の方法、パネルなどの種類に関する選択が行われる。「通り過ぎようとする人の目を捉え、注意を喚起し、より深く観察させるような手段」[4] としての展示手法の選択が必要になってくる。その展示手法の選択の際にまず、前章で述べた建築工学的な条件を評価・検証しなければならない。更には、展示の意図が明確に伝達できるかどうかの検証も必要である。ここで注意しなければならないことは青木豊が「注意を喚起する花として、当該資料が内蔵する学術情報に相応する種々の展示技法を駆使せねばならないと考える」[5] と展示手法の選択に関する命題を述べているとおり、展示手法の効果に期待しすぎるが故の資料価値を損なう展示手法の使用に苦言を呈していることを忘れてはならないのである。

本来、教育性が求められる展示では、観覧者に展示の意図が伝わるかどうかを明確に見極めた上で、設計を完成させる必要がある。

3　展示制作段階での評価

設計に基づいて空間構成を行い、実際に展示を制作する段階になり、はじめて展示空間を確認することができる。制作されている展示を初めて見る観覧者は、制作に関わった人たちなのである。日本展示学会では展示を発想し、実現するために「展示する場・空間に足を運ぶ」[6] ことが必要であるとし、「その立地、空間サイズ、完成予想イメージなど、机上とは異なった、現場でしか感じることができない印象を身体全体で受け止め、その上で実施する技法イメージを定着する。」[7] ことが重要であると述べている。

ここでの評価は、設計段階でのイメージが具体的に出来上がった段階で、実際にシナリオ作成者や設計者が意図した展示空間となっているか、資料の価値を損ねていないか、情報伝達が行われているか、構想と資料に見合った手法であるかなど、制作に至る前までの評価項目について再検討を行う必要がある。

しかしながら現在の博物館展示は「博物館展示論・展示技法、中でも技法は多岐に亙り、更に専門的なことも相俟って展示業者主導で博物館展示は展開されてきたのが現状である」[8] と青木豊が指摘しているように、現状では展示業者により展示空間が作られている博物館は数多くあり、更には展示シナリオの段階から業者による参入が見られるのも珍しいことでは無くなりつつある。

4　一般公開後の評価

一般公開後の評価が、現在の日本で最も普及している展示評価であろう。展示を作るという一連の作業の中では、一般公開後の評価が展示における最後の評価となる。「展示には必ず展示する者と展示を見る者の二者が必要であって、いずれか一方を欠いても展示は成立しないのである」[9] と言われているように、博物館が博物館であるためには、制作側と観覧者が資料を通じて併存する状況を展示によって創り出していかなければならないのである。なおかつ、展示を通して常に新しい驚きと発見を来館者に感じてもらえることが博物館における展示であり、それこそが展示における教育なのである。

本来はこの点を踏まえて情報伝達などの項目を評価・検証しなければならないのが、一般公開後の展示評価であると言える。

5　定期的な評価

アメリカからの展示評価手法の導入によっても語られることのなかった評価プロセスが、定期的な展示評価である。常設展示での展示評価に関しては、第１節で挙げた事例研究や実践的な調査研究において、ほとんど行われていないプロセスである。一部の例外に江戸東京博物館などの常設展示のリニューアル構想に伴う評価[10] あるものの、同一の展示に対して繰り返し検証や評価を行った例は見られない。展示評価論において「多くの博物館や研究者による事例研究の積み重ねこそが、新たな展示評価の可能性と限界を明らかにしていく」[11] と述べられているものの、同一展示に対する評価の積み重ねに関しては指摘されていない。

定期的な評価を行う目的は、展示を通した驚きと新しい発見が来館回数によってどのように変化していくかを見極め、展示替えや展示手法の変更、空間構成の変更などで改善し、新しい情報伝達を行うことである。これは、資料の価値や博物館の設立目的、入館者数などによって、一概に期間を設定できるものではない。しかしながら、運営された博物館において定期的に展示評価を行い改善していくことが、博物館の展示を向上させる最も大きな効果であると言える。この定期的な評価はそれまでの評価とは異なり、博物館職員が実施すべき最も重要な評価でもある。先述したとおり、展示業者が参加することが主流となっている展示制作では、主に評価は業者が実施し、その結果を受けて改善方策を導き出す流れが現在の展示制作においてはほとんどであろう。調査会社への外部委託という手段も存在するが、この定期的な評価の実施は日々の運営を行う学芸員が実施すべきと考える。

(3) 評価者と手段

1　評価者

展示評価については評価者、評価手段において多岐にわたる方法が考えられる。まず、展示に対する評価者としては、以下が挙げられる。

・博物館設置母体による評価

設置母体による評価は「展示」が評価項目には入るものの、現在のところは、その展示評価の項目としては運営実態の公表を目的としたものであり、企画展の回数や展示替えの回数などが評価され、あくまでも報告書という形をとっている。設置母体が本来評価の目的とするところは、極言すれば設置した博物館の存在意義を確立するためであることから、データによる評価が主となる。

・博物館運営者による評価

博物館運営者もまた、博物館設置母体による評価と同様である。この場合も、基本的にはデータ等による調査が主であり、運営評価を目的としてその一部に「展示」が組み込まれる形となる。

・博物館内部関係者による展示評価

博物館内部関係者による展示評価の場合の多くは、来館者調査という手法で行われている。主な調査法としては記述式アンケート法が多くみられ、満足度で測られる場合が多い。博物館内部関係者が評価を行う目的は、展示の実情の把握が現在のところは多いと考えられる。

・学問の体系化などを行う関係第３者による展示評価

関係第３者による展示評価は、学問の体系化や展示学、来館者研究、建築学など、その評価目的や手段には様々な可能性が挙げられる。基本的に、調査先の展示そのものの改善を目的とはしていないため、研究論文として発表されることが多い。

・来館者による評価

来館者による評価は、評価自体は観覧者によるものであるが、分析そのものは来館者調査などを実施した人間の分析結果に依るところとなる。本来の意味での観覧者による評価は、行われていないのが現状である。

以上が、評価者として考えられる分類である。評価者によってその評価目的が異なることは言うまでもないが、特に内部関係者による評価、関係第3者による評価目的は学問的な分類によって多岐にわたるのである。

2　評価手法

次に評価手法について述べていきたい。評価手法については様々な先学者が論述しているが、その内容は来館者調査による手法でほぼ一貫している。佐々木亨が特定の展示・教育プログラムに対する来館者調査法を用いた展示評価の手法として①観察法、②面接法、③質問紙法の3方法を挙げている[12)]ように、事例研究で例にあがっている調査を含め、全ての実践的な調査が来館者調査を用いているのである。実際に、「展示評価・改善の手段としての来館者調査」として最初に文献上で挙げられているものが、朝比奈貞一が1932年に発表した「博物館に於ける実物実象教育効果測定の一方法」[13)]であり、教育効果の測定として来館者調査が有効な手段であると結論づけられている。

ここで区別しておきたい定義が「来館者調査」と「来館者研究」である。「来館者調査」とは、アンケート形式で記入式の用紙・聞き取り調査・行動調査などが手法として用いられており、目的としては主に展示・教育普及など経営に関わる全ての部分で、評価手段の1つとして活用される。「来館者研究」は来館者そのものが研究対象であるため、改善のための手段である来館者調査とは異なる。しかしながら、来館者研究によって各機能の問題点が発見されることもあり、相互作用の可能性は十分にある。ただし来館者研究45本の論文の内、そのデータが来館者調査の目的へと移行した論文や、来館者研究のデータが博物館機能などの改善につながった論文は現在の段階では発表されていない。

・来館者調査（行動調査）による展示評価

行動調査は、調査者による目視や時間計測などで行われることが多い。これは展示工学や建築学における手法として取り入れられたものである。特徴的な点としては、展示室内でしか調査が行えないという点である。滞在時間を指標とする展示評価の可能性が『展示評価の調査研究―よりよき展示の創造のために―』[14]では述べられているものの、近年の傾向としては、行動調査はあまり見られない手法である。最大の利点は、観覧者の観賞を邪魔することなく調査できる点と考えられる。

・来館者調査（聞き取り調査）による展示評価

聞き取り調査は、調査員を配置して展示室内もしくは出口、別室などで実施する方法である。調査目的の為の設問を事前に設定し、インタビュー形式で行われる場合が多い。来館者の口から意見を伺うことが主目的であるため、調査側と来館者の時間と労力を最も要する方法である。この場合は話し手の表情なども直接確認することが出来るという利点があるものの、私意が働かない聞き取り方が必要なため、聞き取り側の能力も要求される。

・来館者調査（記述式アンケート）による展示評価

アンケート形式は、調査を実施している博物館の殆どが採用している手法である。アンケートの項目に関しては、来館日時・性別・年齢・職業・来館頻度・来館理由・広告媒体・展示内容について・ご意見ご感想などが一般的に使用されているが、意見感想以外の項目は「1.　満足　2.　やや満足　3.　普通　4.　やや不満　5.　不満」などのように３段階から５段階の選択式であることが多い。

アンケートは一方通行の記入式とも表現できるが、果たしてこの調査結果が評価として改善を目的としているかは疑問である。問題点としては、項目数が適当であるか、聞き取り側が望む項目のみになっていないか、直接的表現で示していないにもかかわらず解答が得られるのかなどが挙げられる。また特別展においては広告媒体・物品販売促進・マーケティング・リピート率・客層把握・来館理由などの項目が散見され、博物館以外の主催者が望む項目に絞られていないかという点も指摘でき、展覧会評価に近い設問が設定されているのが現状である。

多くのアンケートにみられる傾向は、事実（意見）の収集とその公開であり、評価を目的としていない、もしくは分析評価まで至っていないと言えるであろう。

・過去のデータによる展示評価

過去のデータによる展示評価は、ここまでに挙げた３手法による調査を繰り返して実施し、データ収集し蓄積されたものを使用する方法である。但し、博物館評価等を行う博物館の設置母体や運営者などのデータは、来館者調査に限らない。

これらの調査における設問項目に関しては、複眼的な視点を持ったグループで設問を構成し、複数回にわたって時期をずらして実施する際には調査者は同一人物による調査が望ましいと考えられる。

(4) 評価の意味と価値

評価とは価値判断を行うことであり、運営されている組織の中で評価を行う際のプロセスは「事実の収集→分析研究→評価→改善アクション」[15]というサイクルが取られる。評価は改善の為の１手法とされ、上記のサイクルを循環させていくことによって物事の向上につなげていくのである。このプロセスに沿って実施する評価に求められる役割とは、問題点の確認と新しい問題点の発見などを含めた分析研究の裏付けである。この確認と分析研究を行うことにより、評価を実施し、改善アクションのプランを作成して実行した後に、再度事実の収集を行うのである。評価とは、改善を以て初めて意味をなすと言っても過言ではない。

博物館展示においては「展示あって展示学なし」[16]と言われるように、学には対象と方法がなければならない。展示評価を仮に「展示評価学」とするならば、この場合の対象は「展示された学術資料」であり、方法は博物館側の資料研究や展示構成、展示シナリオなどの意図に基づいて作成した部分と来館者側のメッセージの受け方での調査が本来の姿である。この点を図式化すると以下のようになる。

学芸員　→　展示された学術資料（対象）　←　来館者
（資料研究および意図ある展示と展示手法）　（知的好奇心）

博物館展示の基本理念は「資料を媒体とした情報の伝達手段」[17]であり「展示の目的は個々の資料が内蔵する学術情報を研究することにより導き出し、その成果を伝え教育することにあり、それはまた同時に学芸員の研究成果を世に問う場でもならなければならない」[18]のである。博物館の展示として常にあり続けるためには、資料の研究のみに留まらず、情報伝達の部分についても同様に調査研究が必要なのである。資料に対する研究に基づいた意図のある展示と知的好奇心を持つ来館者が「展示された学術資料」の前で併存し博物館としての機能を果たすためには、両者に対する調査が同じ重みを持っていなければならない。つまり、博物館における評価とは、社会教育機関としての役割の再認識と価値構築のための評価であり、展示評価とは展示資料に対して併存する博物館側と来館者に関する評価に展示の目的を含めて調査しなければ成立しないと言える。

また、第2節 ⑵ で述べた展示構成における評価プロセスの中でも、常に「事実の収集→分析研究→評価→改善アクション」を循環させていくことが必要であろう。実際に展示評価が行われている研究において、展示機能の確立並びに教育性を評価した論文は、たった8本のみに留まるのである。「学術研究の上では望ましい展示手法が採られていても、実際の情報伝達という観点に立脚するとそれが望ましい展示手法であるのかどうかという点について研究が必要」[19]と言われているように、展示の構成段階での評価が必要とされている現代において、一般公開後の記述式アンケートは「展示評価」の観点では何の意味も持たないに等しい。博物館における展示評価の価値は、「展示」を成立させるために必要な基準であり、学問として「展示理念」を確立するために必要な基準であると言えるであろう。

そして改善をして初めて評価が意味あるものとなる以上、博物館の展示評価においても、実践においては「問題事項の改善」が調査目的であり、学術においては「緻密な研究方法による、統計上の結果を追求し論証」することが必要なのである。

佐々木秀彦は日本における実践的な評価を「一定の合理的な証拠を示せれば良し」[20]としていると指摘しており、アメリカにおける展示評価は「実務的な改善手法ととらえて良い。厳密な調査をすることよりも、その先にある改善が重要なのである」[21] と評価している。しかしながら、その意識の違いを認識しながらも、その先につながる改善の重要性を訴えることはなかった。

現時点で行われている実践的な展示評価は、佐々木が述べた如く「一定の合理的な証拠」[22] を残すための評価であり、改善を目的とした展示評価はほとんど見られない。

(5) まとめ

本節では展示理念・教育性評価のための実践的展示評価の方法を述べてきた。展示構成段階を踏まえた上で、その構成段階で評価が必要とされる点をまとめたものである。現在の日本では一般公開後に記述式アンケートによる評価が主であるが、それがイコールで展示評価を目的とはしていない。

これまで論じられ、実施されてきた展示評価は、アメリカから導入された展示評価手法のみを取り入れた為、本来の「改善」を目的としたアメリカの展示評価の効果が発揮されていないのが現状であると言える。これからの実践的な展示評価に求められることは「改善」なのである。再度述べるが「展示には必ず展示する者と展示を見るものの二者が必要であって、いずれか一方を欠いても展示は成立しない」[23] と言われているように、展示には展示を行った博物館側と観覧者が必要なのであって、展示評価は目的の設定がデータ公開、展示の評価、学問の発展のいずれにしろ、その２者の評価を取り入れなければ成立しないのである。

評価というものは、そもそも改善を行うためのプロセスの一部であり、実践的に博物館内部関係者が行う展示評価は、本来は「改善」を目的とした、その手段としての評価でなければ、その評価自体に意味を持たないのである。しかしながら、実践的な評価として論じられてきた展示評価は「改善」に言及していないのが、現在の展示評価の現状である。

註

1)　佐々木　亨 2000「博物館と社会に関わる調査法」『新版　博物館学講座　第１巻　博物館学概論』雄山閣、p.192

2)　佐々木朝登 1990「展示」『博物館ハンドブック』雄山閣、p.123

3)　同註2、p.128
4)　林　公義 1978「展示」『博物館概論』学苑社、p.301
5)　青木　豊 2003『博物館展示の研究』雄山閣、p.21
6)　日本展示学会　2010『展示論　博物館の展示を考える』雄山閣、p.82
7)　同註6、p.83
8)　青木　豊 2006「学芸員養成科目としての「博物館展示論」の提唱」『全博協　研究紀要』9、pp.1-7
9)　同註5
10)　東京都江戸東京博物館（編）2002『入門　ミュージアムの評価と改善』アム・プロモーション
11)　山田英徳 2000「展示計画から完成まで」『新版　博物館学講座　第9巻　博物館展示法』雄山閣、p,151
12)　同註1、pp.113-114
13)　朝比奈貞一 1932「博物館に於ける実物実象教育効果測定の一方法」『日本諸学振興委員会研究報告15』p.124
14)　㈶日本科学技術振興財団　1987『展示評価の調査研究―よりよき展示の創造のために―』
15)　スティーブン・R・コヴィー 1996『7つの習慣』キングベアー出版
フィリップ・コトラー、A・R・アンドリーセン　2005『非営利組織のマーケティング』第一法規株式会社
フィリップ・コトラー、ニール・コトラー 2006『ミュージアム・マーケティング戦略』第一法規株式会社
P・ドラッガー 2001『マネジメント　エッセンシャル版―基本と原則―』ダイアモンド社
16)　新井重三、他 1981『博物館学講座第7巻展示と展示法』第7巻　雄山閣
17)　同註5、p.24
18)　同註5、p.23
19)　同註5
20)　佐々木秀彦　2000「展示評価の意義と手法―「シンポジウム＆ワークショップ博物館を評価する視点」に参加して―」『博物館研究』35―6、日本

博物館協会、p.14
21）　同註20、p.14
22）　同註20、p.14
23）　同註5、p.4

第3節　展示評価の現状と課題

展示評価に対する研究史は博物館学の中でも研究対象としての歴史は浅く、展示理念の評価については、初期の段階において展示の教育性を目的として実験、検証されたものの、法制定後からの展示評価史は、展示理念からは遠ざかってしまっている。1980年代には、日本博物館協会の調査報告書と同じく、展示手法に特化した評価が多く発表され、手法や構成の評価は行われたものの、それぞれの評価対象が情報伝達や展示による教育については行われて来ず、方法論も実践に反映させることを主目的としており、学問を目的とした評価論は発表されていないのである。また、1999年以降の博物館評価時代では、展示に対する評価は本来は何を目的として行われるかという議論の場をもたないまま、アメリカの展示評価・検証に引きずられた傾向が見えるのである。博物館評価に関しては社会的・経済的背景に端を発した状況があるが、利用者への視点が評価として組み込まれたということが大きな前進であったといえる。しかしながら、展示評価に関しては博物館展示の要件にあるように「展示には必ず展示する者と展示を見る者の二者が必要であって、いずれか一方を欠いても展示は成立しない」[1]といわれている通り、展示者側の立場からと同様に、見る者の側からの評価が必要なのである。

そして、山田英徳が「博物館を作る側が「展示する」という機能をどのように位置づけているかによっても、その善し悪しの評価が変わるのである。（中略）いかに高い質の推進体制を保ち続け完成に至るかを、当事者自身が自問し続けることが何よりも大切なことといえよう。」[2]と述べているが、その「展示機能」の位置づけが明確になっていないのが、現代の博物館における展示機能といえるであろう。

博物館運営・経営における博物館機能に関する理念と理論の不在が、現在の社会における博物館の位置づけを逼迫させたのであり、そのような状況になって初めて利用者への視点が注目され、博物館評価を含む評価について議論され始めたのである。現在行われるようになってきた評価に対する議論が、実践の来館者調査が展示による教育、展示の教育性を指摘する方法の1つであることは間違いないが、現在に至るまで博物館を運営している内部関係者がその点を含めた博物館学についての研究を殆んど行ってこなかったことが、社会における博物館と理想とする博物館との乖離を生んでいる要因のひとつではないかと考える。

また、この乖離の要因のひとつとして、本来展示を含む博物館を批評・批判すべきマスメディアが特別展を主催しているがゆえに、それが公に行われていないということも問題点と考えられる。マスメディアのあるべき姿が、博物館に関しては主催者側の立場のため機能していないのである。この、メディアが主催するという点に関しても現代の博物館運営の大きな問題のであり、展示と教育を乖離させ、展示理念を失わせている原因のひとつと考えている。

学問として、「博物館展示」そのものの理念を明確にするための展示評価が実施される必要があり、また博物館運営においては「来館者とのコミュニケーション」を図り、その問題の改善を行うツールの1つとして展示評価を行うべきである。一連の調査を批評ではなく、評価・検証とするためには、問題点や改善点を見つけ出す分析能力、展示や学問の質を向上させるという「目的とその実行」、そして、修正を実際に可能なものとする運営努力が必要であることも忘れてはならない。

註

1)　青木　豊 2003『博物館展示の研究』雄山閣、p.4

2)　山田英徳　「展示計画から完成まで」『新版博物館学講座9　博物館展示法』雄山閣、p.101

■執筆者紹介（掲載順）

楊　鋭（やなぎ　えい）　東京国立博物館

桝渕彰太郎（ますぶち　しょうたろう）　國學院大學大学院博士課程前期

山本哲也（やまもと　てつや）　新潟県立歴史博物館

下湯直樹（しもゆ　なおき）　千代田区立日比谷図書文化館

落合知子（おちあい　ともこ）　國學院大學准教授

山田磯夫（やまだ　いそお）　横浜美術大学准教授

小西雅徳（こにし　まさのり）　東京都板橋区立郷土資料館館長

小島有紀子（こじま　ゆきこ）　東京国立博物館

■編著者紹介

青木　豊（あおき　ゆたか）

1951年　和歌山県生まれ。

國學院大學文学部史学科考古学専攻卒業。

現　　在　國學院大學文学部教授　博士（歴史学）

主な著書　『博物館技術学』『博物館映像展示論』『博物館展示の研究』（以上単著）、『史跡整備と博物館』『明治期博物館学基本文献集成』『人文系 博物館資料論』（以上編著）、『博物館人物史㊤』『博物館人物史㊦』（以上共編著）、『博物館ハンドブック』『新版博物館学講座1　博物館学概論』『新版博物館学講座5　博物館資料論』『新版博物館学講座9　博物館展示論』『新版博物館学講座12　博物館経営論』『日本基層文化論集』『博物館危機の時代』（以上共著）、以上雄山閣

『和鏡の文化史』（刀水書房）、『柄鏡大鑑』（共編著、ジャパン通信社）、『博物館学Ⅰ』（共著、学文社）、『新編博物館概論』（共著、同成社）　他論文多数

2013年3月25日　初版発行　《検印省略》

人文系《じんぶんけい》　博物館展示論《はくぶつかんてんじろん》

編著者　青木　豊

発行者　宮田哲男

発行所　株式会社 雄山閣

〒102-0071　東京都千代田区富士見2-6-9

ＴＥＬ　03-3262-3231 / ＦＡＸ　03-3262-6938

ＵＲＬ　http://www.yuzankaku.co.jp

e-mail　info@yuzankaku.co.jp

振　替：00130-5-1685

印刷所　株式会社　ティーケー出版印刷

製本所　協栄製本株式会社

ISBN978-4-639-02216-9 C1030
N.D.C.069　245p　21cm